中国高等教育学会高等教育学优秀博士学位论文丛书

北京市委组织部北京市优秀人才培养资助项目"京津冀政产学研用协同
创新的模式与机制研究"（编号：2017000020124G173）
福特基金会资助"公立与民办高校学术职业"课题（编号：1125-2693）

高校组织氛围与教师科研生产力：
基于组织场域的视角

GAOXIAO ZUZHI FENWEI YU JIAOSHI KEYAN SHENGCHANLI：
JIYU ZUZHI CHANGYU DE SHIJIAO

李 璐⊙著

U0754576

广东高等教育出版社
Guangdong Higher Education Press
·广州·

图书在版编目（CIP）数据

高校组织氛围与教师科研生产力：基于组织场域的视角/李璐著. —广州：广东高等教育出版社，2019.8
（中国高等教育学会高等教育学优秀博士学位论文丛书）
ISBN 978 - 7 - 5361 - 6337 - 9

Ⅰ. ①高…　Ⅱ. ①李…　Ⅲ. ①高等学校 - 组织工作 - 研究 - 中国　Ⅳ. ①G649.2

中国版本图书馆 CIP 数据核字（2018）第 270849 号

高校组织氛围与教师科研生产力
GAOXIAO ZUZHI FENWEI YU JIAOSHI KEYAN SHENGCHANLI

出版发行	广东高等教育出版社
	地址：广州市天河区林和西横路
	邮编：510500　营销电话：（020）87553335
	http://www.gdgjs.com.cn
印　　刷	广州市穗彩印务有限公司
开　　本	787 毫米 ×1 092 毫米　1/16
印　　张	17.5
字　　数	420 千
版　　次	2019 年 8 月第 1 版
印　　次	2019 年 8 月第 1 次印刷
定　　价	52.00 元

谨以此书献给我的父母和恩师

序

　　"学术职业"与"高校教师"是同义词，指大致相同的人群，与此相关的还有"知识分子"。当然，每个名词有专指部分，比如知识分子专指具有社会关怀且经常发表意见和看法的知识精英，因此不同名词之间存在着一定的差异。有关学术职业的研究，目前已经成为高等教育研究的重要内容之一，其重要性随着高等教育地位的提升而提升。从世界范围内看，粗略地估计，高等教育的在学人数已经超过了两亿，教师人数在千万，由这个数字构成的群体可谓是一个庞大的职业团体。其重要性不仅表现在规模方面，而且还表现在学术职业是其他职业的母体，它孕育和培养了诸如医生、律师、法官、工程师、科学家等其他专业人员。从某种意义上讲，学术职业决定着其他职业的发展状况，从而也影响着社会的发展水平。

　　与学术职业的现实重要性相比，知识界对于学术职业的研究还是很不够的，无论是对一个国家而言，还是从世界范围来看，均是如此。对于中国的学术职业而言，至少下面这些基本问题，我们的认识恐怕都是相当有限的：中国学术职业形成的标志是什么？中国学术职业形成的本土规范有哪些？中国学术职业的基本特征是什么以及遵循怎样的行为逻辑？中国不同学科和组织中学术职业有没有不同的行为特征以及差异表现在哪些方面？在英语世界里，对于学术职业的研究比我们要深入一些，有一些有意思的发现，诸如学术职业存在着不同于政府、市场、第三部门规则的所谓的"第四种规则"、"为学术而学术"特性和"价值中立"原则，学术职业的组织与学科"双重

忠于"（dual loyalty），学术世界是"小而不同的世界"（small world，different world）等新旧学说与论断。既然有关一个国家学术职业的基本问题尚没有完全搞清楚，那么从国际上看，有待澄清的问题就更多了，放在一起进行比较的条件是否具备本身就是一个问题。虽然过去先后进行过几次国际范围的学术职业问卷调查，我国也参加过最近两次的调查，基于调查数据出版了一系列的论著，增进了人们对于学术职业的认识；但是研究成果仍然有不尽如人意之处，不少内容比较流于表面。出现上述问题的主要原因是，学术职业的性质和属性比较复杂，我们难以通过简单的问卷或者其他调查工具精确地把握它的本质特征。例如，对于学术职业的工作时间安排、教学与研究之间的关系、学术产出等，都是难以准确地测度的，那么就更谈不上揭示其中的深刻理论含义了。2009 年 10 月，笔者在哈佛大学的一个会议上见到美国波士顿学院的菲利普·阿特巴赫（Philip Altbach）教授，知道他正在主持一项有关学术职业工资收入的国际比较研究项目，于是询问其进展情况。他告诉笔者，调查数据数量和质量都有限，国家间的差异以及国家内部的差异都影响准确结论的做出，目前只能达到这样的水平。即使像工资收入这样客观的数据都难以获得，何谈其他复杂属性活动数据的采集了。

不论哪一个国家，学术职业的复杂性都不同程度地反映在其创造性、独立性、自由等特征上。高等教育的使命在于探求高深学问。在当今社会，知识创造主要是通过学术职业来完成的，所以学术职业的一个内在价值追求就体现在创造性上。知识的创造主要是在研究活动中完成的。这就在以知识创造为使命的研究活动与以知识传承为使命的教学活动之间产生了某种张力，当然，这并不排斥"教学相长"的积极关系。可以说，如何处理好研究与教学之间的关系，一直是困扰大学学术人员和管理人员的一个难题。与创造性相关，学术职业具有很强的独立性，这种属性尤其在人文学科领域表现得明显，在自然科学和社会科学领域也有一定程度的反映，多数重要的人文创造性学术成果都是学者个体独立完成的。自大学从欧洲发源开始，学术职业就天然地与自由联系在一起，学术自由是学术活动有效进行的先决条件或者说重要制度保障。通俗地说，提倡学术自由就是因为学术无群体规律可循，只能"放任自流"。

综上所述，笔者简要地阐述了学术职业工作的复杂性特征，旨在说明有关学者职业的研究不是一件容易的事情。面对这种情形，研究人员并没有放弃对学术职业问题的探究。任何具体的研究都是在特定的学术场域中进行的，将研究工作向前推进。在研究过程中，就不可避免地要处理经验数据与理论之间的关系，或者说特殊性与一般性之间的关系。只有经验数据而没有理论含义的研究，近乎资料的汇集，难以满足学术研究的知性追求；反之，如果完全从理论出发而没有经验资料的支撑，则难以避免空洞和虚无。在经验第一性和理论第二性关系中，显然第一性的经验更为基本。

李璐选择学术职业有关内容作为博士论文研究内容，无疑是有意义的，同时也是有难度的。她努力地处理好经验资料与理论分析之间的关系。在博士论文中，她以学术生产力为因变量，以组织氛围、制度因素等为自变量，还考虑了其他控制变量，构建了一个较为完备的理论分析框架，据此提出研究的假设，并且通过经验数据去验证这些研究假设。她文献工作很扎实，实证研究过程和方法使用规范，通过对这个具体问题的研究，锻炼了自己的研究能力，展示了自己的学术水平。学术交流贱在吹捧，贵在批评。在她的博士论文答辩会上，中国人民大学的周光礼教授和北京师范大学的林杰教授各自提出了评审意见。比如林杰教授说，李璐本人没有学术职业的经历，会影响她对学术职业的认识，反映在论文的各个部分。周光礼教授则认为她分析的逻辑链条过长，会影响分析的缜密性。作为李璐的博士论文导师，我认为上述意见是十分中肯的。现在她的论文已经成书，更全面和公正的评价，留待读者和时间去做出。

　　李璐的博士论文获得了 2017 年全国高等教育学会优秀博士论文的称号。这是学术界对她研究工作的一种认可，对于刚刚进入学术研究领域的她来说，无疑是一件幸事。但是，对于荣誉需要审慎对待，不可自满。对于指导博士生，我惯于"散养"，把选题和研究的自主权交给学生本人，我只扮演协助者的角色。因此，李璐取得的成绩完全是她本人努力的结果，也与她所处的学术环境有一些关系。是以为序。

北京大学教育学院党委书记、

教授、博士生导师

2017 年 9 月 8 日

前　言

本书从组织场域的理论视角出发，研究高校组织场域中的组织氛围及其对教师科研生产力的影响机制，分析高校组织氛围中学术权力和行政权力在学术管理决策中的配置格局、学术与行政部门非正式关系及学术氛围对教师科研生产力的影响。研究的目的在于，通过组织氛围联结宏观层面的组织场域情境与微观层面的教师科研生产力，从而分析一定组织场域中的高校组织氛围对教师科研生产力的影响机制。

作者通过对组织理论、组织场域和场动力等理论文献的评述，以及对科研生产力、组织氛围和组织场域研究文献的梳理，建立了本书的理论框架，提出了相关的研究假设。本书的理论思路为：外部制度环境会形塑高校组织场域中的组织氛围。高校场域位置分化及其合法性是基于学术水平，顶层院校表现出学术权力主导的组织氛围，与行政化的制度环境形成张力。场域位置底层院校的组织氛围模式易受外部行政化制度环境的影响，表现出行政主导的特征。高校组织氛围受组织场域位置的影响，表现出层间异质性和层内同质性。高校组织场域位置优势可以影响院校的组织氛围，进而影响院校师均科研生产力。在控制个体、组织及科研工作状况等其他变量的前提下，高校组织氛围对教师科研生产力产生显著影响。院校组织氛围会直接影响教师个体的科研生产力。组织氛围可以通过影响教师的情感和行为，进而影响教师科研生产力。本书主要采用文献研究法和实证研究法，综合运用了实证分析中多种数据分析工具，如因子分析、聚类分析、多元线性回归、多层线性模型和结构方程模型及质性研究方法等。

研究发现，我国高校科研管理制度环境表现出行政干预泛化的特点，高校组织场域存在层次分化的特征，教师管理凸显"能力主义"的管理倾向。外部行政化的制度环境会形塑高校组织氛围的主要形态，60.7%的样本院校表现出行政主导型的学术决策氛围，82.1%的样本院校表现出普遍化—融合性的学术—行政部门非正式关系氛围。精英大学表现出学术主导型的学术决策氛围和专业化—支持性的学术—行政部门非正式关系氛围。占据场域优势

位置的院校会吸引较多的外部科研经费，从而强化学术部门的权力，表现出学术主导型的学术决策氛围以及专业化—支持性的学术—行政部门非正式关系氛围。相应地，处于场域优势位置的院校，其师均科研生产力也更高。教师个体的科研生产力受到职称、工作偏好、工作时间、科研投入及职业归属感等个体层面工作要素的影响，也受到高校组织氛围的直接影响和间接影响。采用多元线性回归和多层线性模型分析后发现，院校组织氛围中学术决策氛围（学术—行政权力在学术决策中的配置）、学术—行政部门非正式关系氛围以及学术氛围会直接影响教师的科研生产力。结构方程模型分析，支持了教师对组织氛围的感知通过教师的职业归属感和科研投入行为间接影响科研生产力的研究假设。质性研究发现了高校场域顶层与底层多样化的组织氛围格局，也印证了定量研究对其组织氛围形态的总结。基于理论分析和实证研究，研究者认为，应当从外部制度革新、组织场域松动、高校制度匹配和教师管理转化四个方面，营造更适宜教师学术发展和科研创新的组织氛围和制度环境。

本书对既有研究的发展体现在分析视角、理论建构和方法运用三方面。首先，在原本较少的组织氛围与科研生产关系的讨论中，改变了组织氛围作为内源性变量的研究视角，从组织场域的视角将组织氛围作为中层概念，进而探讨了组织场域中的组织氛围对教师科研产出的影响。其次，强调对组织氛围中影响科研生产力的自主性、信任与支持等环境要素的逻辑整合及深化，从学术—行政权力在学术决策中的配置、学术—行政部门非正式关系和学术氛围等反映组织中学术管理制度设计的维度，研究其对教师科研生产力的影响，加强了组织氛围影响教师科研生产力的逻辑纵深度及解释力。再次，从组织场域的视角综合反映组织场域与组织氛围的互构性，讨论了组织氛围的层内同形与层间异构及其对应的师均科研生产力情况，强化了组织氛围及教师科研生产力研究的理论性。最后，分别研究了组织氛围对教师科研生产力的影响及机制，在控制了个体层面和组织特征变量后，仍然发现了组织氛围的显著影响，考虑了组织氛围影响的多元路径。

目 录

第一章 绪 论

> 汉府尊重学术，就是培养国家的元气；学者自己尊重学术，就是小之尊重个人的人格，大之培养天下的命脉。
>
> ——哲学家、教育家、翻译家 贺　麟
>
> 我以为一个优良的大学，其必需的条件之一，自然是优良的学者、教师，但更高一层的理想，是能予有才能的人以适宜的学术环境，使其发展他的才能。
>
> ——物理学家、教育家 吴大猷

正如两位教育家贺麟先生和吴大猷先生所述，学术之于学者，教师之于大学，如同人格之于个体，精神之于国家。反过来，学者是学术活动的实施者，大学是教师开展学术活动的组织单位。中国自古以来便有尊师重教的传统，这也成为中华文化绵延不绝传承至今的基础。时至今日，在知识经济快速发展的时代，人才质量和知识创新能力成为国家竞争力的核心指标和社会发展的重要驱动力，国家教育事业和科技事业的发展受到了前所未有的重视。大学作为高等人才培养的场所、先进科技研发的重镇和知识创造、文化传播的先锋，成为高等教育运行和科技开发的支柱组织。教师作为大学组织的灵魂、永恒主体与核心行动者，其学术素养与能力、学术行为与绩效，直接关乎大学的教学、科研和服务三大功能的实现和质量，以及大学的外部声誉。美国学者克拉克·克尔在其专著《大学的功用》提到"在非常实际的意义上说，教职员整体上就是大学本身——是它最重要的生产要素，是它荣誉的源泉。教师们是这种机构的特有合伙人"。[①] 与此同时，大学身为承载教师学术活动的组织平台，其环境氛围和治理水平成为教师的身份认知、感受和学术行为开展的情境。

---

① 克尔. 大学的功用 [M]. 陈学飞，陈恢钦，周京，等译. 南昌：江西教育出版社，1993：71.

第一节　问题缘起

在确立研究问题的过程中，作为研究者，我时常怀有这样的警醒与诘问：哪些问题应当进入教育研究者的视野且被选为真的教育研究问题？吴康宁（2002）给出了这样的回答："任何真正'好的'教育研究，都必须既是教育理论发展或教育实践改善之过程的'真实的'组成部分，也是研究者自身生命运动的'真实的'组成部分。是同时符合'外在标准'与'内在标准'、'客观标准'与'主观标准'、'利他性标准'与'利己性标准'的互通性问题。"[①] 缪榕楠（2008）参照培根"四假象"说[②]，进一步细化了高等教育研究中假的教育研究问题类型，提供了排除假问题的参考标准，假问题的情形主要包括：①在研究问题前牺牲问题的本貌而给予合理框架和结论的预设；②缺乏研究积累和知识储备的情况下，引用不相关的他学逻辑佐证研究的科学性和必要性；③"拿来主义"套用他学理论分析高等教育的问题和现象，对本学科发展积累无益；④尊崇经典范式和权威结论，固化既有思想，创新缺位[③]。慎重地选择一个高等教育管理领域的真问题，是科学研究开展的第一步。因此，研究者从现实观照、理论考量和人文关怀三个角度，基于外在现象的观察与思考、理论规训与反思、内在好奇心驱使及教师群体的声音系统整合，形成了本书的研究问题。

一、现实观照：科研生产战略地位与发展困境

（一）高校在科技创新体系中的政策定位

对高校教师的科研生产力的关注和组织研究视角的形成，经历了一个从现象观察到问题定位的酝酿和发酵过程。选择研究高校教师的科研生产力，最初是源于近年来高校科研工作愈发举足轻重的地位。

高校在科技创新体系中发挥基础和生力军作用。国务院 2006 年发布《中共中央、国务院关于实施科技规划纲要增强自主创新能力的决定》（以

---

① 吴康宁. 教育研究应研究什么样的"问题"：兼谈"真"问题的判断标准［J］. 教育研究，2002（11）：8 - 11.

② "四假象"说分为种族假象、洞穴假象、市场假象和剧场假象四类。

③ 缪榕楠. 学术组织中的人：大学教师任用的新制度主义分析［M］. 南京：南京师范大学出版社，2008：5.

下简称《决定》），明确了科学技术在推动国家社会经济发展中的基础性和战略性地位，提出"自主创新、重点跨越、支撑发展、引领未来"的十六字指导方针，并且强调建立与科技自主发展相匹配的创新机制和政策体系，对创新体系中各主体的角色位置也做了相应的界定，突出政府的全面主导地位，市场在科技资源配置中的基础性地位，企业在技术创新中的主体地位和国家科研机构的骨干引领作用以及大学的基础和生力军作用。

（二）高校是国家科技期刊产出贡献主体

在《国家中长期科学和技术发展规划纲要（2006—2020 年)》（简称《纲要》）颁布后的"十一五"（2006—2010 年）期间，国家科技研发快速发展，体现出国家行政强大的影响力和指挥作用。中国的国际科学论文总量从世界第 5 位上升至第 2 位，被引用次数由世界第 13 位上升至第 8 位，发明专利授权量上升至世界第 3 位，国内发明专利申请量年均增长 25.7%，授权量年均增长 31%。国家财政科技投入年均增长 20% 以上，2010 年研发人员总数达到 255 万人，全时当量年均增长 13%①。

高校贡献了我国科技期刊发表 70% 的产出。在这些成就中，高校贡献了大部分的科研产出。根据厦门大学针对《国家中长期教育改革和发展规划纲要（2010—2020 年)》开展评估生成的《高等教育第三方评估报告》，2005—2013 年间，高等院校承担科研项目成倍增加且超过同期其他科研开发机构，尤其是基础研究在全国占据绝对优势，高校基础研究经费在全国占比超过一半，科技成果占据 70% 以上，获得的国家科技奖励三大奖（国家自然科学奖、技术发明奖和科技进步奖）占比 70% 左右②。

（三）科研论文产出经费投入产出效率较高，人员投入产出效率较低

利用 2007 年的数据，计算我国科技经费和研究与试验发展（R&D）研发人员投入的产出效率，2007 年我国 GDP 是 3.01 万亿美元，美国 GDP 为 13.98 万亿美元，中国 R&D 经费占 GDP 的比重为 1.4%，美国 R&D 经费占 GDP 的比重为 3.5%，美国的 R&D 经费投入是中国的 11.6 倍，而科技论文发表总量是中国的 3.69 倍，故从科技论文发表数量上看，中国的 R&D 经费使用效率更高。在人员投入效率方面，中国 2007 年 R&D 研发人员投入为

---

① 中华人民共和国科学技术部. 国家"十二五"科学和技术发展规划 ［EB/OL］. （2011 - 07 - 04）. http：//www. most. gov. cn/kjzc/gjkjzc/gjkjzczh/201308/P020130823574943757592. pdf.

② 中华人民共和国教育部. 高等教育第三方评估报告（摘要）［EB/OL］. （2015 - 12 - 04）. http：//www. moe. edu. cn/jyb_xwfb/xw_fbh/moe_2069/xwfbh_2015n/xwfb_151204/151204_sfcl/201512/t20151204_222891. html.

140.6 万人，美国为 140.1 万人，美国研发人员的科技论文发表效率是中国的 3.71 倍，中国的研发人员产出效率较低①。阎光才（2011）以"质量合格的论文的年均引用数"作为衡量论文产出质量的因变量，对经费和人员投入数量对科研产出的影响进行了回归检验发现，我国科研论文产出质量的经费投入效率相对较高，人员效益作用不显著②，与上述科技论文发表数量的经费和人员投入效率分析的结论一致。

这样的结论引发研究者的反思，作为人力资本理应产生核心贡献的科研产出领域，人员效益却没有发挥出应有的作用。究其原因，其一可能是研究人员整体的科研素质问题；其二就是软环境，即研究机构内部组织环境和外部科研体制的牵制导致科研人员才智发挥受限。本研究选择关注高校科研组织氛围等软环境建设方面可能对科研生产力造成的影响，是因为与科研人员素质的个体属性不同，院校组织氛围及科研体制作为外部要素，可以通过制度调整或管理改进实现优化，因此具有较强的实践意义和政策意义。

二、理论考量：科研生产机制的中层理论建构

教育研究的多学科交叉与理论、方法的多元化背景。学界对我国教育研究（包括高等教育研究）的理论与实践结合问题、理论层次问题有一些讨论。总体来讲，高等教育研究属于教育研究的一部分，其研究对象是高等教育领域的理论和实践问题。教育学属于一门社会学科，而社会学科的一个显著特点是多学科交叉的理论与研究方法应用。我们既有自身的传统研究范式和教育学理论，也借鉴经济学、社会学、管理学、法学、政治学、历史学、人类学等其他社会学科的理论视角和研究方法，来解释教育领域的理论和实践问题；我们既学习西方各学科门类中对教育问题有解释力的理论模型对本国教育现象进行阐发，也运用"扎根理论"的思路形成本土化的理论框架。如此一来，就形成了教育研究领域理论与方法多元化的独特现象，有时甚至同为教育研究者，但因彼此之间的研究视域、理论范式和研究路径大相径庭，难以有效地对话与沟通。

"中层理论"对教育研究的理论意义。尽管存在教育研究的多元格局，但是无论怎样的学科背景与研究模式都脱离不了"教育"这一研究对象。教育研究也在做研究层次的划分和理论与实践维度结合的尝试。近年来，国内

① 数据来源于世界银行网络数据库 2004 年至 2011 年的统计数据。
② 阎光才. 精神的牧放与规训：学术活动的制度化与学术人的生态 [M]. 北京：教育科学出版社，2011：174 – 185.

部分学者对教育研究理论与实践的关系、教育研究层次、新兴理论视角和构建本土化理论方面进行了论述，这四者的一个共通之处就是对"中层理论"的提及。"中层理论"是美国社会学家罗伯特·金·默顿提出的社会科学研究思路，针对宏观理论过于抽象和空洞的弊病，通过架通抽象理论研究与具体经验分析之间的桥梁，在社会理论体系与具体操作实践之间建立一类与特定领域和实践问题相结合的中观层次概念体系①。虽然中层理论来源于社会学研究的提法，但是它能够通过理论与实践结合的导向，帮助教育研究在借鉴其他学科理论思路的同时，保持理论自觉与学科独立，确立自身的位置与焦点，而且能够强化教育研究者深入实践、实事求是的研究态度，避免坐而论道、闭门造车的封闭心理，对教育研究的本土化产生积极影响②，因此对教育研究具有较强的理论意义③。

将"中层理论"作为教育理论研究与实践研究结合的中介。李太平、刘燕楠（2014）探讨了教育研究从理论理性到实践理性的转向问题，分析了教育理论与教育实践的关系，认为教育研究应是理论理性与实践理性的统一，教育研究应做到描述教育现象的理论理性（回答"是什么"）与解释教育行为（何以如此）和改进教育实践（应当是什么，应该如何做）的实践理性三种基本功能的统一。对于教育理论与实践导向的结合，曾茂林、柳海民（2009）提出两者的结合条件是强化教育理论的可实践性，将中层理论作为教育理论与实践结合的中介，做到教育理论与实践结合的层次对应。在中层理论中，较新的研究视角有组织同质化理论和组织异质化理论④。

组织同质化理论与组织场域概念。组织同质化理论视角是由迈耶（Meyer）、迪马吉奥（DiMaggio）等人对新制度主义理论的演化和发展而来，迈耶和迪马吉奥在戴维·斯维尔曼组织行动理论和皮埃尔·布尔迪厄的"社会场域"概念基础之上，发展出相对宏观的环境作用视角，迈耶和罗恩将制度视为文化性规则复合体，将组织视为文化规则日益理性化的产物，认为广泛制度环境对组织结构具有重要影响⑤。迪马吉奥和鲍威尔进一步区分了强

---

① 默顿. 论理论社会学 [M]. 何凡兴，李卫红，王丽娟，译. 北京：华夏出版社，1990：54，68.

② 马多秀. 构建中层理论：教育理论研究本土化的可能路径 [J]. 湖南师范大学教育科学学报，2010，9（4）：3-6.

③ 张庆辉. 中层理论：高等教育研究的新视角 [J]. 高教探索，2008（1）：39-41.

④ 谷小燕. 探析全球化时代高等教育的几种理论视角 [J]. 清华大学教育研究，2012（6）：85-91.

⑤ 张永宏. 组织社会学的新制度主义学派 [M]. 上海：上海人民出版社，2007：3-23.

制、模仿和规范三种制度趋同性机制①，认为组织结构同形既是竞争过程也是制度过程的结果。不论是迈耶还是迪马吉奥，均将"场域"或"部门"作为分析层次以便研究制度过程。尤其是迪马吉奥和鲍威尔1983年提出"组织场域"这一概念，有助于限定研究问题和制度过程的运行环境。按照两位学者的界定，组织场域是指由那些聚合或集群在一起的重要的供应者、资源与物品的消费者、规制性机构以及其他提供相似服务与产品的组织构成的一个被认可的制度生活领域②。它既可以围绕公共政策、相对稳定的市场或技术领域形成，也可以基于重要的问题或争论而产生。高校科研生产作为一个与院校功能和利益密切联系的问题，形成了特定的科研生产的场域。这个场域包含科技政策制定者、科技管理的主导者和科技商品的最大购买者——政府，包含市场中科技商品的消费者——各类营利性或非营利性组织，科技产品的生产者、供应方——各级各类高等院校，以及其"竞争对手"——其他研究机构。对于高校教师所处的科研生产场域而言，一个显见的共性现象是行政干预泛化③。

组织异质化理论与组织场域位置。相对于迈耶和迪马吉奥强调制度对组织同形作用的较为宏观的自上而下的研究视角，部分学者关注制度形成自下而上的微观层面，例如，朱克尔（Zucker）关注制度形成的微观认知层面。我们也能观察到在同一制度下面依然存在组织多样性的现实。不仅如此，研究者还认识到组织所置身的制度环境是复杂多变的，组织选择何种应对策略，取决于组织本身的特征和它们在组织场域中的位置④。

组织场域与组织氛围的场动力理论的渊源与契合。值得注意的是，无论是自上而下的制度同形或组织同质化研究还是自下而上的组织异质化或组织场域位置对组织行动策略的影响，均脱离不开一个核心概念——组织场域。组织场域是介于微观层次的个体行动者及组织、宏观层次的社会行动者系统及跨社会行动者行动系统之间的中观分析单位⑤。然而，无论是组织同质化理论还是组织异质化理论，均更强调制度环境对组织层面的影响，而未深入涉及组织内部的微观层面——个体行动者及其行为和结果。实际上，与组织场域研究强调场域环境或互动对组织结构或策略的影响逻辑类似，组织氛围

---

①　张永宏. 组织社会学的新制度主义学派 [M]. 上海：上海人民出版社，2007：24－43.

②⑤　斯科特. 制度与组织：思想观念与物质利益 [M]. 姚伟，王黎芳，译. 3版. 北京：中国人民大学出版社，2010：51.

③　熊丙奇. 体制迷墙：大学问题高端访问 [M]. 成都：天地出版社，2005：94－118.

④　斯科特. 制度与组织：思想观念与物质利益 [M]. 姚伟，王黎芳，译. 3版. 北京：中国人民大学出版社，2010：191.

研究的理论本源——场动力理论——也同样强调组织环境与组织参与者的互动对个体行为的影响，该理论认为个体行为是个人与环境互动的结果①。由此不难发现，组织场域理论与场动力理论有异曲同工之妙，均强调组织或个体与其所在环境的互动和影响。两个理论虽有差异（前者偏重社会环境的分析，更多地从社会学研究的视角对组织环境与组织之间的互构进行解释，也注意到了组织场域的层次差异；后者更偏重心理环境的考量，研究人对环境的心理感知及其作用），但是两者均关注环境的个体或组织影响。因此，组织氛围作为一种基于个体对组织的认知判断所形成的对组织环境的群体性认知，能够在一定程度上反映组织环境的属性，从而成为外部制度环境或组织场域对组织及组织参与者影响的桥梁。

组织场域理论视角对研究高校教师科研生产的启示。高校科研生产作为一个由政府主导治理、高校组织管理和以教师构成的学术共同体实施执行的多层次学术活动，其科研活动是根植在国家科研管理制度、高校组织场域和院校组织环境之中的，尤其是高校教师科研生产所需的经费绝大部分来自于政府机构的支持，决定了高校及其中的教师对外部环境的资源依赖。因此，对教师的科研行为及产出的机制分析不能仅就科研论科研，而是既应当考虑到来自于外部制度环境中科研管理体制的同形性影响，也要兼顾高校的场域位置——研究型、综合型和应用型院校的定位和层次带来的合法性和运作模式的差异，高校组织氛围是受到以上两种场域力量的影响，进而作用于教师的科研生产行为，并引发相应的产出结果。教师的科研活动便是置身在整合了高校外部制度环境和院校组织场域位置双重影响的院校组织氛围之中。"橘生淮南则为橘，生于淮北则为枳"，中层理论中组织场域的理论视角及其与组织氛围场动力理论的结合，为研究者对教师科研行为和绩效进行深入的机制和制度分析提供了适宜的理论框架。

三、人文关怀：教师科研生产的学术江湖形格

我国高校教师科研生产的组织场域和氛围是怎样的？为了找到研究教师科研产出组织氛围影响的钥匙，研究者在留学期间通过非正式的集体访谈形式对国内部分高校教师进行了预调研，以了解国内教师目前的学术科研状况和氛围，访谈结果集中反映了不同类型高校科研管理评价标准的差异、学术与行政权力配置格局及影响的差异、学术与管理岗位流动、行政权力介入和奖励评价的行政化取向等现象。

---

① 于晓庆. 组织氛围与知识创造关系研究［D］. 大连：大连理工大学，2007.

与日俱增、日益扩散的科研压力。隶属"985 工程"的 F 校、J 校和"211 工程"W 校的三位老师提到当前教师面临的科研压力。F 校 Z 老师说"做科研的，头发是白得早一些，平均早个 10 年"。J 校 W 老师说"有些读博士都白头了""人顺利的时候不会白头，不顺（利）就特别容易白头"。而压力的主要来源是科研发表。Z 老师和 W 校的 D 老师同时提到来自于"海归博士"的压力，认为需要有"危机意识"，"现在的年轻人很厉害，回国的又多，他们熟悉国际学术话语体系，所以比较容易出成果"。

不同层次的高校对科研发表的评价标准存在差异。层次较高的院校已经关注科研质量，而层次较低的难以达到质量要求，则选择研究数量作为标准；部分高校注重论文发表，而另一些院校注重出版著作。例如 Z 老师在介绍 F 校的发表评价时提道："看学校，F 校要求代表作，不看数量"，"数量很快就没有意义了，中国现在已经是论文大国了"，"（评价）主要看外审、同行专家引用情况，不看数量，只看顶级论文，评审权下放到学院"，"理科有个'H 指数'评价体系"，综合考虑影响因子、数量和引用率。而来自北京普通高校 X 校的 Q 老师指出"H 指标对我们太难了"。J 校 W 老师说"在我们那里出书很重要"。

对于职称评定中科研考核的量化和指标化，不同层次院校教师的态度不同。部分教师肯定了科研发表硬指标的价值，认为硬性的量化指标可以保障公平，若不采用硬指标，就难以避免行政权力介入、"人情关系"和"学缘关系"的影响。Z 老师认为"有硬指标，人情在评职称时就少一点作用，相对公平，如果都是参考指标，那谁上谁不上完全是人情起作用了"。而北京某"211 工程"院校 X 老师就披露了该校职称评审中"人情关系"和"暗箱操作"的情况，说学院某年评职称时"某女生 7 篇 SCI、有（项目）基金 1 000 多万，报副高没让出学院。另一女生没有 SCI，没有（项目）基金，经费大概 600 万，排第一（评）上了副高（职称）。还有另一女生 1 篇 SCI，没有（项目）基金，经费数我未知，却上了正高（职称）。说是领导'权衡'的结果。想（评）上正高（职称）的都得去拜票，对有投票权的逐个拜票递话，请人家照顾，逐个拜访，表示重视，请求指点。最后（拜票）就变成必选项了……拜票不一定是送礼，就是要表示重视人家"。D 老师也认为"只要有投票，就肯定逃不掉人情这个因素"。部分老师提到评职称过程中出现女教师"哭诉博同情"甚至威逼领导"评不上就跳楼自杀"等极端行为。而在这种科研评价由行政权力决策的院校氛围中，一种现实的差异就是"哭还是有用的，就只忍得一时之辱而已。（评）上了（职称）之后还不是自觉头顶光环加倍，可以傲视同行"，而"不哭的代价，比如有个女老师 2002 年博士毕业，现在还是讲师，未来几年也晋升无望""该谁上谁露脸，院领导早就协商好了，几车书也推不翻"。部分"985 工程"院校评职称不看行政权力，而是看学缘关系，凸显出学术权力在以学术性著称的高校中日趋强大的影响力。例如 J 校 W 老师总结了评职称成功的三句话"自己要行，有人说你行，说你行的人行（这是最重要的）"，认为"能不能（评）上一般看领导，第一条并不重要"。而 F 校 Z 老师回应说"（第一条）很快就重要了，在学校首先要自己行，不然扶都扶不上，没有硬本事不可能进来，（虽然）有点时滞，但其他学校肯定会慢慢跟进的"。

与职称评定密切相关的是评估和淘汰机制，反映了高校绩效考核的导向。F 校、W 校以及国内某科研院已经实施了预聘制（Tenure track），有的是三年一大考，一年一小考（J 校），有的是一年一考核（某科研院），考核不通过则直接淘汰，即"非升即走"。在"985 工程"院校中，这已经成为常态。如某校书记所言"铁打的营盘流水的兵""爱来不来，想来的多了"。面对这样的压力，许多教师开始转换岗位，由教学科研岗转为行政岗，出现了学术—行政岗位流动和交互的情况。上述三所学校均出现了这样的现象。某科研院 C 老师认为"现在行政岗位非常吃香，很多人都转岗，……领导的学生一毕业，立马安排到那些岗位，还很快就副处级别了"，J 校 W 老师说"行政的，也都是非亲即贵了，小老百姓不可能了，隔几年岗位满了，就只能下岗，所以早就没啥事业编制了"。

来自不同院校层次教师对评不上职称的解释不同。"985 工程"院校的教师更倾向于认为评不上是"硬实力没过头吧"，"（评审）总体还是公平的，特殊牛的怎么都可以过"。而某"211 工程"院校一名老师认为"确实不公，申诉没用"。Z 老师说评职称"国内会考虑年龄问题、担任领导职务的问题，另外正高（职称）和副高（职称）不在一个水平上评，也可能是没到年限，破格是大家都不愿意做的事情"，W 校 D 老师也认同正高和副高（职称）不在一个水平上评审，会出现"有些评副高（职称）的东西比评正高（职称）多"的现象。由此可见，不同院校科研评价体系和标准，院校行政权力在科研管理中的作用，已经影响到教师对科研评价公平性及标准的认知。

另外，不同层次的院校对成果奖励的等级要求存在差异，表现出学术评价的行政化取向。访谈发现，具有普遍性的现象是国内科研和职称晋升评审非常重视所获成果或奖励的国际或行政级别。例如 F 校和 W 校两位老师均提到评职称时，"期刊就是（看）Science、Nature，优秀青年基本都可以上，没达到标准的都不用交申请；国家的就是科技进步、自然科学和发明及国防奖，排前五的有用，地方奖作用不大"。而北京某普通本科院校 X 老师称，

"对于我们来说，在这样的背景下，基本拿不到国家级自然科学和社会科学课题，所以院校会更多考虑地方奖、省市课题及行业企业合作"。

值得注意的是，访谈中多位老师提到，国家政策和高校行政管理对教师科研工作的影响。Z老师认为国内最大的问题就是"政策不稳定，连评职称也是如此，政策年年变，竞争激烈后，为了能有区分度，就提高标准"。比如部分高校规定了"申请高级职称（正高或副高职称）必须有至少一年的出国经历"之后，又要求"新进教师三年内不准出国""新进教师三年内不许评职称"，而一些高校规定"新讲师三年内必须出国一年"，由此可见，不同院校会根据自身的资源充足度和发展情况，进行相应的政策调整以规范和约束教师的学术行为。

教师职业学术性身份的院校层次差异。整个访谈过程中，能够感受到来自"985工程"院校和"211工程"院校教师对对话及回应的主导，普通高校教师基本没有过多地发表对学术科研活动的评论。这可以清晰地体现出院校学术性水平的差异给院校中教师身份认知和行为带来的强烈印记，也可以观察到各层次院校的教师对学术氛围负面现象的态度以及对所属院校的认同和归属感存在差别。

身在学术体制，行在学术江湖。在当前的中国，教师的科研活动已然不再是一个独立于社会与现实的出于纯粹好奇心、追随学术理想的状态。从教师们关注的焦点和关键词，如"科研发表""职称评审""非升即走""国家政策""院校学术—行政权力和岗位的关系"等，都可以看出教师的科研行为已经越来越受到外界制度环境和组织场域要素的影响。美国也不是一个理想中的"世外桃源"，教授和研究生们同样面临着行业内的激烈竞争和淘汰，取代行政权力的是"学缘关系"和"学术寡头"的调控制约，虽然表现隐晦得多。正如Z老师总结的"有人的地方就有江湖"，高校教师也是行走在这样的"学术江湖"和"学术体制"之中，面对来自政府、高校和市场以及自身学科发展的各样需求和规束。

基于异国求学经历的国际比较的视角令研究者聚焦到中国学术管理的一个核心特色——强大的政府行政主导力量和相对而言先天不足的学术共同体制度。这种不平衡的权力格局，与美国学术活动相对自治、政府对学术自主的尊重、学术活动松散自由的氛围不同。我国科研管理体制和高校学术管理散发出浓郁的"计划性"与"功利主义"气息，形成独特的"计划内竞争"的科研管理形态，以及"工具理性"与相对"短视"的特点。学生时代有"高考指挥棒"，学者时代有"科研指挥棒"，素来缺少"为学习而学习""为学术而学术"的制度土壤。政府不仅主导科研项目的设立、审批与评估、经费划拨与管理，强调科学研究为国家发展和经济建设服务，甚至对于某些项目的研究结论都有潜在的引导和偏好。在政府行政统筹下的"行政逻辑"和科研作为技术创新驱动为社会经济发展服务的"市场逻辑"下，科研自身的"学术逻辑"显得较为弱势。结合对新制度主义、组织场域和场动力理论的分析，研究者开始思考外部制度环境与教师科研生产力之间的关系——高校对外部制度的回应取决于其在高等教育场域中的位置，而决定高校场域位置的标准是学术性层次的高低，不同场域位置的高校，其合法性标准也存在差异，高校基于自身的场域位置和合法性标准，形成特定的组织氛围，教师的行动情境和学术状态受高校组织氛围的影响和塑造。由此，探索高校场域中的组织氛围与教师科研生产力之间的关系这一研究思路逐渐清晰起来。

四、研究问题

综上所述，高校组织氛围作为一架联结外部制度及场域环境与组织内部学术治理环境的桥梁，既能够反映自上而下的外部制度及场域特征对组织的影响，又可以反映自下而上基于教师群体感知的高校科研生产情境，因此可以作为一个很好的中层理论概念，解释开放系统、组织场域视角下高校教师科研生产力的影响机制。

基于以上方面的综合考虑，本书的研究问题如下：

（1）我国高校教师科研生产的外部制度环境和组织场域的现状如何？

（2）高校组织场域与组织氛围之间是什么关系？如何影响师均科研生产力？

（3）高校组织氛围如何影响教师个体的科研生产力？

（4）高校组织氛围对教师个体科研生产力的影响机制是什么？

研究目的是通过建立组织场域与高校组织氛围之间的逻辑联系，采用组织场域视角下的组织氛围联结宏观层面的场域环境与微观层面的教师科研生产力，完成组织场域情境下高校组织氛围对教师科研生产力的影响机制分析。

第二节　核心概念

本书涉及的核心概念主要有三个：科研生产力、组织氛围和组织场域。

一、科研生产力

通常意义上，生产力是指产出与投入的比值，但玛希（Massy）和维尔

格（Wilger）的研究发现，教师们对生产力这一概念内涵的认知往往受到院校奖励标准的高度影响，将教师生产力看作被引的公开发表的数量和研究基金①。迈耶（Meyer）（1998）将生产力界定为特定时间内的产出②。费尔韦瑟（Fairweather）（2003）认为教师生产力是教师个体层面的产出，包括教学和研究产出③。国内外学者已对科研生产力积累了较为丰富的研究，主要围绕"科研生产力"（research productivity）、"科研绩效"（research performance）和"科研产出"（research output）这三个关键词进行讨论，三者经常用来指代教师个体、院系或学校层面的科学研究产出数量和质量④⑤⑥。既有研究中，对学术职业个体层面科研产出的测量方式主要有六种。

第一类方法（也即最基本的方法）仅考虑科研成果的数量，比如期刊论文的发表数量⑦⑧⑨⑩⑪、书籍出版、基金赞助的数量⑫⑬⑭或专利的数量。或

① MASSY W F, WILGER A K. Improving productivity：what faculty think about it：and it's effect on quality ［J］. Change：the magazine of higher learning, 1995, 27（4）：10 – 20.

② MEYER K A. Faculty workload studies：perspectives, needs, and future directions ［M］. San Francisco：Jossey-Bass Inc., 1998.

③ FAIRWEATHER J S. The mythologies of faculty productivity：implications for institutional policy and decision making ［J］. Journal of higher education, 2002, 73（1）：26 – 48.

④ DAVID P A. Positive feedbacks and research productivity in science：Reopening another black box ［J］. Economics of technology chapter, 1992：65 – 89.

⑤ CROMPTON J L. Issues related to sustaining a long-term research interest in tourism ［J］. Journal of tourism studies, 2005, 16（2）：34 – 43.

⑥ 蔺玉. 博士生科研绩效及其影响因素的实证研究 ［D］. 合肥：中国科学技术大学, 2012.

⑦ FOX M F. Publication productivity among scientists：a critical review ［J］. Social studies of science, 1983, 13（5）：25 – 305.

⑧ DUNDAR H, LEWIS D R. Determinants of research productivity in higher education ［J］. Research in higher education, 1998, 39（6）：607 – 631.

⑨ CREAMER E. Assessing faculty publication productivity：issues of equity ［M］. San Francisco：Jossey-Bass Inc., 1998：4.

⑩ STACK S. Gender, children and research productivity ［J］. Research in higher education, 2004, 45（8）：891 – 920.

⑪ GULBRANDSEN M, SMEBY J C. Industry funding and university professors' research performance ［J］. Research policy, 2005, 34（6）：932 – 950.

⑫ BAIRD L L. What characterizes a productive research department ［J］. Research in higher education, 1986, 25（3）：211 – 225.

⑬ GANDER J P. Faculty gender effects on academic research and teaching ［J］. Research in higher education, 1999, 40（2）：171 – 184.

⑭ TIEN F F. What kind of faculty are motivated to perform research by the desire for promotion? ［J］. Higher education, 2006, 55（1）：17 – 32.

是将会议论文、期刊文章和出版书籍等累加作为科研产出的数量①②③。然而，仅考虑数量往往忽略了科研产出的质量和学科间科研发表的差异，因此受到学者们的批评④。用基金赞助数量衡量的方法也因它实为投入要素而非产出要素而备受诟病。

第二类方法是考虑科研成果的质量⑤，如利用期刊的影响因子⑥或论文的被收录或引用频次来间接反映科研成果的质量⑦⑧⑨。但鉴于时间效应的存在和不同学科之间的差异，期刊影响因子和文章被引频次在不同学科间无法进行有效的比较。

第三类方法是分类或分级测量法，即按照多种指标聚类分析后得出的类别或依据发表数量分段分级来测量科研产出，生成类别或序列变量作为教师的科研产出，再进行多元逻辑或序列回归研究科研绩效的影响因素⑩。这类方法因其操作难度大，且聚类或分级标准较为主观，也具有一定的局限性。

第四类方法是同行评议法，主要是在整合该领域专家的评分后，通过一系列的统计处理和检验，确定指标的具体值⑪。虽然该方法通过将抽象概念量化、直观地展现，能够较为准确、科学地对科研产出进行评估，但是因其

① NOSER T C, MANAKYAN H, TANNER J R. Research productivity and perceived teaching effectiveness: a survey of economics faculty [J]. Research in higher education, 1996, 37 (3): 199 – 221.

② TOUTKOUSHIAN R K, BELLAS M L. Faculty time allocations and research productivity: gender, race and family effects [J]. Review of higher education, 1999, 22 (4): 367 – 390.

③ PERRY R P, CLIFTON R A, MENEC V H, et al. Faculty in transition: a longitudinal analysis of perceived control and type of institution in the research productivity of newly hired faculty [J]. Research in higher education, 2000, 41 (2): 165 – 194.

④ WANNER R A, LEWIS L S, GREGORIO D I. Research productivity in academia: a comparative study of the sciences, social sciences and humanities [J]. Sociology of education, 1981, 54 (4): 238 – 253.

⑤ BRAXTON J M, BAYER A E. Assessing faculty scholarly performance [J]. New directions for institutional research, 1986, 1986 (50): 25 – 42.

⑥ THEOHARAKIS V, HIRST A. Perceptual differences of marketing journals: a worldwide perspective [J]. Marketing letters, 2002, 13 (4): 389 – 402.

⑦ DIAMOND A M. The life-cycle research productivity of mathematicians and scientists [J]. Journal of Gerontology, 1986, 41 (4): 520 – 525.

⑧ LINDSEY D. Using citation counts as a measure of quality in science measuring what's measurable rather than what's valid [J]. Scientometrics, 1989, 15 (3 – 4): 189 – 203.

⑨ TOUTKOUSHIAN R K. Using citations to measure sex discrimination in faculty salaries [J]. Review of Higher Education, 2013, 18 (1): 61 – 82.

⑩ HARRIS G, KAINE G. The determinants of research performance: a study of Australian university economists [J]. Higher education, 1994, 27 (27): 191 – 201.

⑪ BORNMANN L, DANIEL H D. Selection of research fellowship recipients by committee peer review. Reliability, fairness and predictive validity of Board of Trustees' decisions [J]. Scientometrics, 2005, 63 (2): 297 – 320.

评价主体是具有主观思想和观念的个人，因此难以免除个体偏见、能力不足或利益对抗带来的负面影响①②，此外同行评议的成本也较高。另有学者比较了论文引用值和同行评议两种测量教师科研产出的方法，得出的结果相近，但在较小的研究领域和对知名学者的科研绩效测量中，同行评议方法得出的结果更好③。

第五类方法是混合测量指数法，最具代表性的是 H 指数法。该方法既考量了科研发表的数量，也考虑了质量要素。其具体含义是：若某教师科研发表了 N 篇论文，其中，有 h 篇论文被引频次大于等于 h，其余的 $(N-h)$ 篇论文中每篇的被引频次均低于 h，则其 H 指数为 h。H 指数法不仅能够从质量和数量两个维度综合测量教师个体过去的科研产出，也能够准确地预测个体未来的科研产出，同时，该指标也可用于对研究机构科研产出的衡量④⑤。尽管如此，仍有学者指出 H 指数法的适用前提是需要长时间段地追踪观察数据，对新学术从业者不适用，且存在自引用的测量误差的风险和学科异质性的问题⑥。

第六类方法是综合评价指标体系法。该方法基于文献研究和专家的意见，构建评价的层次结构模型，之后运用专家评价法或层次分析法（AHP），为各层次的指标设置相应权重⑦。综合评价指标体系法较为全面地综合了定性和定量两种测量方式，但是体系指标的选择和权重缺乏统一、科学和有效的标准，受到主观因素影响较大。

综合以上科研生产力指标的界定和本研究数据分析的可行性⑧，本书中科研生产力特指高校教师近三年内获得的各类学术成果的数量和质量。学术

---

① MICHAELOWA K, BORRMANN A. Evaluation bias and incentive structures in biand multilateral aid agencies [J]. Review of development economics, 2006, 10 (2): 313 – 329.

② MEHO L I, SONNENWALD D H. Citation ranking versus peer evaluation of senior faculty research performance: a case study of Kurdish scholarship [J]. Journal of the american society for information science, 2000, 51 (2): 123 – 138.

③ SO C Y K. Citation ranking versus expert judgment in evaluating communication scholars: effects of research specialty size and individual prominence [J]. Scientometrics, 1998, 41 (3): 325 – 333.

④ HIRSCH J E. An index to quantify an individual's scientific research output [J]. Proceedings of the national academy of sciences of the United States of America, 2005, 102 (46): 16 569 – 16 572.

⑤ HIRSCH J E. Does the H index have predictive power? [J] Proceedings of the national academy of sciences of the United States of America, 2007, 104 (49): 19 193 – 19 198.

⑥ JÄRVELIN K, PERSSON O. The DCI index: discounted cumulated impact-based research evaluation [J]. Journal of the American society for information science and technology, 2008, 59 (9): 1 433 – 1 440.

⑦ 蔺玉. 博士生科研绩效及其影响因素的实证研究 [D]. 合肥：中国科学技术大学，2012.

⑧ 本研究所使用的数据中，对科研产出的测量主要包括各类科研产出形式下的发表数量，没有设计期刊的影响因子、论文的收录或被引频次等变量。因此，只能采用数量加总和对国际发表加权的方式衡量科研产出的数量和质量。

成果的形式主要包括以下几种：学术专著、学术作品、期刊论文、项目报告、学术会议论文、为报纸或杂志撰写的专业文章、专利、计算机编程、艺术作品、制作的电影和电视剧等。科研成果的数量主要考量了以上各学术成果的总和，科研成果的质量以外文学术专著、作品和论文作为替代指标，科研生产力是对科研成果数量和质量综合考量。具体的处理方法是将所有的发表成果加总，并对其中的国际发表赋予 3 倍于国内中文发表的权重，以表征国际发表所代表的研究质量。科研生产力可以从院校层面的师均科研生产力和个体层面的教师科研生产力两个层次考量。师均科研生产力是指某院校教师年均获得的各类学术成果的数量和质量的平均值，计算方法是取该院校样本教师年均获得各类学术成果数量和质量加权总数的平均值。个体层面教师科研生产力即为教师个体所有的发表成果加总，其中的国际发表赋予 3 倍于国内中文发表的权重。

二、高校组织氛围

组织氛围又称组织气氛或组织气候（organizational climate），源于爱德华·托尔曼（Edward Tolman）在 1926 年进行的"认知图式"（cognitive map）的研究，指个体为理解周围环境形成的内部认知图式，但当时的研究还限于个人层面，并未涉及组织群体层面对环境的感知。勒温（Lewin）于 1935 年提出场动力理论，第一次提出"心理氛围"的概念。他指出，要了解人的行为，首先要考虑行为发生的"场"（包括人和环境）。他从人和环境动态作用的角度推理，认为组织氛围是个体与组织互动而形成的一种知觉[①]，并于 1939 年发表了领导风格研究实验的结果，检验了不同领导风格下组织成员的行为，1952 年提出"团体氛围"（group climate）的概念，并将其阐释为组织中个体共享知觉或个体间认知图式的相似程度[②]。不同学者对组织氛围的概念理解存在差异，有基于组织整体的界定、基于个体感知及综合定义三种取向。

（1）基于组织整体的界定。早期的研究者，如费尔汉德（Forehand）和吉尔默（Gilmer）（1964），认为组织氛围具有跨越时间的相对持久性，能够将本组织与其他组织区别开来，且能够影响组织参与者的行为[③]。塔居里（Tagiuri）和利特温（Litwin）（1968）等人则认为，它体现了组织内部环境

---

① 于晓庆. 组织氛围与知识创造关系研究 [D]. 大连：大连理工大学，2007.

② 梁爽. 高校组织气氛对教师科研绩效的影响研究 [D]. 大连：大连理工大学，2008.

③ FOREHAND G A, VON HALLER G. Environmental variation in studies of organizational behavior [J]. Psychological bulletin, 1964, 62 (6)：361 – 382.

的持久特征，是一系列可测量的工作环境属性的集合，良好的组织氛围感知会提升员工满意度、生产率并降低离职率①。斯特恩（Stern）（1970）则认为，它是一种社会力量，影响个体行为。普里查德（Pritchard）和卡拉斯克（Karasick）（1973）从组间差异的角度，将其界定为使某一组织区别于其他组织的稳定的内部环境属性②。格利克（Glick）（1985）将组织氛围定义为一组影响组织成员行为的组织环境的描述性变量③。

（2）基于组织个体成员的感知。后期一些学者开始关注组织中个体对氛围的感知。利特温（Litwin）和斯挺尔（Stringer）（1968）强调组织成员对组织环境的个体感知，将组织氛围界定为在特定环境下个体对该环境直接或间接的知觉，能够影响员工动机、态度、信念和价值观④。施耐德（Schneider）（1975）指出，组织氛围是组织成员对组织客观特性的总体认知，这些组织特性主要集中体现在组织的工作特性及管理措施方面⑤。雷切尔（Reichers）和斯恩德尔（Schndder）（1990）认为，组织氛围是指成员对组织政策、实践和程序的共享知觉，包括正式的和非正式两个维度。

（3）综合定义。目前多数学者对组织氛围采取综合定义，倾向于将组织氛围看作既具有组织环境的客观因素，又强调主观个体感知。如坎贝尔（Campbell）等人（1970）认为，组织氛围是特定组织中组织、成员和环境互动生成的特性，能够影响成员行为⑥。唐妮（Downey）等人（1974）强调组织氛围是组织系统与成员行为之间的中介变量，是一种知觉反应，基本上是描述性的而非评估性的；所包含的项目及结构都是属于宏观性的而非微观的；分析单位是一个组织体系或单位而非个别员工；成员对氛围的反应不同，其行为也受影响⑦。费尔德（Field）和艾尔贝森（Abelson）（1982）的

① SIEHL C, MARTIN J. Organizational culture: a key to financial performance [M] //SCHNEIDER B. Organizational climate and culture. San Francisco: Jossey-Bass Inc., 2009.

② PRITCHARD R D, KARASICK B W. The effects of organizational climate on managerial job performance and job satisfaction [J]. Organizational behavior and human performance, 1973, 9 (1): 126 – 146.

③ GLICK W H. Conceptualizing and measuring organizational and psychological climate: pitfalls in multilevel research [J]. Academy of management review, 1985, 10 (3): 601 – 616.

④ LITWIN G H, STRINGER R A. Motivation and organization climate [M]. Boston: Harvard University Press, 1968.

⑤ SCHNEIDER B. Organizational climates: an essay [J]. Personnel psychology, 1975, 28 (4): 447 – 479.

⑥ CAMPBELL J P, et al. Managerial behavior, performance, and effectiveness [M]. New York: McGraw-Hill Inc., 1970.

⑦ DOWNEY H K, HELLRIEGEL D, PHELPS M, et al. Organizational climate and job satisfaction: a comparative analysis [J]. Journal of business research, 1974, 2 (3): 233 – 248.

研究发现，组织氛围可以从组织、团体与个人三个层次考察和理解，选用哪一种层次根据研究的实际需要决定。对组织属性或群体认知方面的研究，可以将组织氛围界定为个人行为的组织情景，强调组织环境感知的共性要素；若研究问题是组织个体对组织环境的评价和感知，则分析单位应为个体层面[1]。马云献（2005）在其《高校组织氛围及其与教师工作绩效的关系研究》中，将组织氛围界定为教师、管理者与高校环境交互作用形成的一种心理氛围[2]。梁爽（2009）将高校组织氛围界定为高校教师与组织环境之间相互作用而形成的一种主观知觉和描述，作为高校的内部特性，使之区别于其他高校，并影响着高校教师的态度和行为（参见表1-1）[3]。

表1-1　组织氛围的内涵的综述

作　者	时间	内　容
爱德华·托尔曼（Edward Tolman）	1926	提出环境"认知地图"理论，氛围的含义是个体在头脑中形成的对整个组织状态的认知地图。认知地图仅指个体知觉，忽略了团体以及团体中的其他人对所处环境的认知，他所提出的认知地图概念和真正的组织氛围概念并不等同
勒温（Lewin）	1935	场动力理论（Field Theory）第一次提出"心理氛围"的概念，认为要了解人的行为，首先要考虑行为发生的"场"（包括人和环境）。他从人和环境动态作用的角度推理，认为组织氛围是个体与组织互动而形成的一种知觉
吉尔默（Gilmer）和费尔汉德（Forehand）	1964	组织氛围被定义为"一组能够被描述的组织特性，使组织之间相互区别，并影响组织成员的行为"
利特温（Litwin）和斯挺尔（Stringer）	1968	在特定环境下个体对该环境直接或间接的知觉，能够影响员工动机、态度、信念和价值观
塔居里（Tagiuri）和利特温（Litwin）	1968	它体现了组织内部环境的持久特征，是一系列可测量工作环境属性的集合，良好的组织氛围感知会提升员工满意度、生产率并降低离职率

① FIELD R H G, ABELSON M A. Climate: a reconceptualization and proposed model [J]. Human relations, 1982, 35（3）: 181-201.

② 马云献. 高校组织氛围及其与教师工作绩效的关系研究 [D]. 开封：河南大学，2005.

③ 梁爽. 高校组织气氛对教师科研绩效的影响研究 [D]. 大连：大连理工大学，2009.

（续上表）

作　者	时间	内　容
坎贝尔（Campbell），邓尼特（Dunnette），劳勒（Lawler）和韦克（Weick）	1970	特定组织中组织、成员和环境互动生成的特性，能够影响组织成员的行为
斯特恩（Stern）	1970	组织氛围是一种社会力量，影响个体行为
普里查德（Pritchard）和卡拉斯克（Karasick）	1973	组织氛围是使某一组织区别于其他组织的稳定的内部环境属性
唐妮（Downey），霍尔里格尔（Hellriegel）和斯洛克姆（Slocum）	1974	氛围是组织系统与成员行为的中介变量，具有以下几项特质：是一种知觉反应，基本上是描述性的，而非评估性的；所包含的项目及结构都是属于宏观性的而非微观的；分析单位是一个组织体系或单位，而非个别员工；成员对氛围的反应不同，其行为也受影响
施耐德（Schneide）和雷切尔（Reichers）	1983	组织成员对组织客观特性的总体认知，这些组织特性主要集中体现在组织的工作特性及管理措施方面
格利克（Glick）	1985	组织氛围是一组影响组织成员行为的组织环境的描述性变量
雷切尔（Reichers）和斯恩德尔（Schndder）	1990	组织氛围是指成员对组织政策、实践和程序的共享知觉，包括正式的和非正式的
马云献	2005	组织氛围是教师、管理者与高校环境交互作用形成的一种心理氛围
梁爽	2009	组织氛围是高校教师与组织环境之间相互作用而形成的一种主观知觉和描述，作为高校的内部特性，使之区别于其他高校，并影响着高校教师的态度和行为

　　组织氛围有组织、团体和个体三种不同的分析层次，不同分析层次所采用的测量与分析方法也不尽相同。个体层面的组织氛围通常指心理氛围（psychological climate），以量表直接测得，但对于采用何种量表，目前学界仍未形成统一量表①。团体和组织层面的组织氛围根据研究者对组织氛围的界定不同，所采用的评测方法也存在差异。比如，若强调组织客观情况并将

---

① 陈维政，李金平．组织气候研究回顾及展望［J］．外国经济与管理，2005，27（8）：18－25.

组织氛围视为组织整体属性，则一般采用观察法或关键人物访谈法测量组织氛围；若认为组织氛围是个体对组织氛围的群体感知，视之为个体主观感知与组织环境的互动的结果，则常用问卷调查法获得个体层面的组织氛围感知数据，之后采用聚合方法得到组织层面的组织氛围。前者和后者的测量水平均在个体层面而非组织层面。组织氛围作为难以通过直接测量获得的数据变量，需要通过求组均值的方法将个体层面变量聚合得到二次变量，因此是典型的情境变量（contextual variable）。而是否能够进行聚合需要满足聚合的组内一致性和组间差异性检验，其代表指标为"Rwg""ICC（1）"和"ICC（2）"，三个指标的具体内涵在第三章研究设计第三节研究方法部分有详细介绍，在此不再赘述。

本书结合组织氛围的综合定义与高校学术组织的特性，将高校组织氛围界定为高校教师、院校管理者与高校场域环境互动形成的高校内部环境的群体共享认知及个体感知。它是一种基于组织参与者反映的、组织制度形塑下的、相对客观真实的、组织内部环境的外在表现，是外部制度环境、场域位置和组织内部特征三方面互动形成的。借鉴菲儿德（Field）和艾贝尔森（Abelson）（1982）对组织氛围层次的划分，本研究将关注组织层面的组织氛围群体感知和个体层面的组织氛围感知，即对组织层面的组织氛围进行多层线性模型分析，将其视为组织氛围的群体感知，考察其对高校教师科研生产力的影响；将个体层面的组织氛围感知作为教师科研生产力影响机制分析的自变量，考虑个体对组织氛围感知如何作用于其科研生产力。

本书主要关注高校组织氛围中的学术管理决策的权力配置模式（简称"学术决策氛围"）、学术—行政部门的非正式关系以及学术氛围这三个维度。至于为何关注以上三个维度，将在第二章研究进展及文献评述中第三节第三点进行解释和说明。

学术管理决策的权力配置模式，是指高校在学术事务和学术资源分配两方面学术与行政权力的分配格局，体现高校组织氛围的学术自主性。学术—行政部门的非正式关系，是高校内部行政管理人员对学术活动的态度及管理岗位与学术岗位之间的流动性情况，体现学术与行政部门的信任与支持关系；院校学术氛围，是教师对高校学术氛围的感知评价。

三、组织场域

高校教师科研活动的组织场域是指由科研管理规制机构（政府及下属部门）、科研生产机构（高校及其中的教师）和科研产品的消费者（政府及市场中的各主体）共同构成的被认可的制度生活领域。该场域中的组织体系具

有层次性。从高校外部来说，政府对高校具有规制权力；高校之间也存在学术性的层次差异，分为研究型大学、教学研究型大学及教学应用型大学等。高校内部存在着学术行政管理部门及学术生产部门的层次关系。以高校为审视主体，其外部制度环境与内部治理制度之间是一种内嵌却又相对独立的系统关系，外部系统和内部系统各有其独自的运作逻辑，却又紧密关联。

第三节　问题界定

本书的书名是《高校组织氛围与教师科研生产力：基于组织场域的视角》，聚焦"组织场域"中，高校组织氛围对教师科研生产力的作用机制。

一、研究自变量是组织场域中的高校组织氛围

"组织场域"视角对组织氛围的内涵拓展。组织氛围作为基于个体感知汇聚获得的组织环境特征包含诸多不同的维度，本书选取组织氛围中学术—行政权力在学术相关决策中的权力分配结构、学术与行政部门的非正式关系和学术氛围三个维度，实际上是考虑了由这三个方面反映出的高校学术制度安排和实践表达的学术组织环境的综合形态。高校作为学术与行政权力的角力场，两者权力配置、互动关系及学术氛围的整体感知，正是高校教师科研活动存在的真实组织情境。外部场域环境方面可以从横向和纵向两方面考察：横向方面存在行政权力的作用载体——科研管理政策与资源分配体系及学术权力的影响平台——科研奖励评价制度之间的学术与行政权力的较量；纵向方面存在特定高校在高校组织场域的学术科层系统中的位置差异，这种学术性层次的位置差异决定了高校发展的合法性标准是以学术研究为导向还是以教学和社会服务为导向。这种组织合法性标准，可能会成为高校在组织场域中的最终组织氛围形态的逻辑来源。

二、组织氛围与组织文化和组织结构的甄别

选择高校组织氛围而非组织结构或组织文化进行研究，是基于组织氛围能够较为准确地反映组织逻辑的"形态"和"神韵"。

组织氛围与组织文化的差异。许多国内外研究常常会将"组织氛围"与"组织文化"混用。从概念界定方面，两者确有相似之处，组织文化主要反映组织内部价值观念和道德规范以及组织成员所形成的群体共识，组织氛围

常被界定为组织成员对组织环境特征的整体知觉，两者既可以被看作存在于认知层面，也可以视其为客观存在。然而，组织氛围与组织文化不同的是，它通常关注社会情境的感知及其影响，而组织文化则强调解释社会情境如何从互动中产生。组织文化通过影响组织内成员的活动会引发组织氛围的产生，而组织氛围导致态度、行为并最终影响组织绩效。两者理论来源不同，组织氛围理论源于社会心理学框架，而组织文化植根于人类学与符号学的互动，前者关注系统对成员行为的影响，而后者更侧重社会系统的演化与解释[①]。理论来源的不同决定了研究方法的差异，组织氛围多以定量研究方法探讨普遍性的科学原理，而组织文化研究强调定性方法运用以建构对组织独特性文化的认知。鉴于本研究更关注高校组织要素对教师科研生产力的影响，而且组织氛围的测量来源于个体层面的横截面而非面板调查问卷数据，因此更适合做组织氛围而非组织文化研究。

组织氛围与组织结构的差异。组织氛围不同于组织结构的方面在于，组织氛围是源于组织群体成员对组织特定要素的集体感知，它在客观性的组织存在与主观性的个体感知之间建立了有效的联结，能够体现教师个体对具象化的物质存在可能发生的不同感受。举例来说，就是官方的组织结构可能存在于院校的制度文本中，对外界的媒体宣传简介中，以及客观的部门设置框架中。然而，在结构框架背后的真实存在可能与符号存在不尽相同，一个科层化设置的组织结构，可能由于组织规模较小，有一个良好的信任合作和沟通氛围，呈现网络化的关系结构；而一个貌似扁平化的组织结构中，可能存在强烈的权威控制，而表现科层化的运作模式。然而，我们所要关注的是相对真实的组织特性对教师科研产出的影响，而非一个"符号化"的存在。

三、组织场域视角下高校组织氛围与教师科研生产力的联结

高校组织氛围的多重要素中，选择从学术管理决策中的学术—行政权力配置切入，探讨学术—行政权力在学术相关决策中的权力分配结构、校内学术与行政部门的非正式关系以及院校的学术氛围三方面来探讨其对教师科研生产力的影响，源于以上三方面最能体现高校与外部环境互动及其对内部的学术制度安排。剖析教师科研生产力的核心在于科研生产过程中的资源配置及运作管理。资源配置与权力分配结构密不可分，高校内部权力配置会决定教师学术活动各个环节的管理究竟是遵从学术逻辑还是行政逻辑。政府对高

---

① 王庆燕，石金涛. 组织气氛与组织文化的研究脉络与异同［J］. 中国软科学，2005，9：112－119.

校的科研资源配置反映了外部行政权力与高校学术权力的博弈，高校学术—行政权力的配置反映了高校内部行政权力与学术权力的互动，高校内部学术权力的强势与否、学术权力的合法性程度，直接决定了高校作为整体对外部行政权力介入的调节能力，而高校内部学术权力的强弱也与大学自身在高校场域中的外部合法性来源密切相关。而这种角力的最终形态，会通过学术—行政部门的非正式关系和学术氛围的外化表现，形成一个较为统一稳定的组织氛围。学术决策的权力配置结构作为一个解题钥匙，它既能够反映组织资源配置与外部资源配置的关联、外部行政权力的介入与高校组织体系中学术科层分割的现实情境，也能解释院校内部的科研运作机制。由此，学术管理决策中的学术—行政权力配置作为学术资源配置的组织逻辑，学术—行政部门的非正式关系作为权力格局的协调机制，学术氛围作为权力互动的外在形格，共同构成了影响教师科研生产的组织氛围。

第四节　研究意义

一、理论意义

（一）建立组织场域与高校组织氛围之间的逻辑联系

由文献综述可以发现，现阶段组织氛围的相关研究中，主要是对组织氛围内涵、类型和维度的探讨，以及将组织氛围作为自变量、中介变量或因变量的实证研究，对其理论渊源的探讨较少。由于组织氛围的研究源于社会心理学的学科视角，更偏重对组织氛围的个体心理测量，过于强调组织氛围的内部属性，而忽略了组织氛围本身是基于个体感知的组织属性，会有外部环境对其影响的可能性和作用机制。事实上，在中国的本土情境下，组织氛围的诸多重要维度，如组织科层性、领导力、人际关系等方面很大程度上受到外部场域的影响。举例来说，高校或诸多具有公益属性的机构的一把手大都是政府部门直接任命，受到中央组织部管理，其领导力水平在很大程度上并不取决于内部因素。组织的科层性对作为公共部门的高校来说更是如此，高校的许多管理部门都是直接对口主管行政管理机构。因此，组织氛围研究亟须引入对组织场域的关注，而组织场域的视角可以作为中层理论的代表，适用于对高校组织氛围经由个体反映的组织属性的解释。

（二）采用组织氛围联结宏观制度环境与微观个体行为

高校组织氛围之所以能够成为联结组织场域与组织内部个体行为和绩效

的原因，是它独特的构建方式和中层属性。本研究以具有外部和内部共通性的学术—行政权力配置格局作为切入点，通过分析外部科研管理体制的权力配置特点和组织场域的分层格局，勾勒场域环境中科研管理的学术—行政权力配置情况和院校层次差异，进而通过微观层面教师个体聚集获得的对学术资源和学术事务决策机制的学术—行政权力格局和学术—行政部门非正式关系的组织认知，将之类型化以后，再分析两者之间的关系，以及组织氛围对教师科研生产力的影响，将宏观层面的组织场域分析与微观层面的科研生产机制结合起来，形成教师科研生产力影响机制的中层理论，突破以往对教师科研绩效实证分析的过于微观化和理论分析的宏大叙事现状。凭借组织氛围的实证研究基础和中层概念这一优势，本书可以完成组织场域研究的实证化分析和个体科研生产机制的制度化分析。

（三）完成了中国情境下高校教师科研生产力组织影响的本土化

本书对我国高校教师科研生产力的外部政策环境以及高等教育组织场域和高校教师管理发展形态进行分析，从而界定我国高校组织氛围的本土化研究情境和组织场域。高校组织氛围对教师科研生产力影响的实证分析，有助于构建基于中国本土化情境中的高校教师科研生产力组织影响机制的理论框架。

（四）构建作为学术机构的高校教师科研生产力影响的理论模型

无论是对知识创造的既有研究，还是对组织氛围的相关研究，均无法完全适用于作为学术机构的高校的科研生产机制分析。因此，本研究的理论意义在于通过对组织场域理论、组织氛围及知识创造相关学术文献的借鉴，并通过实证分析，构建中国背景下作为学术机构的大学组织中，教师科研生产力的理论模型。

二、现实意义

（一）为科研政策完善、现代大学组织结构调整和变革提供思路

宏观层面对组织场域的讨论和高等院校组织场域位置的勾画，有利于政策制定者和高校领导对外部制度情境的理解和把握，明确政策对象和制度作用机制，为完善制度建设提供思路。从中观层面来讲，高等教育院校层次格局使得高校在同一个组织场域中处于不同的位置，其生存和发展的定位与合法性来源也不尽相同，因此对组织场域的层次分析有助于高等院校反思自身定位，调整结构形态和发展重心，从而发挥自身优势，提升外部环境适应力和资源获取能力，从长远来讲，有助于增强高校的生存能力和竞争实力。当

前外部环境和学术体系的内驱力均要求大学承担更重的科研使命，对大学科研组织生产机制的理解，便于大学充分了解自身在科研管理体制和高校组织场域中的位置、科研资源的主要来源对象和渠道，进而采取相应的组织构型调整和变革策略。

（二）加深高校学术和管理人员对教师科研生产影响机制的理解

本书通过对大学教师科研生产力组织氛围影响机制的分析，打开大学组织内部教师科研生产影响机制的箱子。微观层面上对学术管理决策中学术—行政权力配置的讨论，学术、行政部门之间的非正式关系的分析，以及学术氛围的科研生产力影响验证，对高校学术工作的管理和组织都具有非常现实的实践指导意义。学术人员和管理人员对大学教师科研生产组织影响机制的深入理解，有助于科研工作的指导和科研管理工作更有效地开展。

（三）有助于学术和管理人员高效利用制度资源为研究发展服务

学术科研人员认识到系统层面的组织场域和学校层面的组织氛围中具有生产要素的因子后，会更有效地利用组织管理和制度环境为自身知识生产服务，从而提高科研产出效率。管理人员可以通过合理调整组织要素和管理行为以优化科研生产环境，学校的行政管理人员可以通过对显著影响教师科研产出的组织要素进行规划和适当调整，营造一个更适于教师学术科研工作的组织环境。

第五节　篇章布局

绪论作为开篇第一章，这部分的主要内容包含问题缘起、核心概念、问题界定、研究意义及篇章布局。问题缘起包含以下四部分：①现实观照：科研生产战略地位与发展困境；②理论考量：科研生产机制的中层理论建构；③人文关怀：教师科研生产的学术江湖形格；④研究问题。核心概念包括阐述科研生产力、组织氛围和组织场域的概念含义。研究问题从研究自变量是组织场域中的高校组织氛围、组织氛围与组织文化和组织结构的甄别以及组织场域视角下高校组织氛围与教师科研生产力的联结三个方面界定。研究意义包括理论意义及现实意义。

第二章是研究进展及文献评述。首先，研究者对本文研究的理论基础——组织理论的演变进行综述，指出当前组织研究的新近趋势，从而确立本研究组织场域与组织氛围的理论结合的视角在宏大的组织和制度理论体系中的坐标定位及前沿属性。其次，研究者阐述组织场域理论及研究进展，主要包括场动力理论、组织场域理论、组织内部的权力来源及配置、国内高校组织场域研究的相关发现和组织场域视角对教师科研生产力组织氛围影响的启发。再次，研究者通过对教师科研生产力和组织氛围相关研究成果的评述，从科研生产力的相关研究、组织氛围与科研生产力的关系和组织氛围对教师科研生产力影响的研究发现与拓展三个方面的文献资料入手，厘清本研究核心概念之间的逻辑关系。最后，研究者对既有研究局限进行总结。

第三章为研究设计。研究设计包括研究假设与理论框架、研究路径和研究方法。理论框架部分结合前文的理论、文献综述与本书的研究思路和研究问题，提出高校组织氛围对教师科研生产力影响的理论框架，结合理论内涵建立组织氛围对教师科研生产力影响作用和机制的研究假设。研究路径部分呈现本研究开展的过程设计。研究方法部分介绍本研究采用的研究方法，如计量工具的使用及测量工具的基本信息和信效度情况。

第四章是高校组织场域与组织氛围的关系分析。首先，研究者围绕高校教师科研工作的外部制度环境、高校组织场域和高校教师管理三方面分析高校教师科研生产的组织场域概貌。外部制度环境主要选择科研管理制度进行分析，从科研支持政策、资源分配和奖励评价等勾勒科研管理制度的行政色彩；高校组织场域分析包含分权化下的院校域间多样、差异化下的校间资源分层和市场化下的资源外部依赖三个特征的阐释，描绘高校组织场域的层次差异；高校教师管理则主要分析高校"能力主义"核心逻辑下各维度教师学术管理的表现以及教师的行为反应。其次，研究者结合高校组织场域概貌，分析我国高校组织氛围的类型分布与趋势，分析组织氛围与外部组织场域的关系及组织氛围的层间同质性与异质性，而同质性与异质性的讨论主要是根据高校在组织场域中的位置这一主线，以及组织氛围对师均科研生产力的影响。最后，研究者进一步分析组织氛围与场域位置不契合的院校的几种师均科研生产力表现的情况，探析组织氛围对师均科研生产力影响的差异化。

第五章是教师科研生产力的影响因素分析。首先，研究者不考虑层级效应，分析个体层面的教师科研生产力的影响因素，采用多元线性回归的方法检验在控制了科研生产力的个体层面、工作状况和其他组织因素的前提下，组织氛围是否会对教师科研生产力产生显著影响以及影响程度的大小。这部分对组织氛围不做分层处理，将其视为组织特性变量，不考虑组织氛围影响的层次差异。其次，研究者探讨高校组织氛围对教师科研生产力的层级影响，该部分进行多层线性模型分析，来探讨将组织氛围看作院校层级变量后，组织氛围对教师科研生产力的影响及是否存在个体层面认知情感与行为

的调节效应。

第六章为组织氛围感知对教师科研生产力的影响路径分析。研究者将组织氛围回归到个体层面的感知变量，进而研究高校教师对组织氛围的感知如何影响其科研生产力的表现，考察组织氛围感知的影响机制及作用路径，检验它是否通过职业归属感的社会情感变量和科研工作时间投入的学术行为变量的中介作用影响最终的科研生产力。

第七章是院校组织氛围与教师科研生产的多样格局。研究者选择了两所处于不同高校场域的、不同类型的院校进行质性研究，通过访谈的方法，了解研究型大学和教学应用型大学的组织氛围与科研生产模式的差异，放宽对科研产出单一、量化的评价标准，关注在不同场域位置上的院校，其组织氛围的差异，以及如何营造适合自身定位的组织氛围或采取何种组织策略，以优化符合院校科研发展定位的教师的学术科研产出。

第八章为研究结论及讨论。该章作为对整体研究的系统总结，集中呈现本书的核心结论，重申整篇文章的分析思路及研究创新性，讨论本研究的局限性，以期抛砖引玉，对未来的研究有所启发。最后以熊丙奇教授提出的"体制迷墙"概念为对话对象，总结当下科研管理中的行政干预泛化形态及高校实践与科研政策跨越"体制迷墙"和"学术解绑"的趋势与举措。

本 章 小 结

第一章绪论部分的主要内容是问题提出的呈现，包含问题缘起、核心概念、问题界定、研究意义及篇章布局。

问题缘起包含以下四部分：①现实观照：科研生产战略地位与发展困境；②理论考量：科研生产机制的中层理论建构；③人文关怀：教师科研生产的学术江湖形格；④研究问题。现实观照讨论了高校在科技创新体系中的"基础和生力军作用"的政策定位，明确高校是国家科技期刊产出的贡献主体。然而，当前中国的现实情况是论文产出经费效率高，人员产出效率较低。制约我国人员产出低效的原因一方面是科研人员整体素质问题，另一方面是研究机构内部组织环境及外部科研体制的问题。本研究主要讨论组织环境及体制方面的原因。理论考量部分，在教育研究多学科交叉与理论方法多元化的背景下，中层理论对教育研究的理论和实践结合具有重要的意义，组织场域的相关研究综合考虑了组织同质化和异质化的两个不同方面，对于建构中层理论较为实用，而且教师科研活动并不是单纯的组织内部活动，而是具有很强的外部性，因此对于研究高校教师科研生产力问题具有适用性。人文关怀部分通过预调研部分高校教师，进一步勾勒了研究者及教师群体置身的学术场域环境的特征。基于现实观照、理论考量和人文关怀，提出本书研究问题为"高校组织氛围对教师科研生产力的影响——基于组织场域的研究视角"，具体分为以下四个子问题：①我国高校教师科研生产的外部制度环境和组织场域的现状如何？②高校组织场域与组织氛围之间是什么关系？如何影响师均科研生产力？③ 高校组织氛围如何影响教师个体的科研生产力？④ 高校组织氛围对教师个体科研生产力的影响机制是什么？

核心概念部分，研究者分别阐述了科研生产力、组织氛围和组织场域的概念含义。科研生产力特指高校教师近三年内获得的各类学术成果的数量和质量。高校组织氛围界定为高校教师、院校管理者与高校场域环境互动形成的高校内部环境的群体共享认知及个体感知。高校教师科研活动的组织场域是指由科研管理规制机构（政府及下属部门）、科研生产机构（高校及其中的教师）和科研产品的消费者（政府及市场中的各主体）共同构成的被认可的制度生活领域。

问题界定部分，研究者从研究自变量是组织场域中的高校组织氛围、组织氛围与组织文化和组织结构的甄别以及组织场域视角下高校组织氛围与教师科研生产力的联结三个方面界定，分别探讨了组织场域视角对组织氛围内涵的拓展、组织氛围与组织文化和组织结构的内涵差异等方面的内容。

研究意义包括理论意义及现实意义。理论意义主要体现在研究建立了组织场域与高校组织氛围之间的逻辑联系，采用组织氛围联结宏观制度环境与微观个体行为，完成了中国情境下高校教师科研生产力组织影响的本土化，构建作为学术机构的高校教师科研生产力影响的理论模型。现实意义在于为科研政策完善、现代大学组织结构调整和变革提供思路，加深高校学术和管理人员对教师科研生产影响机制的理解，有助于学术和管理人员高效利用制度资源为研究发展服务。

第二章　研究进展及文献评述

本章第一节对本书研究的理论基础——组织理论的演变进行综述，指出当前组织研究的新近趋势，从而确立本研究组织场域与组织氛围的理论结合的视角在宏大的组织和制度理论体系中的坐标定位及前沿属性。第二节阐述组织场域理论及研究进展，主要包括场动力理论、组织场域理论、组织内部的权力来源及配置、国内高校组织场域研究的相关发现和组织场域视角对教师科研生产力组织氛围影响的启发。第三节细化至对教师科研生产力和组织氛围相关研究成果的评述，通过科研生产力的相关研究、组织氛围与科研生产力的关系、组织氛围对教师科研生产力影响的研究发现与拓展三个方面的文献资料厘清本研究核心概念之间的逻辑关系。第四节是对既有研究局限的总结。

第一节　组织理论的演化概述

本节从研究的母体理论——组织理论的发展变迁入手，了解组织研究的理论发展趋势。之所以花费篇幅阐述组织理论的变迁过程，原因是希望通过对理论变迁的简要梳理，明确理论研究关注点的转移和层次的变化。若假设后继者的研究均是建立在前人的基础之上，"站在巨人的肩膀上"所带来的是研究视野和深度的拓展和延伸，以及对组织问题愈加接近本貌的探寻；那么理论概览既是对研究问题所对应的理论渊源的尊重，知从何来，方知到何去，也是对研究问题做深入和科学思考的必要前提。因为说明问题的不仅是观点本身，观点的时间迁移也具有意义，比如，为何从最初的关注组织结构的科学设计到后来关注人际关系或非正式组织关系，再到后来强调组织文化和氛围的重要影响？这种研究趋势不仅标志着组织研究理论视角的不断发展与成熟，也反映了组织研究本身的层次性推进。组织研究"正式结构"—"非正式关系"—"组织文化"的演变，体现了组织研究由"形"到"神"的转化。当我们试图研究组织参与者的行为和绩效时，上述维度的组织要素均在发挥作用。

值得注意的是，一方面，教师对高校组织氛围的感知也涉及组织结构、关系和整体氛围的不同维度，当我们将组织研究维度演变由时间维度的迁移转换为空间维度的组织氛围的不同方面时，通过检验这些维度的组织氛围对教师科研生产力的影响与否及影响程度，也是对既有研究理论的一种有趣的回应，以回答我们是否离问题原本面貌更近了一步的好奇心和疑惑。另一方面，在进行组织氛围对科研生产力的各种影响要素的逻辑关系整合时，以上三个维度可以成为一个很好的归纳标准。此外，第六章组织氛围感知对科研生产力的机制分析中，会探讨高校组织氛围的学术决策权力配置氛围、学术—行政部门非正式关系和学术氛围感知对教师科研生产力影响的贡献大小，该部分将作为对本部分组织理论演化变迁的逻辑的回应。

对组织的第一次系统研究始于 19 世纪的最后十年，在与工业化和科层化过程相连的社会结构变革的促进下，众多学科的学者开始关注组织现象及其对社会生活的影响。系统的组织理论发展经历了理性、自然到开放系统的组织理论的发展进程。

一、理性系统的组织理论

强调规范、结构及治理的理性系统。理性系统的组织理论出现于 19 世纪末 20 世纪初，以泰勒的科学管理学派、法约尔的行政管理学派和韦伯的科层制理论为代表。这一时期的学者认为组织内部的结构设置是专门为有效地达成目标而设计，组织的规范结构非常重要，结构是组织达到有限理性的基本载体[①]。泰勒的科学管理学派强调职能管理、分工专业化和权力下放，是一种自下而上的管理方法；法约尔的行政管理学派则提出了自上而下的理性化管理模式，界定了管理的五个基本的职能，即计划、组织、指挥、协调和控制，并且细化了泰勒提出的协调工作系统的设计；韦伯则研究了组织治理机制的三种权威基础——传统、法理和感召，用合理—合法的职权观念论证了科层制存在的合理性，形成了科层制理论。

"没有人的组织"。这一时期的组织理论用科学和理性的准确性、严格性和普遍性来解释组织结构的变化原因，构造了集权型层级制的组织结构，研究重心在组织管理的基本原则的概括和分析上。但也有层次的区分，比如泰勒和西蒙关注个体参与者的工作及决定因素，研究视角来源于社会心理学，

---

① 斯格特. 组织理论：理性、自然和开放系统 [M]. 黄洋，李霞，申薇，等译. 北京：华夏出版社，2002：50.

而法约尔和韦伯强调结构在组织运作中的重要作用。这一时期的组织理论是在社会生产体制由作坊式小生产体制向工厂化的社会化大生产的体制转化的背景中产生、发展的，组织管理的目的是为了促进组织效率的提高和生产力的发展。然而，对于组织理性的侧重使研究者关注组织结构特征而非参与者特征，将组织视为"没有人的组织"①，既忽略了对组织中个体心理需求、行为和互动的机制及影响的关注，也没有充分重视组织外部的社会、经济和文化背景对组织结构及行为的影响。

二、自然系统的组织理论

强调非正式结构与行为结构的自然系统。20 世纪 20 年代至 40 年代，随着科技进步和经济发展，学者开始逐渐意识到以往的理性视角不能完全解释或概括组织特征和现象，组织不仅作为经济系统存在，也作为社会系统存在。因此，更多的研究开始转向对组织中个体行为和心理方面的关注，考虑了组织目标复杂性、非正式结构，并广泛运用结构功能分析，自然系统视角下的组织理论逐步发展起来。与理性系统的组织理论视角不同，这派学者将研究重心迁移至组织与其他系统的共性方面，理性设置的组织目标往往会被其他目标诸如生存目标所替代，与正式结构相比，非正式结构在组织运行中发挥更重要的作用，因此研究行为结构是持自然系统组织理论的学者强调的方向。

五个自然系统代表性学派。代表理论有马约的"人际关系学派"、巴纳德的"组织协作系统"、塞尔兹尼克的"老制度主义"、帕森斯的"AGIL 模型"②和早期的社会冲突理论。人际关系学派提出组织成员"社会人"的假设并研究了"非正式组织"，认为人不仅有经济利益需求，还有友情、尊重、安全感和归属感等社会心理方面的需求，组织内的非正式团体管理对提升组织生产率具有重要影响。巴纳德的组织协作系统则强调组织内部正式和非正式结构的相互依赖性，将管理人员的主要职能视为设计和公布关于组织使命的道德前景，这种使命能够获得组织成员的认可和奉献，而非将其作为简单的效率系统的一个工具。塞尔兹尼克的老制度主义明确地采用环境因素对组织影响这一观点，但环境往往是为组织带来压力和妥协的负面角色。帕森斯

---

① BENNIS W G. Leadership theory and administrative behavior: the problem of authority [J]. Administrative science quarterly, 1959, 4（3）: 259 – 301.

② AGIL 分别表示适应（adaptation）、目标达成（goal attainment）、整合（integration）和维模（latency pattern maintenance）。适应指代获取充足资源，目标达成是确定和实施的目标，整合是在系统子部门中维持团结或协调，维模是创造、保持、传播该体系独特的文化和价值观。

则正视了环境的客观作用，认为组织是外部社会机构的亚体系，环境为组织提供了工作合法化的情境。以上各学派均是社会和谐论的代表。而另一种方向是社会冲突论，这一流派在欧洲有更多的研究基础，他们关注组织参与者利益的多元及价值观的对立，社会稳定状态来自于某团体的统一控制或与其他利益团体的联合。

"没有组织的人"①。自然系统视角的组织理论强调组织中个体的重要性，尝试采用心理因素和社会因素来解释整个组织结构的变化。与理性系统的观点不同，这一时期的学者关心组织中的人，包括他们的生产行为和任务行为之外的行为和态度，将组织视为有机系统而非机械系统，注重组织结构的演化而非设计，强调自然发展而非精细规划。然而理性系统和自然系统理论均有一个共同的缺陷，就是缺乏对组织外部环境及环境对组织及内部成员结构、行为和氛围影响的讨论。

三、开放系统的组织理论

强调环境作用的开放系统。20 世纪五六十年代，应对知识信息时代、全球化市场逐步形成、物质和人力资源的大量积累和跨国流动的复杂社会背景，组织模式和关系逐渐趋于复杂化和弹性化。因此这一时期开始出现用开放系统的思想和方法来分析组织的内部结构、管理活动与环境的关系，提出组织与环境之间相互依赖的关系，环境作为组织物质、能量和信息来源，是维持组织正常、可持续运作的关键。

六个代表性学派。代表性理论有权变理论、交易成本理论、资源依赖理论、网络理论、组织生态学和新制度理论等。权变理论认为尽管所有组织都依赖于它们的资源环境和技术信息环境，但是这些环境在复杂性和不确定性方面存在差异，组织结构也会相应调整 [伍德沃（Woodward），1958②；劳伦斯（Lawrence）和洛尔施（Lorsch），1967③]。作为技术环境的函数，结构能适应其特定环境的组织的绩效最好。与此相关的一个经济学分析方法是交易成本理论。该理论认为所有交易都是有成本的，但某些交易比其他交易成本更高，组织的产生是为了处理市场不能解决的交易成本。相对不稳定和复杂的交易要求更精细的治理机制以确保交易各方的安全。资源依赖理论也强

---

① BENNIS W G. Leadership theory and administrative behavior: the problem of authority [J]. Administrative science quarterly, 1959, 4 (3): 259 – 301.

② WOODWARD J. Management and technology [M]. London: HMSO, 1958.

③ LAWRENCE B P R, LORSCH J W. Organization and environment: managing differentiation and integration [J]. Administrative science quarterly, 1968, 59 (67): 3459 – 3465.

调组织对环境适应的优势，其环境包括政治系统和经济系统，认为组织为了生存一定要交换资源，但这种交换若不均衡，会产生权力分化。比如，给大学这类组织提供资源的人有资格对大学行使很大的权力。组织的资源依赖程度取决于交换的相对量和所给予接受者资源的临界度。相对量用所提供的资源份额来测定，临界度指在资源缺乏情况下组织能继续行使职责的程度。20世纪七八十年代之间，网络理论开始被用来研究组织间关系。学者们认为组织在网络关系中的位置、网络本身的结构均会影响组织行为和结果。与此同时，组织生态学相关研究出现。汉南和弗里曼（1977）认为，以前的理论夸大了个体组织经历基础性变迁的可能性程度，应该从对单一组织的关注转向对组织"种群"（同种类型组织）的关注，随后的研究关注种群动力学——新型组织随着时间产生、成长、竞争和衰退的方式。此外，另一种分析方法——制度理论（institutional theory）也在同一时期得到了发展，形成了新制度主义学派。它强调组织环境的文化特征。早期的制度主义学派学者关注制度系统的规制性和规范性特征［塞尔兹尼克（selznick）］（1949①），后来新制度主义学派更关注象征性要素——先验图式（schemas）、典型化（typifications）和文本（scripts）——的作用。20世纪90年代后期，学者们更关注组织变化的边界、战略、权力过程和观念，强调对组织的动态过程的研究、宏观组织场域、非正式制度及微观互动过程的探讨。这一时期的组织结构理论侧重研究组织与环境之间的关系。

通过以上梳理，可以看出组织研究从"理性系统"到"自然系统"再到"开放系统"视角的演变过程。在这一过程中，研究的方式逐步从对机械化组织或曰"无人组织"的分析，转化为对具有一定弹性的组织及关注组织内个体行动的分析，进一步转变为关注组织与环境的系统互动和人本性探讨的研究思路。

四、组织研究的新近趋势

综合组织理论演化发展的文献，可以观察到组织与制度研究的一些鲜明特性和发展趋势：

（一）研究层次方面，从组织作为研究中心上升至组织场域作为研究中心

强调组织的环境嵌入性，不单独研究组织本身，常将组织研究与其所在

---

① SELZNICK P. TVA and the grass roots: a study of politics and organization［M］. Berkeley: University of California Press, 1984.

场域的渗透和建构功能联系在一起，场域不仅考虑地理边界圈定的物理空间，而且更多地考虑组织被卷入的一种制度环境。组织场域层次的研究，为新制度主义的发展提供无限的可能，正如弗里格斯坦（2001）对组织场域研究价值的论断，"场域理论是关于现代组织的一般理论"，强调将组织场域作为制度理论和组织分析的重要研究对象①。

（二）研究逻辑方面，从制度决定论走向制度组织互构论

愈发强调制度与组织互动、结构与行为互动的社会机制，突出互动过程中的组织能动性力量，从研究"什么事情在发生"转向"事情如何发生"，主张"人们在进行研究设计时，应把重点放在各种层次运行的各种因素之间的相互依赖关系，以及对利益结果的影响上"②。斯科特认为："那些关于'从上到下的制度过程'与'从下到上的制度过程'在塑造组织的过程中的相互作用的制度研究，是最吸引人的研究"。

（三）研究方法方面，出现从理论推演到实证检验的导向

近年来，更多的组织研究学者开始采用多元化、复杂化的实证研究方法研究组织问题，例如托尔波特（Tolbert）和朱克尔（Zucker）（1983）提出了合法性机制的操作化测量方法③；豪斯查尔德（Haunschild）和曼纳（Miner）（1997）对模仿行为进行了细化界定，分为频率、类别和结果模仿④；瑞夫（Ruef）和斯科特（Scott）（1998）通过医院专业协会组织对医院"认证"的标准研究，分析了管理和技术这两种合法性基础的产生及演变的因果关系以及它们对组织生存的影响⑤。周雪光（2005）以"社会认可的逻辑"理论框架，采用多元线性回归和逻辑斯特回归的实证研究方法对职业声望的等级制度进行了探讨⑥。以上这些研究均在制度研究的理论框架中，通过采用各种实证方法拓展了理论阐释领域和适用范围。

---

① FLIGSTEIN N. Social skill and the theory of fields [J]. Sociological theory, 2001, 19（2）：105－125.

② 斯科特. 制度与组织：思想观念与物质利益 [M]. 姚伟，王黎芳，译. 3 版. 北京：中国人民大学出版社，2010：51, 190, 222.

③ TOLBERT P S, ZUCKER L G. Institutional sources of change in the formal structure organizations：the diffusion of civil service reform, 1880—1935 [J]. Administrative science quarterly, 1983, 28（1）：22－39.

④ HAUNSCHILD P R, MINER A S. Modes of interorganizational imitation：the effects of outcome salience and uncertainty [J]. Administrative science quarterly, 1997, 42（3）：472－500.

⑤ RUEF M, SCOTT W R. A multidimensional model of organizational legitimacy：hospital survival in changing institutional environments [J]. Administrative science quarterly, 1998, 43（4）：877－904.

⑥ ZHOU X G. The institutional logic of occupational prestige ranking [J]. American journal of sociology, 2005, 111（1）：90－140.

第二节　组织场域理论及研究进展

　　分析采用自上而下的理论展开方式，首先从中观层面探讨组织氛围的理论根源——场动力理论与组织场域理论这两种不同层次的场理论。其次，梳理微观层面的组织内部权力来源与权力配置的相关研究成果，关注自内而外的技术要素观点和自外而内的组织场域位置优势观点的内涵联系与区分，对组织场域中组织的权力配置的机理进行梳理。

　　中观层面的场动力理论和组织场域理论的文献整理是基于本章第一节组织研究演化发展的情况和新近研究趋势的阐述的发现，较为前沿的组织理论研究以组织场域为研究层次，开放系统视角下的组织研究的基本前设是，组织研究不应脱离组织所处的情境，组织的制度、结构以及氛围均受到组织外部环境的渗透与形塑，因此，对组织场域和场动力理论的梳理有助于了解组织场域作用于组织以及组织环境作用于个体的机制，以增进对组织场域、组织氛围和个体认知及行为这些概念之间逻辑关系的理解。

　　对微观层面组织内部权力来源与权力配置相关理论的讨论初衷在于，本研究最终将落脚于回答教师个体层面科研生产力的影响因素及机制，而组织内的利益与行动者的分析离不开对组织权力分配模式或治理机制的讨论，因为这是明确组织内哪些群体对组织的哪些活动或其他群体具有支配权的基础，是决定组织的行动方向和行为模式的前提，也是理解组织对外部环境影响回应策略的钥匙。该理论的两种不同解释逻辑——自内而外的技术要素观点和自外而内的组织场域位置优势观点则印证了组织研究近来以制度互构为研究逻辑趋势的合理性。

　　国内高校组织场域的相关研究成果的综述使研究者进一步了解以上各种理论在国内高校组织场域研究中的实际运用现状及进展，以及相关实证研究方法的运用情况。

　　最后，研究者将讨论组织场域理论及国内研究对本研究的启发。

一、场动力理论

　　库尔特·勒温（Kurt Lewin）的场动力理论是组织场域理论形成的思想基础，也是组织氛围研究的理论根源。他的思想建立于其在德国柏林大学期间进行的格式塔研究，理论视角主要源于社会心理学，研究层次集中于组织、组织中的个体及两者的互动层面。之后，许多组织管理研究学者在他的理论基础上进一步开展了许多针对组织氛围的社会心理学和组织行为学研究。在探讨学习问题时，勒温感兴趣的是动机、个性和社会心理，把注意力集中在"渴望"和"目的"本身上，并把它们与个性联系起来研究，由此形成一种描述系统。勒温认为，人是一个场（field），人的心理活动是在一种心理场或生活空间里发生的。生活空间（life space，简称 Lsp）是个人及其所存在的心理环境。一个人的行为（behaviour，简称 B）取决于个人（person，简称 P）和他/她的环境（environment，简称 E）的相互作用，即取决于个体的生活空间（Lsp）。生活空间（Lsp）包括了人（P）与其环境（E），行为发生在这种生活空间之中，它既是人与环境的函数，也是生活空间的函数。根据勒温的理论，外部刺激是否能够成为激励因素，还要看内部动力的大小，两者的乘积才决定了个人的行为方向。如果个人的内部动力为零，那么外部环境的刺激就不会发生作用；如果个人的内部动力为负数，外部环境刺激就有可能产生相反的作用。

勒温的基本公式是：

$$B = f(P \times E) = f(Lsp)$$

公式中：B 代表个人行为的方向和向量，f 代表某个函数关系，P 代表个人的内部动力，E 代表环境的刺激，Lsp 代表生活空间。

二、组织场域理论

组织场域理论的两个思想渊源。组织理论和制度主义研究者有关组织场域的研究受到法国社会学家皮埃尔·布迪厄（Pierre Bourdieu）提出的"场域"概念的启发。布迪厄从关系的角度将场域界定为一个社会或文化再生产领域中各种行动者的总和、各种组织总和及其之间的动态关系，认为场域中的活动者之间并不是和谐安宁的社会关系，而是充满冲突和竞争的场所，采取博弈规则获取或扩大自身利益[①]。组织场域的另一个思想渊源则与布迪厄的观点不同，强调组织间的互惠依赖性，是组织生态学的"组织共同体"思想。他们认为组织会基于相似或相同的功能性或地方性产生依赖关系，通过合作实现集体生存，进而形成相对稳定的互惠结构。

组织场域概念的提出及研究层面。迪马吉奥和鲍威尔基于以上研究，开创性地提出了"组织场域"的概念，指"包括关键供应商、原料与产品购买商、规制机构以及其他提供类似服务与产品的组织等聚合在一起所构成的

---

① BOURDIEU P, WACQUANT L J D. An invitation to reflexive sociology［M］. Chicago：University of Chicago Press，1992.

一种被认可的制度生活领域"。组织场域的研究层次较高，在组织和组织场域之间，还存在组织丛、组织种群、组织间群落这三个概念，而组织场域为单一组织结构与行为研究和更广泛的社会结构之间的联结提供了合适的中介。相关研究主要在关系系统层面和文化—认知系统层面开展，前者关注的是将场域中组织联结起来的关系系统，既包括组织之间相关关系的"连通性"，也包括系统网络中组织结构位置相似性的"结构性等量"（structural equivalence）或"同构"（isomorphism）；后者以"制度逻辑"和"文化框架"的研究为代表，制度逻辑是"一套物质实践与符号结构构成场域的组织化原则，组织和个体均可对物质实践和符号结构进行设计、制定和详细的阐述"①，制度逻辑侧重于理解如何完成某事物，而组织文化框架则强调如何理解、描述某事物。

组织场域的结构化。在组织场域不同层次的互动方面，吉登斯（1979，1984）提出了场域的"结构化"概念，将其界定为社会结构与各种活动之间相互作用的循环系统。迪马吉奥等人的研究将结构化的概念进一步细化，降低了概念外延，将其界定为组织在场域范围内的互动程度和结构性质②。斯科特结合了组织场域结构化和制度流概念，构建了各层次制度形式与互动的一般模型。其理论核心在于制度的场域和形式建构了组织活动的外在环境，自上而下的过程包含制度的建立、扩散、转述、社会化、强迫或诱导接受等，通过这一复杂机制，微观层面的行动者结构与行为被制度过程塑造，塑造的方向有制约和使能两个方面。与此同时，微观层面的组织行动者通过选择性关注、理解与意义建构、身份建构、失误、创新、对模式的遵守与再生产、谈判、妥协、回避、抵制及操纵等方式进行组织结构再造进而影响组织行动的外部场域③。

组织场域理论与场动力理论有异曲同工之妙，两者均强调组织与其所在环境的互动和影响。两个理论虽有差异，前者更偏重对心理环境的考量，研究人对环境的心理感知及其作用，后者偏重于社会环境的分析，更多地从社会学研究的视角对组织环境与组织之间的互构进行解释，也注意到组织场域的层次差异；然而两者均关注环境的个体或组织影响，组织氛围作为一种基

① FRIEDLAND R, ALFORD R R. Bringing society back in: symbols, practices, and institutional contradictions [M] //DIMAGGIO P J, POWELL W W. The new institutionalism in organizational analysis. Chicago: University of Chicago Press, 1991: 232 – 266.

② 张永宏. 组织社会学的新制度主义学派 [M]. 上海：上海人民出版社，2007：24 – 43.

③ 斯科特. 制度与组织：思想观念与物质利益 [M]. 姚伟，王黎芳，译. 3 版. 北京：中国人民大学出版社，2010.

于个体对组织的认知判断所形成的心理性感受的客观存在——组织环境，成为外部制度环境或组织场域对组织及组织参与者影响的桥梁。

三、组织内部的权力来源及配置

组织内部权力来源的界定可以从技术论者和制度论者两种不同的视角进行。以海克森（Hickson）（1971）为代表的技术论者对组织内部权力的来源有三个一般假设。第一，有效地处理不确定性的子单位更可能获得内部权力；第二，子单位的行为可替代性越低，所拥有的内部权力越大；第三，子单位的中心性程度越高，其获得的组织内部权力越高，中心性程度由弥散性和直接性两方面衡量。前者指某子单位的工作内容与其他子单位之间的关联程度，直接性的含义是某子单位的工作对组织最终产出的影响程度和速度[1]。以上三种权力来源中，首先是对不确定性的处理最能影响权力水平，其次是中心性程度中的直接性，再次是可替代性，最后是中心性程度中的弥散性[2]。与此对应的制度论者强调组织及内部机构合法性和权力并不来源于内部的技术效率，而是源于它们在外部社会环境和场域中所处的位置，它们的权力以外部支持和联络为基础，独立于内部技术性操作的影响之外[3]。

因此，组织的内部权力既可以来源于组织内部的技术要素，也可来源于组织外部的制度要素，它既可以表现为权力主体对组织资源的绝对支配权，也可以表现为权力主体对组织其他个体或单位的相对支配权，前者更具有物权意义上的所有权属性，后者则体现出社会关系的特征。海因斯（Hinings）等人1973年的研究实际上反映了对组织核心领域和生产过程有绝对影响的子单位，其权力水平高于对组织其他部门具有相对影响的子单位的权力水平，分析了权力来源与权力属性的关系。

组织的权力配置形态既可以表达在组织整体层面，也可以渗透在组织内部的各单位或部门之间。对于组织内部的不同领域，也可能有差异化的权力配置机制，甚至同一领域下的不同活动事项，权力配置模式也不尽相同。这同样可以从组织内部技术要素和外部制度要素两方面考虑。比如组织在面对外部制度支持环境提出的各样需求时可能会采取诸如桥梁战略等方式管理制

---

① HICKSON D J, PENNINGS J M. A strategic contingencies' theory of intraorganizational power [J]. Administrative science quarterly, 1971, 16 (16): 216 – 229.

② HININGS C R, SCHNECK R E. Structural conditions of intraorganizational power [J]. Administrative science quarterly, 1973, 19 (19): 22 – 44.

③ MEYER J W. Strategies for further research: varieties of environmental variation [M] //MEYER M W. Environments and organizations. San Francisco: Jossey-Bass Inc., 1978: 352 – 368.

度性环境，桥梁战略中的结构一致能够很好地解释政府部门或其他公共部门或准公共机构对组织的影响，它们以要求组织建立与这些机构结构同形的单位作为向组织提供资金的前提条件。这样组织就会相应地设立结构对应的组织单位，甚至采取与模仿单位相同的权力配置模式运作，这种设定或许是边缘化的，也或许是组织有意为之的内部调整，甚至有可能是外部制度环境的强制性规定。

不同的情境下，组织的各子单位或不同领域所采取的权力配置模式可能会存在差异。而组织内部技术要素的考量可以集中从专业性组织的相关研究中反映。斯科特将专业性组织的组织权力设置模式分为自治性专业组织、受治性专业组织和联合性专业组织三种类型①，并指出这种区别既适用于组织的下属部门，也适用于整个组织。自治性专业组织中的管理者将设定和实施目标、定义操作标准、保障运作按部就班进行等事务委托给专业人员，在专业人员的工作与组织管理者的管理工作之间具有明确的界限，例如大学中的学术委员会就是一种典型的专业团体自治的表现形式。而在受治性专业组织中，行政管理控制专业人员的工作和权限，因此专业人员的自治权相对较少，受到管理者的总体监督和规束，但专业人员对自己领域的相关工作具有处理权限。联合性专业组织是在专业人员的工作业务愈加专门化的背景下，为了有效处理日益增多的辅助者工作而产生的，这一组织形式比较有代表性的特点是项目组或项目化的管理模式，比如高校教师的研究工作。联合性专业组织结合了自治性专业组织的自主管理模式和科层制的行政管理模式，其宗旨是充分发挥两者在各自领域中的优势②。

四、国内高校组织场域研究的相关发现

国内主要利用新制度主义中组织场域理论或布迪厄的"场域"理论研究高等教育领域问题，但既有成果相对较少。

（一）制度分析或组织场域理论分析高等教育组织场域的研究

在制度分析或组织场域分析视角下，比较有代表性的研究是周光礼、吴越（2011）从新制度主义能动性视角分析中国 C9 大学联盟组织场域建构从竞争到合作趋势的制度建构，田联进（2011）采用历史制度主义和民主行政

---

① SCOTT W R. Reactions to supervision in a heteronomous professional organization [J]. Administrative science quarterly, 1965, 10 (1): 65 - 81.

② SCOTT W R. Managing professional work: three models of control for health organizations [J]. Health services research, 1982, 17 (3): 213 - 40.

理论对"中国现代高等教育制度反思与重构"的探讨，以及郭莉（2013）
从法学权力理论与组织理论视角切入的"当代中国大学学术权力与行政权力
的共轭机理研究"。

周光礼、吴越（2011）分析了基于三所以上大学自愿联合共同构成的新
型治理结构——C9 联盟的组织场域建构过程。他们以"S－O－R"（刺激—
有限理性的行动者—反应）模式作为分析思路，强调组织场域中规则既不完
全是由外部权威建立的，也不完全是从更大的外部文化系统中引入的，而是
组织能动性地在场域中通过系统互动而建立，C9 联盟参与者构建了一系列
新的制度和激励结构，以合作代替竞争，应对日趋激烈的高等教育竞争环
境。制度建构的过程体现在建设世界一流大学的宏观背景支撑和 C9 联盟内
部政策论坛的协商交流制度化、项目支撑的合作办学制度化和管理机制的联
盟治理结构化四个方面①。该研究还指出，C9 联盟建立的背后是场域逻辑的
建构，高等院校通过合作联盟的策略回应政府由政策性分配向市场性分配的
高等教育分层逻辑的转型，从而以抱团影响政府政策的理性合作选择，维护
自身的优势地位，实现资源获取的"马太效应"②。实际上，二者分析是考
量了高等教育组织趋同性大背景下，精英大学基于理性选择和合法性需求对
组织间关系制度的能动性建构。

田联进（2011）通过历史制度主义的视角探讨了中国现代高等教育制度
迂回改革的形态，分析了高校内部权力关系中党委权力、行政管理权力、学
术专业权力及其分配和高校外部的权力关系。高校内部权力格局方面，田联
进从大学与教师、大学与学生两方面的行政法律关系入手，探讨了以行政为
主体的大学自治权情况，认为存在教师学术自由权、民主管理权和职称晋升
权的权利侵害和学术异化。造成以上现象的主要原因是历史政治因素、学术
共同体欠成熟、强势组织与弱势组织不对称、组织间缺乏契合度等。高校外
部权力关系方面，政府对大学的集权管理使大学自主性、自治性和多样性不
足，其原因在于强政府—弱学校的制度设定造成二元不对称格局。作者强调
制度与人、内部逻辑与外部逻辑之间的互动统一③。

郭莉（2013）以权力理论和组织理论为基础，讨论了高校内部学术权力
与行政权力的"共轭"关系问题，强调两者关系的相对稳定和动态平衡，并
从价值和场域视角分别探讨了自由与秩序的实现。价值视角方面，秩序主要
通过行政权力维持，而自由则由学术权力保障，学术—行政权力的共轭实质

①② 周光礼，吴越. 从竞争到合作：C9 联盟组织场域的建构（上）[J]. 高等工程教育研究，
2011（4）：78 – 84.

③ 田联进. 中国现代高等教育制度反思与重构 [D]. 南京：南京大学，2011.

上反映了自由与秩序的张力平衡和动态协调。场域视角方面，郭莉认为大学内部治理结构为一种"紧张网络"，指出大学学术与行政权力共轭的动力来源于多维策略系统，由目标、行动者和资源三项策略要素构成，目标决定行动，行动影响资源配置。该研究还分别讨论了不同层次院校学术与行政权力共轭数值，"985 工程"院校的共轭值最佳，学术权力的贡献大于行政权力的贡献；"211 工程"院校的共轭策略为特色发展，促进学术与行政系统互动和多渠道融资；一般大学的行政化色彩浓厚，办学体制方面行政权力较强，学术权力较弱，其共轭策略是保障人才质量、地方化和提升学术权力①。

以上三项研究从高校内外及高校组织场域层次两方面分别研究了精英大学的合作战略、各层次大学学术—行政权力共轭机制的差异及高校内部外部的权力分配格局的问题，体现了组织场域研究的能动性分析视角、场域内各层次间及组织内外的互动及差异，学术与行政权力配置也成为高等教育组织场域研究者聚焦的问题。

（二）布迪厄"场域"理论分析高等教育组织场域的研究

布迪厄"场域"理论的三个核心词是"场域""惯习"和"实践"，强调通过"场域"和"惯习"描绘"实践"；场域中的行动者是有知觉、有意识和精神属性的，存在"惯习"；场域是建立在行动者依靠各自的惯习、围绕着有价值的支配性资源相互竞争的关系基础之上，充满了斗争与历史性；场域中流动的资本形式主要有经济资本、社会资本和文化资本，经济资本为显性资本，后两者为隐形资本，三者之间可以相互转化；而不同行动者对支配性资源的支配力存在差异，形成了权力结构；场域结构是不同权力或资本的分布空间②。

布迪厄运用文化再生产理论并结合"场域""惯习"和"实践"的概念分析了法国高等教育机会均等的表象下统治阶级的精英文化，文化资本缺乏的弱势群体会持续弱势，"惯习"与"场域"的交织作用成为高等教育再生产社会与文化不平等的工具③。在《国家精英：名牌大学与群体精神》一书中，布迪厄以"场域"为核心概念，详细分析了高等教育的场域形态，他的比喻非常贴切："'场域'是差异化社会中所特有的社会小宇宙，而教育机构

① 郭莉. 当代中国大学学术权力与行政权力的共轭机理研究 ［D］. 徐州：中国矿业大学，2013.

② 李艳培. 布尔迪厄场域理论研究综述 ［J］. 决策与信息：财经观察，2008（6）：137－138.

③ 唐琼一，方虹. 布迪厄高等教育思想述评 ［J］. 山西师大学报（社会科学版），2008，35（3）：111－115.

就像同属于一个引力场的天体，由此及彼、远距离地相互作用"①②。法国高等教育场域的内部分化有两个层面，第一个层面是精英大学与普通大学的分化，即"大门"与"小门"的分化与对立；第二个层面是精英大学次场域中"知识型"学校与"权力型"学校的分化③。

国内借鉴布迪厄"场域"理论分析高等教育问题的研究代表作有石娟（2010）对《高等教育场域中高校"位置"分层的社会学分析》、陈磊（2011）的《名牌大学与精英主义：基于布尔迪厄场域理论的中国高等教育分析》、吴洪富（2011）的《大学场域变迁中的教学与科研关系》和宋秀林（2012）的《地方高校场域规则下青年教师发展研究》。

石娟（2010）以布迪厄社会学"场域"视角讨论了我国高等教育场域中高校"位置"的分层，认为分层的制度依据是高等教育场域与外部场域尤其是社会场域的相互作用及高等教育场域内部此消彼长的互动。外部互动方面，高位置的大学因其所具有资本的丰富与社会场域的交接更为密切频繁，以校企合作为例，位置高的大学往往有更多的校企合作机会；而且位置越高的大学，其文化再生产能力越强。内部互动方面，学校分化是外力作用下高等教育场域内部各院校相互合作、竞争，分配有限资源的结果；场域中学校位置的高低决定了学校所受外力的大小，高位置院校以研究型大学为代表，它们的发展目标、学术水平、办学层次和筹资力量远在其他位置较低的教学科研型大学和教学型院校之上。高等教育场域的院校分层机制体现在高校分布的社会空间区域的差异和高校内部的学业罕见度差异。高位置院校不仅通常分布在东部沿海地区，而且无论在东、中、西哪个区域，均多坐落在行政中心区域附近，省会城市是高校集中区，重点院校更是分布在区域中心地带。而高位置院校对优质生源的"掐尖"也使得智力精英（包括优秀师资）均集中于高位置院校。与布迪厄提出的知识型大学和权力型大学的分化不同，高位置院校通常是集经济、社会和文化资本于一身，而一般大学往往只能取经济资本或社会资本中的一项④。

陈磊（2011）的《名牌大学与精英主义：基于布尔迪厄场域理论的中国高等教育分析》，从中国高等教育机构场域和名牌大学内部两个层次分析了

---

① 布尔迪厄. 国家精英：名牌大学与群体精神［M］. 杨亚平，译. 北京：商务印书馆，2004：229.

② 唐琼一. 布迪厄高等教育公平观探析：《国家精英—名牌大学与群体精神》解读［J］. 高教探索，2007（3）：47 – 50.

③ 吴琼. 布迪厄教育社会学思想研究［D］. 大连：东北财经大学，2012.

④ 石娟. 高等教育场域中高校"位置"分层的社会学分析［J］. 教育学术月刊，2010（10）：36 – 38.

名牌大学的精英教育机构身份和文化逻辑：历史和时间维度成功地塑造了名牌大学的象征性和符号化资本，国家行政力量进一步加强了精英教育机构的场域结构；而在名牌大学内部，大学通过考试与选拔、课程与教学和文化与精神三个方面精英气质和群体意识渲染，强化了精英主义的文化逻辑及大学的精英身份①。

吴洪富（2011）在《大学场域变迁中的教学与科研关系》一文中，把大学作为变迁场域，阐述了如下观点：大学场域的基础是高深知识，主体是学生与教师，基本活动是教学与科研。在场域变迁过程中，大学从理性的大学转变为学术资本的大学。而场域变迁导致了教师行为调整，表现出了"重科研轻教学"和教学与科研分离的倾向和教学、科研统一的信念与行为的背离，其原因在于传统的理性大学惯习与新生的学术资本大学惯习的更迭与冲突，具体表现为"传道授业解惑"与"科研至上"的张力，"以学术为业"与"以学术为生"的张力，以及"教学科研结合"到"顺从等待"的转变等②。

宋秀林（2012）的《地方高校场域规则下青年教师发展研究》以扎根理论的研究方法，采用布迪厄"场域"理论探讨了地方高校内部场域的形态和青年教师在其中的发展，发现地方高校场域是等级森严的科层场域，青年教师处于教学和科研的金字塔底端，努力向上攀爬，这种角色和地位决定了他们缺席学校的管理决策，无法像教授或副教授那样对决策产生影响。场域中学术资本、社会资本和经济资本均对青年教师发展产生助力。比如学术资本中博士学位成为教师的生存基石，站稳讲台只能是暂且入场，而科研发表才是晋升砝码；社会资本中"论资排辈"潜规则的默认、学缘结构和亲缘关系的保驾护航以及学科学术圈和学校团队的"人多力量大"都成为影响青年教师在高校中所处位置的因素。这些场域规则界定了教师职业发展的轨迹，教师对自身场域位置的感知和所拥有资本总量的判断会影响教师惯习的内化，从而进一步形塑他们的行为策略③。

以上基于布迪厄"场域"理论对高等教育组织场域的分析涉及高等教育机构外部场域的位置和层次属性，更多地关注教育的文化再生产和不平等现象；讨论了高等教育组织内部教学与科研功能分化及青年教师与教授的层级分化，解读了科研功能的放大以及青年教师在高校内部学术科层体系中的底层角色。

① 陈磊. 名牌大学与精英主义：基于布尔迪厄场域理论的中国高等教育分析［D］. 南京：南京大学，2011.

② 吴洪富. 大学场域变迁中的教学与科研关系［D］. 武汉：华中科技大学，2011.

③ 宋秀林. 地方高校场域规则下青年教师发展研究［D］. 长沙：湖南农业大学，2012.

五、组织场域视角对教师科研生产力组织氛围影响的启发

在本节的第一和第二部分，研究者探讨了组织氛围研究的理论根源——场动力理论与解释制度过程与组织之间联系的核心概念——组织场域理论这两种不同层次的场理论，并将其作为分析组织氛围的合理性来源。组织氛围研究的理论根源是勒温提出的场动力理论，该理论关注的是组织环境与组织参与者互动对组织成员行动的影响，认为个体行为是个人与环境互动的结果。

已有研究分析了组织内部权力来源及权力配置的方式有两种不同的解释：组织内部技术要素和组织外部的场域位置。事实上，内部技术要素作为组织对外界环境贡献的绝对价值来源，外部场域位置作为组织在外部场域环境中的相对价值表征，两者之间并不矛盾，反而存在着统一关系。组织的资源储备、生产能力及场域运作的合法性规则决定了它们在场域中的位置，而场域位置又会反过来影响组织资源吸纳和"游戏规则"的维持及变迁。进而，由内外权力来源渠道汇聚的权力大小的差异形成了组织本身及其次级单位的权力配置格局，例如自治性、受治性或联合性等。结合本章第一节中有关组织研究逻辑趋势的制度互构取向——场域理论更突显关系而非对象实体，强调互动性而非单边性，该理论对深入理解日益开放的高等教育系统中的院校的组织氛围形态提供了重要的分析视角。然而，既有研究者对权力配置模式的探讨还是以规范性的结构及正式关系的分析为主，忽略了对权力配置格局中非正式关系的讨论。

国内组织场域视角下的高等教育研究主要是以布迪厄"场域"理论和制度理论中的组织场域研究视角来探讨高等教育场域中的问题。

布迪厄的"场域"理论侧重于分析"场域"及其中的"资本""权力""位置"和"惯习"之间的关系及相互作用机制，更强调一种分化的、冲突的、竞争的机制，比如布迪厄的研究指出了"精英大学"与"普通大学"的分化以及精英大学内部"知识型"和"权力型"大学的分化。既有研究验证了国内精英大学的场域位置优势带来的筹资能力和所受外力影响程度的差别（石娟，2010），以及精英大学文化符号品牌的时间累积效应，国家行政力量强化精英大学的场域结构优势的观点（陈磊，2011），这种论调颇具有制度主义的味道，强调高校组织场域位置的合法性来源于外部认可或授权。而另一派观点则认为，精英大学组织场域位置优势的维系或曰高校组织场域分化结构固化的合法性，是来源于以科研能力为表征的高校生产高深知识能力的差异（吴洪富，2011），表现出组织技术要素在场域中权力获取的重要地位。不仅如此，层级分化还存在于高校组织内部，宋秀林（2012）对

地方高校的研究勾勒了地方高校内部教师论资排辈和老教师与青年教师在高校教学科研金字塔中的科层结构。

组织场域理论在新制度主义理论发展的基础之上，强调组织场域之中既包括基于组织场域位置分化及制度环境多元带来的组织异质性，也包括制度环境对组织结构的同形性作用。组织生态学的研究还突出了对处于结构等同位置的组织群体之间互惠关系的研究。周光礼和吴越（2011）的研究就考量了高等教育组织趋同性大背景下，精英大学基于理性选择和合法性需求对组织间关系制度的能动性建构，兼顾了组织场域中组织同质性与异质性的双面性。高校组织场域层面对高校和政府关系的讨论中，田联进（2011）的研究与陈磊（2011）的研究相呼应，认为在高校外部权力关系方面，政府对大学的集权管理使大学自主性、自治性和多样性不足，其原因在于强政府—弱学校的制度设定造成二元不对称格局，体现了组织场域中外部制度对高校组织自主和自治氛围影响的同质化倾向和作用，并没有过度关注政府对精英大学场域位置维持和高校场域分化所起的作用。而高校组织内部的权力配置方面，郭莉（2013）的研究与宋秀林（2012）对高校内部学术权力的纵向分析相呼应，从横向的学术权力与行政权力关系方面讨论了高校内部不同类型权力的共轭关系，强调高校内部学术权力与行政权力关系的相对稳定和动态平衡，认为大学内部的治理结构是一种"紧张网络"，发现"985工程"院校学术权力的贡献大于行政权力的贡献，而"211工程"院校和其他本科院校则不然，注意到了不同层级院校之间学术—行政权力配置的异质性及层内同质性。

相比较而言，组织场域理论比布迪厄的"场域"理论更体现出复杂性和全面性，兼顾了影响组织的组织场域的各个面向。从某种程度上说，场域本质上是一种制度体系，它并不是一个符号化、象征性的存在，而是包含着行动主体、主体间资源分配格局、权力关系和运作模式的一个规则系统。

组织氛围作为介于外部组织场域和内部个体行动者心理氛围的组织中层环境，是教师科研生产的组织环境。它既受到组织场域的影响，也与组织内部制度安排密切相关。反映组织氛围中自治、自主性、人际与沟通关系和信任合作关系的学术决策中学术—行政权力配置模式、学术—行政部门非正式关系以及院校学术氛围集中体现了组织场域位置与组织内部技术要素的互动后形态。结合组织场域理论中组织场域对组织的制度同形性影响和不同组织场域位置带来的组织层间异质化与层内同质化的分析，可以预想高校组织氛围中影响教师科研生产力的自主和人际关系的权力配置机制、学术—行政部门非正式关系和学术氛围，作为组织环境要素也同样受到这些力量的影响，进而作用于教师的科研生产力。

第三节 教师科研生产力和组织氛围的相关研究

一、科研生产力的相关研究

（一）科研生产力的时间效应

教师科研生产力的时间效应是指教师学术职业生命历程中科研产出的变化规律。佩尔茨（Pelz）和安德鲁斯（Andrews）（1966）通过对教师的个人履历进行生命史调查后指出，整个生命周期的科研发表情况呈现钟形分布。[①] 在学术生涯的最初阶段，科研产出快速上升，在获得终身教职前后达到科研产出的顶峰期，之后会缓慢地下降。那些研究产能最旺盛的学者在 20 余年的工作之后，才会出现科研产出的缓慢下降。莱文（Levin）和斯蒂芬（Stephan）（1991）在前人对科研产出随生命周期的时间分布结论下，进一步细化了研究设计，比较了不同时期的新入职教师的科研产出差异，以及教师所在的学术共同体科研产能的特性。他们利用国家研究委员会对博士获得者的调查，构建了基于投资导向和消费导向的科研产出影响模型。研究显示，随学者年龄增加，其生产力逐渐降低；近期刚获得学位的年轻教师的科研产能比早先的新教师更低；研究还发现学术共同体的平均年龄随时间推移逐渐增高，这些共同体主要被科研产能不高的学术权威控制。[②] 古德温（Goodwin）和索尔（Sauer）（1995）研究了教师承担管理工作对学术科研产能影响的时间效应，结果发现承担管理职位意味着不可避免的科研产能的永久性损失。[③] 中国学者黄净、饶敏等人（2008）也通过实证研究发现，27～30 岁这一年龄段是研究者生命周期中科研产出最低的阶段，随着年龄的增长，平均科研生产力逐步提高并接近高峰，达到峰值后逐年下降。值得注意的是，科研产出的时间效应有时会伴随着年龄、性别和家庭情况的交互作用，对科研产出的影响机制较为复杂。例如处于适婚年龄、孕期或哺乳期的

---

① PELZ D C, ANDREWS F M. Autonomy, coordination, and stimulation, in relation to scientific achievement [J]. Behavioral science, 1966, 11 (2): 89 – 97.

② LEVIN S G, STEPHAN P E. Research productivity over the life cycle: evidence for academic scientists [J]. American economic review, 1991, 81 (1): 114 – 132.

③ GOODWIN T H, SAUER R D. Life cycle productivity in academic research: evidence from cumulative publication histories of academic economists [J]. Southern economic journal, 1995, 61 (3): 728 – 743.

女性，其科研发表会受到由于身体机能变化带来的负面影响。[①] 刘俊婉等人（2015）对中国科学精英科研生产力和影响力的社会年龄分布进行了调查，调查对象是中国科学院院士，该研究以论文数和年均引文数作为指标，分析了院士当选前后论文生产力和影响力的差异，发现院士独著论文和第一作者署名发文高峰在当选院士之前，而中间作者和最后署名发文高峰在当选院士之后，当选院士后，论文的整体影响力高于当选前的论文。[②]

（二）科研生产力的影响因素

科研生产力的影响因素方面，学者发现个体因素、组织要素、工作状况等会不同程度地影响科研产出。

1. 个体特征

个体因素方面，性别（男性）、年龄、家庭情况（子女年龄）、教育背景（学历层次）等会对科研产出有显著正向影响。[③④⑤⑥] 然而一些研究也得出了不同的结论，比如 Creamer（1998）发现，科研生产力的性别差异会随学科的不同而有所差别，在物理学科不存在科研发表的性别差异，而在新闻学和社会学却存在性别差异。他还发现，个人的研究兴趣和能力会对教师科研生产力有显著影响[⑦]。与此类似，可莱恩（Crane）（1965）发现与研究机构的声誉相比，个人才能对科研生产力更有影响力。[⑧] 布兰德（Bland）等（2005）的研究讨论了个体特征中社会化、动机、知识储备、基本及高级研究技能、多重项目、自治与承诺、院校内外参与及工作习惯对教师科研生产力的影响，最后发现个体特征中的科研动机对科研生产力具有显著的正向预测作用。[⑨] 格雷格鲁蒂（Gregorutti）（2008）通过对小型私立研究型大学的混合

① 黄净，饶敏. 高校教师研究生产率影响因素的实证分析 [J]. 暨南学报（哲学社会科学版），2008，30（3）：64－71.

② 刘俊婉，郑晓敏，王菲菲，等. 科学精英科研生产力和影响力的社会年龄分析：以中国科学院院士为例 [J]. 情报杂志，2015（11）：30－35.

③ OVER R. Does research productivity decline with age? [J]. Higher education, 1982, 11 (5): 511－520.

④ HORTA H. Holding a post-doctoral position before becoming a faculty member: does it bring benefits for the scholarly enterprise? [J]. Higher education, 2009, 58 (58): 689－721.

⑤ STACK S. Gender, children and research productivity [J]. Research in higher education, 2004, 45 (8): 891－920.

⑥ SAX L J, HAGEDORN L S, ARREDONDO M, et al. Faculty research productivity: exploring the role of gender and family-related factors [J]. Research in higher education, 2002, 43 (4): 423－446.

⑦ CREAMER E. Assessing faculty publication productivity: issues of equity [M]. San Francisco: Jossey-Bass Inc. , 1998: 4.

⑧ CRANE D. Scientists at major and minor universities: a study of productivity and recognition [J]. American sociological review, 1965, 30 (5): 348－61.

⑨ BLAND C J, CENTER B A, FINSTAD D A, et al. A theoretical, practical, predictive model of faculty and department research productivity [J]. Academic medicine journal, 2005, 80 (3): 225－237.

式研究，探讨了个体特征及环境因素对教师科研生产力的影响，个体特征方面的自我认知与学术行为对科研会议论文发表具有显著的正向影响，尤其是自我感知中对发展知识的个人承诺对科研产出的影响较大。① 海斯利（Hesli）和李（Lee）（2011）运用实证研究法分析了高科研产出教师科研生产力较高的原因，他们发现男性、博士学位项目的排名对科研生产力有显著正向作用，而攻读博士学位的时间则与科研生产力有负相关关系。② 谷志远（2011）分析了个性特征和机构因素对高校青年教师学术产出的影响，发现具有博士学位、工作年限和职称对青年教师科研产出影响较大。③ 刘玮、李玲和沈奎林（2014）对高校教师科研生产率的实证研究发现，在中青年教师群体中，女性教师在人数和科研成果数量方面已经超过或正在赶超男性，正在迈向科研质量方面的超越。④

2. 组织要素

布朗（Brown）（1962）探讨了个体特质、院校环境和学术生产力之间的作用机制，发现组织之间和组织之内均存在不同的亚文化，个体特质不同、动机不同，对组织的感知也会有所差别。若什（Jauch）等（1978）运用多元线性回归方法研究了组织忠诚度、组织承诺对学术科研产出的影响，得出组织承诺高的学者科研论著发表也较多，组织忠诚度与科研产出没有显著相关关系。⑤ 隆（Long）等（1998）的研究发现，院校排名而非毕业院校与高质量期刊论文发表的数量和质量间具有较强的正相关关系。⑥ 布兰德（Bland）等人（2006）讨论了院校特征对教师个体和小组科研生产力的影响，发现院校资源充足度、奖励、教师培训、科研有关的组织文化、沟通、强调科研、清晰的合作目标、团队成员多样性、与专业人员的沟通和较强的

① GREGORUTTI G. A mixed-method study of the environmental and personal factors that influence faculty research productivity at small-medium, private, doctorate-granting universities [D]. Berrien Springs: Andrews University, 2008.

② HESLI V L, LEE J M. Faculty research productivity: why do some of our colleagues publish more than others? [J] Political science and politics, 2011, 44 (2): 393 –408.

③ 谷志远. 高校青年教师学术产出绩效影响因素的实证研究：基于个性特征和机构因素的差异分析 [J]. 高教探索, 2011 (1): 131 –138.

④ 刘玮, 李玲, 沈奎林. 基于性别因素的高校教师科研生产率实证研究：以图情档领域为例 [J]. 新世纪图书馆, 2014 (3): 88 –92.

⑤ JAUCH L R, OSBORN R N. Organizational loyalty, professional commitment, and academic research productivity [J]. Academy of management journal, 1978, 21 (1): 84 –92.

⑥ LONG R G, BOWERS W P, BARNETT T, et al. Research productivity of graduates in management: effects of academic origin and academic affiliation [J]. Academy of management journal, 1998, 41 (6): 704 –714.

参与性治理模式对小组科研生产力具有显著正向影响。① 在波特（Porter）等（2006）的研究中，院校声誉对科研产出的影响作用也得到了验证②，然而谷志远（2011）对中国高校青年教师学术产出的研究中，院校声望的影响并未得到证实。③ 此外，组织目标对学术科研发表也有显著的正向作用。④ 格雷格鲁蒂（Gregorutti）（2008）通过质性研究发现，大学良好的生源和师资、较低的教学工作量、支持性和辅助性环境及基于院系使命的清晰期望对创造教师的科研生产力有所帮助。⑤ 饶敏（2009）发现，高校高绩效工作系统通过创新氛围对教师科研生产率产生正向影响。⑥ 海斯利（Hesli）和李（Lee）（2011）发现，组织资源的丰富程度对教师科研生产力有显著正向作用。⑦ 阿尔佰斯（Albers）（2015）的研究发现了组织规模对科研生产力正向的影响。⑧ 综上，组织因素中的院校规模、院校归属感、院校排名、组织声誉、组织支持力度⑨和组织目标会对学者的科研产出数量和质量造成影响。

3. 工作状况

工作状况方面，古德斯坦（Goldstein）（1979）研究了科研合作对学术发表的影响，发现同性合作方式比异性合作的科研产出更高⑩，慎（Shin）和卡明斯（Cummings）（2010）以及斯姆比（Smeby）等（2005）的研究发

① BLAND C J, CENTER B A, FINSTAD D A. The impact of appointment type on the productivity and commitment of full-time faculty in research and doctoral institutions [J]. Journal of higher education, 2006, 77 (1): 89 – 123.

② PORTER S R, TOUTKOUSHIAN R K. Institutional research productivity and the connection to average student quality and overall reputation [J]. Economics of education review, 2006, 25 (6): 605 – 617.

③ 谷志远. 高校青年教师学术产出绩效影响因素的实证研究：基于个性特征和机构因素的差异分析 [J]. 高教探索, 2011 (1).

④ PERRY R P, CLIFTON R A, MENEC V H, et al. Faculty in transition: a longitudinal analysis of perceived control and type of institution in the research productivity of newly hired faculty [J]. Research in higher education, 2000, 41 (2): 165 – 194.

⑤ GREGORUTTI G. A mixed-method study of the environmental and personal factors that influence faculty research productivity at small-medium, private, doctorate-granting universities [D]. Berrien Springs: Andrews University, 2008.

⑥ 饶敏. 高校高绩效工作系统对研究生产率的影响：创新气氛的中介效应 [J]. 暨南学报（哲学社会科学版），2009, 31 (5): 77 – 83.

⑦ HESLI V L, LEE J M. Faculty research productivity: why do some of our colleagues publish more than others? [J] Political science and politics, 2011, 44 (2): 393 – 408.

⑧ ALBERS S. What drives publication productivity in German business faculties? [J]. Schmalenbach business review, 2015, 67 (1): 6 – 33.

⑨ BAIRD L L. Publication productivity in doctoral research departments: interdisciplinary and intradisciplinary factors [J]. Research in higher education, 1991, 32 (3): 303 – 318.

⑩ GOLDSTEIN E. Effect of same-sex and cross-sex role models on the subsequent academic productivity of scholars [J]. American psychologist, 1979, 34 (5): 407 – 410.

现，无论是大学间抑或是产学研科研合作及国际科研合作均有利于科研产出的提升。①② 兰德里（Landry）等（1996）指出，不同学科的学者在科研合作对科研产出的影响方面存在差异，人文学科的学者之间的合作产出较之理工科学者的产出较低。③ 梁文艳、刘金娟和王玮玮（2015）调查了北京师范大学教育学部教师科研合作与科研生产力之间的关系，发现科研合作对科研生产力的影响主要表现在科研质量方面，年轻教师的内在合作动机更强，科研合作对产出质量的影响效果更为显著。④

日本学者认为学科及研究资金会显著作用于科研发表⑤，布莱克本（Blackburn）、劳伦斯（Lawrence）（1997）和克里默（Creamer）（1998）研究发现，大量的资源支持会显著提升科研生产力⑥⑦，资源包括研究经费、图书馆、计算及设施、研究助手、学校网络乃至时间。

佩尔茨和安德鲁斯（1966）发现时间的投入有利于促进科研生产。⑧ 此外，米切尔（Mitchell）和鲁本（Rebne）（1995）讨论了研究、教学及服务之间的关系对科研产出的影响，指出每周4小时的咨询及8小时的教学活动能够促进科研生产。⑨ 海斯利和李（2011）发现，教学工作量对科研产出有显著负向作用，而指导学生数和参加学术会议的频率却有显著正向影响。⑩ 刘献君、张俊超和吴洪富（2010）研究了大学教师对于教学与科研关系的认识和处理，发现教师普遍认为科研对教学的促进作用大于教学对科研的促进

① SHIN J C, CUMMINGS W K. Multilevel analysis of academic publishing across disciplines: research preference, collaboration, and time on research [J]. Scientometrics, 2010, 85 (2): 581 – 594.

② SMEBY J C, TRY S. Departmental contexts and faculty research activity in Norway [J]. Research in higher Eeducation, 2005, 46 (6): 593 – 619.

③ LANDRY R, TRAORE N, GODIN B. An econometric analysis of the effect of collaboration on academic research productivity [J]. Higher education, 1996, 32 (32): 283 – 301.

④ 梁文艳, 刘金娟, 王玮玮. 研究型大学教师科研合作与科研生产力: 以北京师范大学教育学部为例 [J]. 教师教育研究, 2015, 27 (4): 31 – 39.

⑤ DAIZEN T. Academic profession's career and academic productivity – the similarity and difference of six nations in Asia [C] //International Conference on the Changing Academic Profession Project. Hiroshima: Hiroshima University, 2014.

⑥ BLACKBURN R T, LAWRENCE J H. Faculty at work: motivation, expectation, satisfaction [J]. Contemporary sociology, 1997, 26 (2): 389.

⑦ CREAMER E. Assessing faculty publication productivity: issues of equity [M]. San Francisco: Jossey-Bass Inc., 1998: 4.

⑧ PELZ D C, ANDREWS F M. Scientists in organizations: productive climates for research and development [J]. Industrial and labor relations review, 1966, 17 (6): 122 – 123.

⑨ MITCHELL J E, REBNE D S. Nonlinear effects of teaching and consulting on academic research productivity [J]. Socio-economic planning sciences, 1995, 29 (1): 47 – 57.

⑩ HESLI V L, LEE J M. Faculty research productivity: why do some of our colleagues publish more than others? [J] Political science and politics, 2011, 44 (2): 393 – 408.

作用，影响教学与科研关系的主要因素是院校的制度与政策，目前的制度引导教师认可教学与科研分离，改变自身的信念。①

布莱克本及劳伦斯（1997）发现，职称层级对学术科研发表有直接的显著影响，学术级别越高，论文发表越多。其原因主要有三方面：首先，是终身制教授可以通过用科研经费购买时间的方式，专心投入学术研究；其次，学校将教学任务主要安排给非终身制教师，由此占据了初级教师科学研究的精力和时间；最后，即便是授课，终身制教授主要讲授级别较高的研究生课程，与学生的互动和合作对其研究也具有促进作用。② 布莱克本等（1996）进一步检验了职称层级对教师科研生产力的影响机制究竟是基于激励理论的行为强化逻辑还是基于自选择理论，该研究发现前者更能解释教师科研生产力，因为研究者发现在教师晋升副教授后，其科研发表会有短暂的停滞期，之后会继续上升。③ 海斯利和李（2011）发现，职称层级对科研生产力有显著正向作用。④

贝尔德（Baird）（1986）指出，学科要素也会影响科研产出情况。不同学科的科研标准有所差异，出版率相应地会存在不同，比如物理学、化学和生物学强调广泛的合作和实验研究，历史学等人文学科则注重时间资源的投入，心理学和社会学等社会学科注重社会实践等方面，这就决定了出版和研究周期的差异。⑤ 华纳（Wanner）等人（1981）证实自然科学比社会科学容易获得科研资助，发表论文的能力更强；社会科学和人文科学基于其思想性较强的特征，发表著作的可能性更高。⑥

张珣等（2014）通过对江苏、安徽地区 12 所高校教师的实证研究发现，高校教师科研压力与科研投入呈现倒 U 形关系，科研压力通过科研投入的中介作用对科研绩效发生显著正向影响，科研压力与薪酬满意度呈现负相关，

① 刘献君，张俊超，吴洪富. 大学教师对于教学与科研关系的认识和处理调查研究 ［J］. 高等工程教育研究, 2010（2）：13.

② BLACKBURN R T, LAWRENCE J H. Faculty at work：motivation, expectation, satisfaction ［J］. Contemporary sociology, 1997, 26（2）：389.

③ TIEN F F, BLACKBURN R T. Faculty rank system, research motivation, and faculty research productivity：measure refinement and theory testing ［J］. Journal of higher education, 1996, 67（1）：2 – 22.

④ HESLI V L, LEE J M. Faculty research productivity：why do some of our colleagues publish more than others? ［J］ Political science and politics, 2011, 44（2）：393 – 408.

⑤ BAIRD L L. What characterizes a productive research department ［J］. Research in higher education, 1986, 25（3）：211 – 225.

⑥ WANNER R A, LEWIS L S, GREGORIO D I. Research productivity in academia：a comparative study of the sciences, social sciences and humanities ［J］. Sociology of education, 1981, 54（4）：238 – 253.

通过薪酬满意度的中介作用对科研绩效产生显著负向影响，薪酬满意度对科研投入没有正向影响。[1]

艾伟强和葛建军（2008）采用分层线性模型（HLM）探讨了高校与家庭因素对高校教师科研水平的影响，发现教师个体水平上的因素对其科研水平影响重大，性别、职称、薪资期望与培训等因素对科研水平有显著影响，教龄、学位、学科类型等影响较小，高校对科研经费的支持力度对科研水平影响显著，但生师比和教学任务会有负向影响。家庭水平上，配偶的学历、收入、子女年龄也会影响教师的科研水平。[2]

谷志远和沈红（2012）利用2007年的学术职业国际调查数据研究了学术表现的影响因素，发现个体因素，如性别、年龄、配偶的教育水平及家务劳动时间等显著影响学术产出；工作情况，如研究合作、努力程度、职称等影响作用显著；组织因素，如绩效导向、研究资金情况、院校层级及资源分配方式等均显著影响科研表现。[3]

二、组织氛围与科研生产力的关系

（一）组织氛围对组织绩效的影响

目前，组织氛围对高校教师科研生产力影响的实证研究相对较少，比较普遍的是讨论组织氛围对组织绩效和企业知识生产关系的影响。既有研究发现，组织氛围对组织绩效的影响路径主要有直接影响、间接影响和相互作用三种机制。

1. 直接影响

詹姆斯（James）和琼斯（Jones）（1976）研究发现，组织氛围会直接影响组织运作的效果（产量、工作晋升等）[4]；丹尼森（Denison）（1995）指出，组织氛围中的组织沟通、决策行为、工作目标、员工关系、团队建设

---

① 张珣，徐彪，彭纪生，等. 高校教师科研压力对科研绩效的作用机理研究 [J]. 科学学研究，2014, 32（4）: 549−558.

② 艾伟强，葛建军. 运用分层线性模型对高校教师科研水平的研究 [J]. 统计与决策，2008（7）: 95−99.

③ 谷志远，沈红. 中国学术职业成就影响因素的实证研究 [J]. 高等教育研究，2012（11）: 5.

④ JAMES L R, JONES A P. Organizational structure: a review of structural dimensions and their conceptual relationships with individual attitudes and behavior [J]. Organizational behavior and human performance, 1976, 16（1）: 74−113.

及上级支持这些方面的变量能够较好地预测企业随后五年的经济效益。① 凯普斯（Capps）的研究认为，组织氛围对工作计划有效性、任务完成率等方面有明显的预测作用。

2. 间接影响

间接影响模型认为组织氛围通过某些中介变量，如个体行为、满意度、动机等影响个体及组织绩效。科佩尔曼（Kopelman）等（1990）发现目标取向、手段取向、奖励取向、任务支持和社会情感支持这些组织氛围对绩效的间接效用，它是通过影响成员认知与情感、工作动机和满意度影响工作绩效和组织产出的（如图2－1所示）。

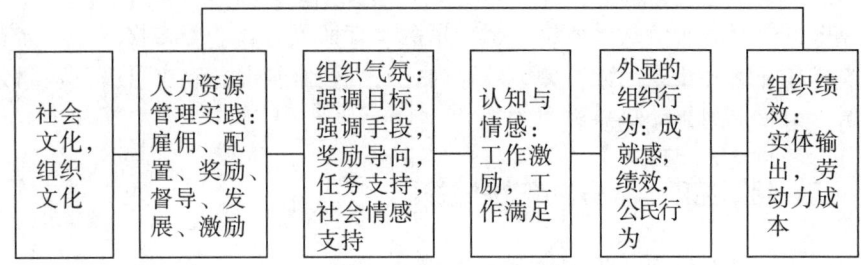

图2－1　组织氛围对组织绩效的作用路径②

帕克（Parker）和巴尔特斯（Baltes）（2003）在组织氛围与成员心理和行为的既有研究工作基础上，建立了个体组织氛围感知与工作绩效的综合模型。该模型认为组织氛围包括工作、角色、领导、团队和组织等影响要素，组织氛围通过影响员工的工作满意度、工作态度（包括承诺和工作投入），进而影响个体成员的成就动机，从而作用于工作绩效（如图2－2所示）。③此外，国内学者马云献（2005）通过实证研究，也证实组织氛围通过影响组织承诺间接作用于工作绩效。④ 于维娜等人（2015）研究了支持性组织氛围和反馈寻求行为在价值观异质性对创新绩效影响过程中的中介效应，发现两者通过对价值观异质性的负向调节，对创新绩效产生正向影响，而两者的调

① DENISON D R, MISHRA A K. Toward a theory of organizational culture and effectiveness [J]. Organization science, 1995, 6 (2): 204－223.

② KOPELMAN R. The role of climate and culture in productivity [M] //SCHNEIDER B. Organizational climate and culture. San Francisco: Jossey-Bass Inc., 2009.

③ PARKER C P, BALTES B B, YOUNG S A, et al. Relationships between psychological climate perceptions and work outcomes: a meta-analytic review [J]. Journal of organizational behavior, 2003, 24 (4): 389－416.

④ 马云献. 高校组织氛围及其与教师工作绩效的关系研究 [D]. 开封: 河南大学, 2005.

节效应以自我决定感为完全中介。[①]

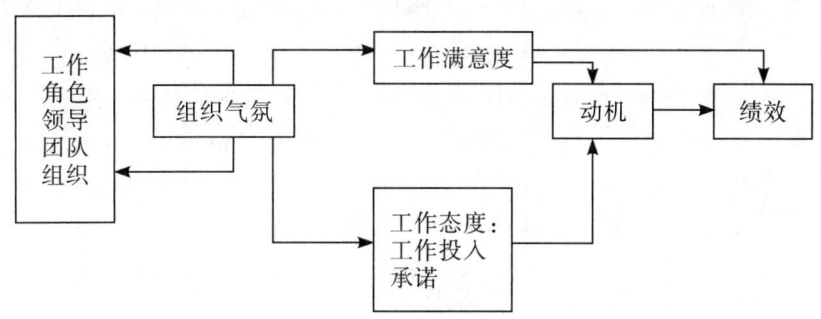

图2-2 个体组织氛围感知与工作绩效综合模型

3. 相互作用

有学者探讨了组织氛围与绩效的相互作用[②③]，他们发现，组织氛围中的职业发展与工作自主对工作任务的完成有促进作用，工作效率的提升反作用于组织氛围，对其产生积极影响。

（二）企业组织氛围对知识生产的影响

1. 企业组织中组织氛围对知识生产影响的国外研究

随着知识创造理论的不断演进，研究焦点已经逐渐从知识创造的理论研究转为影响知识创造过程的工作环境因素的研究。[④] 这里的工作环境包含了企业文化和物理环境变量。

野中郁次郎（Nonaka）（1994）肯定了自治和自律环境对促进成员进行知识创造的重要性。自治环境下组织成员拥有较高的自主性，会成为知识创造意想不到的助力，提升成员运用自身知识的机会。[⑤] 野中郁次郎等学者（2005）还研究了组织结构对知识生产的影响。研究发现，随着外部竞争的日趋激烈，传统的科层制组织结构快速变化的环境反应迟缓，阻滞了信息分

① 于维娜，樊耘，张婕，等. 价值观异致性会促进创新绩效的产生吗？支持性组织氛围和反馈寻求行为的被中介的调节效应 [J]. 预测，2015（2）：14-21.

② WEST M A, SMITH H, FENG W L, et al. Research excellence and departmental climate in British universities [J]. Journal of occupational and organizational psychology, 1998, 71（3）：261-281.

③ 朱瑜. 广东地区企业组织氛围因素结构及其与绩效关系研究 [D]. 广州：暨南大学，2004.

④ NONAKA I, KONNO N. The concept of "Ba"：building a foundation for knowledge creation [J]. California management review, 1998, 40（3）：14.

⑤ NONAKA I. A dynamic theory of organizational knowledge creation [J]. Organization science, 1994, 5（1）：14-37.

享和知识创造，而扁平化、网络化的组织结构则有利于知识创造。^① 阿马比尔（Amabile）（1996）划分了工作环境因素的较强与较弱维度，强维度主要包括组织妨碍、工作组支持和挑战，弱维度包括工作负担压力、自治和资源。研究发现，强维度中的工作组支持可以很好地预测组织创造力和生产力，继而是有挑战的工作、组织激励、监督鼓励、弱维度的组织妨碍、自治、工作负担压力和资源。^② 冯科若荷（Vonkrogh）（1998）用"care"一词概括了促进知识创造需要的组织要素，包括相互信任、积极地投入、以宽厚的态度去评判和勇气，主张从自我负责向集体共同负责的态度转变对知识生产是必要的。^③ 扎克（Zack）（1999）提出，有效的知识创造需要重视并且鼓励合作、信任、学习和创新的组织氛围和激励机制。^④ 拉佩尔（Ruppel）和哈林顿（Harrington）（2000）^⑤ 的研究也发现，良好的工作氛围可以加强员工和组织的信任，进而促进知识创造。日本学者对信任与合作关系和该关系对知识生产的影响进行了实证研究，发现信任与合作两者之间存在较强的正相关关系，信任与合作的组织氛围有助于知识创造和共享^⑥，斯威比（Sveiby）和西蒙斯（Simons）（2002）的研究也得到了类似的结论。^⑦ 蔡美（Chua）（2002）研究了社会交互作用对知识创造的影响，结果发现，社会交互作用能够很好地预测知识创造的质量，其预测作用比结构化和认知要素要高。^⑧ 布莱恩特（Bryant）（2005）的实证研究也发现了同伴指导对知识创造和分享的正影响作用。^⑨

2. 企业组织中组织氛围对知识生产影响的国内研究

国内学者基于国外相关的研究基础，研究了企业中组织氛围对知识创造

---

① NONAKA I, TOYAMA R . The theory of the knowledge-creating firm: subjectivity, objectivity and synthesis [J]. Industrial and corporate change, 2005, 14 (3): 419 – 436.

② AMABILE T M, Herron M. Assessing the work environment for creativity [J]. Academy of management journal, 1996, 39 (5): 1 154 – 1 184.

③ VONKROGH G. Care in knowledge creation [J]. California management review, 1998, 40 (3): 133 – 153.

④ ZACK M H. Knowledge and strategy [M]. London: Routledge, 2009.

⑤ RUPPEL C P, HARRINGTON S J. The relationship of communication, ethical work climate, and trust to commitment and innovation [J]. Journal of business ethics, 2000, 25 (4): 313 – 328.

⑥ TSCHANNEN-MORAN M. Collaboration and the need for trust [J]. Journal of educational administration, 2001, 39 (4): 308 – 331.

⑦ SIMONS R, SVEIBY K. Collaborative climate and effectiveness of knowledge work – an empirical study [J]. Journal of knowledge management, 2002, 6 (5): 420 – 433 (14).

⑧ CHUA A. The influence of social interaction on knowledge creation [J]. Journal of intellectual capital, 2002, 3 (3): 375 – 392.

⑨ BRYANT S E. The impact of peer mentoring on organizational knowledge creation and sharing: an empirical study in a software firm [J]. Group & organization management, 2005, 30 (3): 319 – 338.

的影响。如于晓庆（2007）通过对大连、上海、广州三个城市不同类型企业发放了 378 份问卷，参考了利特温和斯挺尔开发的组织氛围量表，研究了组织氛围对知识生产的影响（理论框架如图 2-3 所示），经过文献查阅、专家咨询、探索性及验证性因素分析和信度和效度检验等方法，对其进行修正，最终确定了一个由"目标与奖励""温暖与认可""结构""自主性""支持"和"冲突"等六个因素构成的组织氛围量表。知识创造测量采用的是野中郁次郎的成熟量表。①

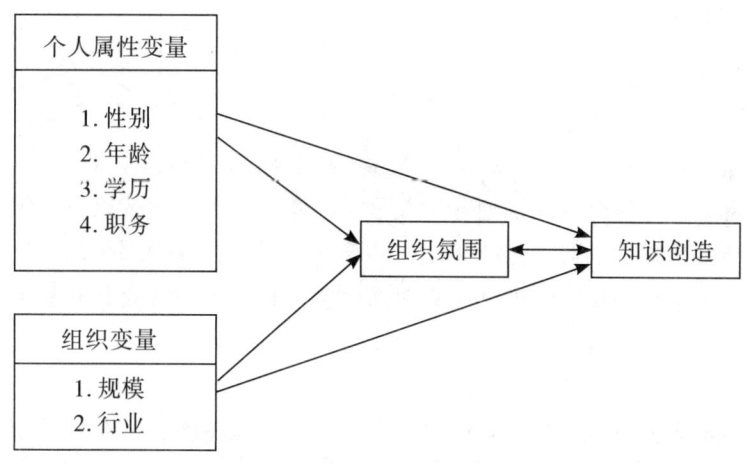

图 2-3 组织氛围对知识创造的影响研究框架图②（于晓庆，2007）

于晓庆的研究发现，不同性别、学历及职务的员工对组织氛围的感知不存在显著性差异，不同年龄的员工对组织氛围的感知存在差异，来自不同企业规模及不同行业的员工对组织氛围的感知存在差异。组织氛围的"目标与奖励""温暖与认可""支持""冲突"四个维度与知识创造呈显著正相关关系；"结构"维度与知识创造呈负相关关系；"自主性"除了与知识创造的内在化不显著外，与知识创造的社会化、外在化等都显著正相关；"组织氛围"中的"温暖与认可"维度对知识创造有显著的正向影响，且影响作用最大。"目标与奖励"维度对知识创造的社会化、外在化和内在化有一定的正向影响，其他组织氛围因素对知识创造的影响不显著。

吴爽（2008）借鉴国内外相关的研究成果编制了《高科技企业组织气氛对知识创造影响的调查问卷》，运用沈阳、大连、北京、深圳、成都等地区 32 家企业的 166 份有效回答问卷作为样本，运用探索性因素分析、相关分析

①②　于晓庆. 组织氛围与知识创造关系研究［D］. 大连：大连理工大学，2007.

和回归分析方法，进行了高科技企业组织气氛对知识创造影响的实证研究，理论框架图如图2-4所示。

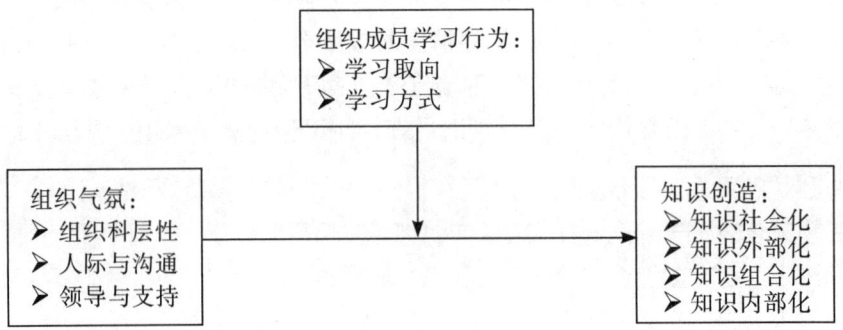

图2-4　组织气氛对知识创造影响的理论框架①（吴爽，2008）

吴爽的研究将组织气氛划分为人际与沟通、领导与支持以及组织科层性等三个维度；知识创造涵盖社会化、外部化、组合化和内部化四个维度。研究发现，组织科层性对知识创造的知识社会化和知识组合化都有显著的预测力，对知识内部化有一定预测力；领导与支持对知识外部化和内部化有很好的预测力；组织成员学习取向对知识社会化、外部化和内部化有显著的预测力，而组织成员学习方式对知识内部化有显著的预测力；组织成员学习行为越积极，组织气氛对知识创造的提升作用越明显。②

苏策（2014）研究了组织氛围对员工创新行为的影响，发现组织氛围的支持程度越高，会激发员工产生更多的创新行为。③

以上实证研究均采用或借鉴了西方较为成熟的组织氛围量表和知识创造量表，进行了本土化的修改或自行编制新量表，对企业中的组织氛围对知识创造的影响因素和机制进行了检验。于晓庆和吴爽的研究均控制了个体层面和组织层面的人口属性变量和组织要素（如规模、发展阶段和行业等），区别是于晓庆的研究没有考虑组织氛围对知识创造影响的中介要素，吴爽的研究进一步研究了组织成员学习方式和取向的中介作用。既有组织氛围与绩效关系的研究大多是基于企业组织，而知识生产的最终产品知识与传统企业组织所生产的商品的属性和生产方式均有所不同，企业组织研究模型运用于大学知识生产研究仍有其显而易见的局限性。因此，需要进一步了解学校组织中组织氛围对知识生产的影响以及学习型组织中组织氛围对知识生产的影响机制。

①② 吴爽. 高科技企业组织气氛对知识创造影响的研究［D］. 成都：西南财经大学，2008.

③ 苏策. 认知风格、组织氛围对员工创新行为的影响研究［J］. 生产力研究，2014（8）：113-116.

（三）高校组织氛围对教师工作绩效的影响

国内现阶段对组织氛围影响教师科研生产的实证研究非常少，基本没有针对性地研究教师的科研生产。马云献（2005）考察了组织氛围对教师工作绩效的影响，鉴于科研生产可以视为教师工作绩效的一个组成部分，该研究有一定的借鉴意义。该研究立足于高等院校，采用访谈、文献分析、问卷调查等方法，初步探讨了高校组织氛围的维度构成，以及高校组织氛围在人口统计变量上的差异情况；并采用相关分析、回归分析、路径分析等统计方法，探讨了组织氛围对教师工作绩效的预测作用（理论框架图如图2-5所示）。

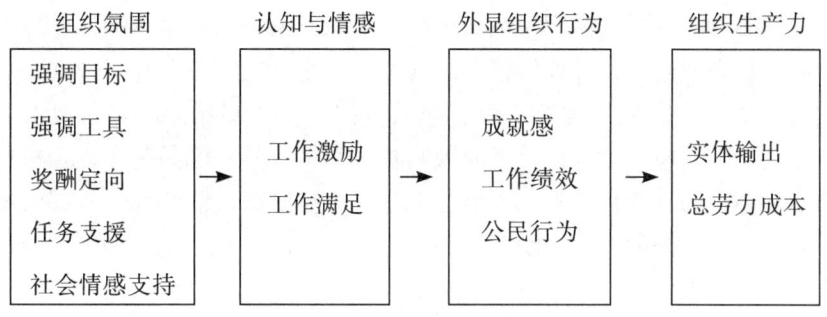

图2-5　高校组织氛围及其与教师工作绩效的关系研究[①]（马云献，2005）

马云献对高校组织氛围的界定包含领导形态、教师行为和管理体制三方面；领导形态涉及高校各部门的领导者在以身作则、努力工作、监督指导教师行为、自身创新精神、重视教学工作以及关怀体恤下属、与教师之间的距离等方面的表现；管理体制涉及高校管理体制的健全程度，管理思路清晰度，教师激励、奖酬制度的公平程度，教师所感受到的学校组织结构设计的有效性以及组织内形式化的拘束程度等；教师行为涉及教师之间距离亲密或疏远的程度，个人自主权、责任感、工作满足感，同事之间在教学、科研上的相互合作以及对待学生等方面的表现。教师的工作绩效从人际促进、工作奉献和任务绩效三方面衡量。研究发现，高校组织氛围对教师工作绩效具有显著预测效果。领导形态、教师行为对人际促进具有显著预测作用；领导形态、管理体制对工作奉献具有显著预测作用；领导形态、教师行为对任务绩效具有显著预测作用。组织氛围对教师工作绩效的影响是通过组织承诺的中介作用实现的。组织承诺包含价值与努力承诺和留职承诺。此外，该研究还

---

① 马云献. 高校组织氛围及其与教师工作绩效的关系研究 [D]. 开封：河南大学，2005.

比较了不同群体的组织氛围感知差异，得出"男性较女性来讲，对领导形态、教师行为以及整体组织氛围上的知觉更为积极"的结论。未婚者在领导形态、教师行为以及整体组织氛围上的得分显著高于已婚者。教师在领导形态、整体组织氛围方面的得分存在文化程度上的显著差异，本科大于大专，硕士大于本科，博士大于本科。教师行为方面的得分在年龄、职称层次以及任教年限上存在显著差异，29岁以下的教师在教师行为维度上的知觉得分显著高于30～39岁这一年龄段的教师；助教大于讲师，副教授大于讲师，教授大于讲师；任教年限在5年以下的教师和任教年限在26年以上的教师显著高于任教年限在6～15年的教师。

马云献的研究虽然阐释了高校组织中组织氛围构成要素、群体差异及其对教师工作绩效影响，然而该研究的样本量较小且主要分布在河南大学、河南财经政法大学、周口师范学院、河南科技大学、郑州大学、河南工业大学、华北水利水电大学、许昌学院等高校，教师以年轻教师为主，院校层次分布、地域分布和年龄分布都不能够充分代表全国高校的情况，外部效度有待商榷。而且，该研究对组织氛围的界定过于宽泛，对自变量和因变量的界定存在一定程度的重叠性，且层次不清，各自变量和各因变量之间可能存在相关性。此外，该研究仅考虑了组织承诺这一个中介变量，而既有相关研究表明组织氛围对绩效的影响机制要复杂得多。

梁爽（2009）探讨了高校组织氛围对教师科研绩效的影响，该研究调查了大连理工大学、辽宁师范大学、华南理工大学、大连工业大学和哈尔滨工业大学5所学校，收集了280份有效问卷，采用相关分析、因素分析及回归分析进行数据统计分析后发现，高校组织氛围中的学术交流、工作自主性、支持、管理效率、激励这五个维度与教师科研绩效之间存在显著正相关关系；组织氛围中的工作压力与教师科研绩效之间存在显著负相关关系。回归分析发现，工作自主性、学术交流、支持和激励四方面的组织氛围对教师科研绩效具有显著的正向影响，工作压力对教师科研绩效具有显著的负向作用。[①] 然而该研究的样本量相对较小，外部推广性有待验证。

袁声莉、李亚林和陈金波（2010）从人力资本和勒温场心理学理论方面研究了制约地方高校教师科研发展的影响因素，认为影响地方高校教师科研发展的三大主要因素是个体科研动力、科研投入和创新能力。科研政策、学术风气、团队合作等组织软环境是影响地方高校教师科研发展的关键性环境因素。[②]

① 梁爽. 高校组织气氛对教师科研绩效的影响研究［D］. 大连：大连理工大学，2009.

② 袁声莉，李亚林，陈金波. 制约地方高校教师科研发展的影响因素分析：从人力资本等理论的视角［J］. 教育与经济，2010（4）：51－55.

三、组织氛围对教师科研生产力影响的研究发现与拓展

聚焦到本书的研究问题——高校组织氛围对教师科研生产力的影响,早期对科研生产力的案例研究发现,政府支持、大学内部支持、部门特征、科研人员本身的情况、组织承诺与忠诚、亲密的学术关系、良性的学术氛围对科研产出有相应的影响;实证研究也发现了个体因素中的性别、年龄、家庭背景和教育经历,组织因素中的院校层级、组织支持力度、院校归属感、院校规模、院校排名、组织声誉和组织目标,以及工作状况中的研究偏好、投入时间、职称层级、科研合作、资源支持、学科属性、职业压力等会以不同方式影响科研发表的数量和质量。然而,既有研究较少地深入剖析这些要素之间的作用机制,也缺乏深入的理论分析和解释。

在组织氛围对科研生产力的影响的相关研究中,已有文献证实了组织氛围可能会通过直接影响、间接影响或相互作用的机制影响组织绩效和知识生产。组织氛围中的自治环境、自主性、科层性、信任与支持关系和人际与沟通等要素对科研生产的影响作用得到验证。

进一步观察,可以发现自治环境、自主性与科层性均与组织治理结构中的权力配置相关。以高校作为研究对象,高校的学术自治环境、学术自主性及科层性程度实际上受到高校中学术与行政权力在学术决策中的配置结构的影响,并表现出特定的学术决策模式。举例来说,若高校中的学术主体能够在学术事务决策和学术资源分配方面均自主支配,不受行政权力的介入或控制,则这种学术主导式或曰学术自治式的决策模式可以反映高校组织的学术自主性情况;反之,若高校的学术事务、学术资源配置均受到高校行政主体的控制,则这是一种学术受治性或曰行政主导式的学术决策模式,这种模式下,学术主体——教师对学术事务及资源缺乏实质支配权或决策影响力,则体现出科层性管理的特征。

另外,信任与支持关系和人际与沟通两方面反映了组织内部人际关系或非正式关系的情况。非正式关系可能有学术部门内部的成员关系及部门间的人际关系,也可能有学术部门与行政部门间的非正式关系。鉴于高校学术工作受到院校学术管理部门的行政规束,因此,行政部门与学术部门之间的关系对学术工作的顺利开展和学术管理的成本控制至关重要。当然,组织内部的学术氛围对教师科研生产力的影响已经在科研生产力影响要素的研究中得到证实。

因此,本书选择了反映组织氛围自治、自主性、人际与沟通关系和信任合作关系的学术决策中的学术—行政权力配置模式,学术—行政部门非正式

关系以及院校学术氛围作为以学术生产机构为特征的高校组织氛围的三个子维度，考察对教师科研生产力的影响。

第四节　既有研究局限

以往的研究虽然取得了诸多的进展，但也存在局限性。

一、缺乏组织场域理论与高校组织氛围研究的有效理论整合

组织氛围作为一种由个体对组织各维度认知和判断建构的群体感知性变量，虽然不像组织文化那样具备历史维度的稳定性，但仍然是反映组织内部环境持久特征的一个重要变量。它是组织内部环境的固有属性，能够为组织成员知觉，并通过组织成员的知觉影响成员行为，可以通过组织成员的主观知觉加以测量。[①] 既有研究对组织氛围的理论或文献分析主要集中在对组织氛围内涵、测量维度、测量工具及其作为自变量、中介变量或因变量的相关影响因素的研究方面。然而，目前国内外的研究对其理论渊源的探讨较少，部分研究中提到了组织氛围与人际关系学派的关系，然而并没有真正将对组织氛围的分析与组织场域理论的核心思路有效结合，使得研究出现碎片化和工具化的特征。

二、缺乏本土化高校组织氛围对科研生产力影响机制的考察

在不同文化背景下，组织氛围的内涵有所不同。以往对组织氛围的研究多分布于国外，中国对组织氛围的研究是近年来刚刚兴起的，缺乏高质量的本土化实证研究。而且，已有研究多是基于企业组织或商业组织开展的，在中国背景下政府组织和学术组织（如高校和研究院等）与企业组织之间的差别较大，且与国外组织所面临的制度环境迥异。中国鲜见的研究也存在组织环境交代不清、缺乏组织研究的多样性等问题。

三、缺乏对高校组织氛围与教师科研生产力关系的实证研究

以往对于知识生产的研究大多集中于理论层面，较少进行实证研究，针对组织氛围与科研生产力的关系进行研究的更少，且散见于企业组织研究

①　陈维政，李金平. 组织气候研究回顾及展望 [J]. 外国经济与管理，2005，27（8）：18－25.

中。高校知识生产与企业组织的知识生产模式不尽相同,大学内部的组织氛围也更为特殊,有学术权力的影响、组织结构与学科维度的差别。近年来,国内出现了一些对高校创新性学术团队知识创新模式和组织行为模式的研究(刘国新等,2012),对微观层面的科研团队的组织环境对组织行为和绩效的影响进行了一些讨论。然而,这些研究仅关注团队层面的行为和绩效,缺乏对个体科研产出机制的关注,且未考虑科研团队所处的组织环境及其影响。

本 章 小 结

在研究进展与文献评述部分,作者分别就组织理论的演化、组织场域理论及研究进展、教师科研生产力和组织氛围的相关研究进行了义献评述。

首先,研究者从研究的母体理论——组织理论的发展变迁入手,了解组织研究的理论发展趋势,并总结了组织与制度研究的新近趋势:①研究层次方面,从组织作为研究中心上升至组织场域作为研究中心,强调组织的环境嵌入性;②研究逻辑方面,从制度决定论走向制度组织互构论,愈发强调制度与组织互动、结构与行为互动的社会机制,突出互动过程中的组织能动性力量;③研究方法方面,出现从理论推演到实证检验的导向。

其次,研究者从组织场域理论及研究进展方面探讨了组织氛围的理论根源——场动力理论和解释制度过程与组织之间联系的核心概念——组织场域理论这两种不同层次的场理论,并将其作为分析组织氛围的合理性来源。组织氛围研究的理论根源是勒温提出的场动力理论,该理论关注的是组织环境与组织参与者互动对组织成员行动的影响,认为个体行为是个人与环境互动的结果。而组织场域理论与场动力理论有异曲同工之妙,均强调组织与其所在环境的互动和影响。两者虽有差异,前者更偏重心理环境的考量,研究人对环境的心理感知及其作用,后者偏重社会环境的分析,更多地从社会学研究的视角对组织环境与组织之间的互构进行解释,也关注组织场域的层次差异;然而两者均聚焦环境的个体或组织影响,组织氛围作为一种基于个体对组织的认知判断所形成的心理性感受的客观存在——组织环境,成为外部制度环境或组织场域对组织及组织参与者影响的桥梁。

在组织内部场域中的权力来源及配置方面,研究者探讨了两种不同的解释机制——自内而外的技术要素观点和自外而内的场域位置观点。事实上,内部技术要素作为组织对外界环境贡献的绝对价值来源,外部场域位置作为组织在外部场域环境中的相对价值表征,两者之间并不矛盾,反而存在着统

一关系。组织的资源储备及场域运作的合法性规则决定了它们在场域中的位置，而场域位置又会反过来影响组织资源吸纳和"游戏规则"的维持及变迁。场域理论更突显关系而非对象实体，强调互动性而非单边性。该理论对深入理解日益开放的高等教育系统中的院校及组织参与者的策略与行为提供了重要的分析视角。

具体到国内高校组织场域研究方面，组织场域理论研究主要有基于组织理论发展而来的组织场域研究和以布迪厄"场域"理论为基础的两种不同视角。不论是以制度理论中的组织场域研究视角还是以布迪厄"场域"理论来探讨高等教育场域中的问题，既有研究都分析了"场域"及其中的"资本""权力""位置"和"惯习"之间的关系及相互作用机制。场域理论的一个重要逻辑在于各行动者的资源储备及场域运作的合法性规则决定了它们在场域中的位置，而场域位置又会反过来影响行动者资源吸纳和"游戏规则"的维持及变迁。但是既有研究过多地关注互动中"刺激—反应"或"刺激—有限理性决策—反应"的作用路径，往往是做到组织外部场域对组织的影响分析或组织场域对组织内行动者的分析，较少做到将外部场域与内部行动者行为分析系统结合。

再次，研究者围绕本研究核心概念进行文献评述，包括教师科研生产力的相关研究，组织氛围与科研生产力的关系，以及组织氛围对教师科研生产力影响的研究发现与拓展。

对科研生产力的研究发现，政府支持、大学内部支持、部门特征、科研人员本身的情况、组织承诺与忠诚、亲密的学术关系、良性的学术氛围对科研产出有相应的影响；实证研究也发现了个体因素中的性别、年龄、家庭背景和教育经历，组织因素中的院校规模、院校排名、组织声誉、组织支持力度、院校归属感和组织目标和工作状况中的科研合作、投入时间、资源支持、职称层级、学科属性、职业压力等会以不同方式影响科研发表的数量和质量。然而较少的研究深入剖析这些要素之间的作用机制，也缺乏深入的理论分析和解释。

组织氛围对组织绩效、知识创新和科研生产方面的研究验证了组织氛围对知识创造的直接效应，自治环境提升成员运用自身知识的机会并提升知识创造产出的机制，以及有效的知识创造需要信任合作组织氛围和激励机制等组织氛围要素对科研生产力的影响。相关实证研究发现了教师个体层面的工作投入、研究偏好和职业归属感对科研生产力的积极影响，组织的自治氛围、科层性、信任合作的支持环境和激励奖酬制度会通过教师的情感、认知、态度和行为作用于科研绩效或科研生产力，已有研究验证了组织氛围通过影响组织成员的认知和情感进而影响成员行为，最后作用于教师科研绩效的路径。

进一步观察，可以发现自治环境、自主性与科层性均与组织治理结构中的权力配置相关。以高校作为研究对象，高校的学术自治环境、学术自主性及科层性程度实际上受到高校中学术与行政权力在学术决策中的配置结构的影响，并表现出特定的学术决策模式。另外，信任与支持关系和人际与沟通两方面反映了组织内部人际关系或非正式关系的情况。行政部门与学术部门之间的关系对学术工作的顺利开展和学术管理的成本控制至关重要。组织内部的学术氛围对教师科研生产力的影响已经在科研生产力影响要素的研究中得到证实。

最后，研究者探讨了既有研究的局限性，包括缺乏组织场域理论与组织氛围研究的有效理论整合，缺乏本土化高校组织氛围对科研生产力影响机制的考察，缺乏对高校组织氛围与教师科研生产力关系的实证研究。

第三章　研究设计

第一节　研究假设与理论框架

基于对既有文献、理论的梳理及概念界定，研究者对本书的理论思路和研究假设进行如下梳理。

假设1：外部行政化的制度环境与高校组织场域的主流组织氛围形态契合。

首先，教师的科研生产发生在一个科研管理的制度场域之中，在最外层的制度环境为整个科研体制的运作奠定基调。我国的科研管理体制具有行政干预泛化的特点，这也成为高校组织场域生存的制度情境和土壤。根据迪马吉奥和鲍威尔（1983）对组织同形性的相关研究发现，制度会通过强制、模仿和规范等方式影响组织结构，造成组织同形。田联进（2011）认为在高校外部权力关系方面，强政府—弱学校的制度设定造成二元不对称格局，以及政府对大学的集权管理使大学自主性、自治性和多样性不足，体现了组织场域中外部制度对高校组织自主和自治氛围影响的同质化倾向和作用。基于这样的理论前设，高校组织场域中主流的组织氛围形态会与行政泛化的制度情境契合。

假设2：高校场域位置分化及其合法性是基于学术性水平，顶层院校表现出学术权力主导的组织氛围，与行政化的制度环境形成张力。场域位置底层院校的组织氛围模式易受到高校场域中外部行政化制度环境的影响，表现行政主导的特征。

高校组织场域具有层次性，其层次划分是依据学术性标准而非行政性标准。学术性水平的高低也成为高校在组织场域中生存的合法性来源，这与外部行政泛化的制度环境形成张力。不同层次的高校所处的场域位置不同，场域位置越高的大学，其学术性水平越高，合法性越依赖学术发展，高校中的学术力量作为生产学术的核心技术要素，又具备了外部组织场域的合法性授权，在与行政权力博弈过程中就具备了内部和外部的权力来源，就愈加具备挣脱外部行政化制度环境的力量，表现出学术性或学术权力主导的组织制度及组织氛围。反之，处于高校组织场域底层的院校，其学术性水平相对较低，合法性越不倚重科研水平，与外部制度环境的张力越小，由此就愈加容易受到外部制度环境的合法性标准的影响，体现出行政化的组织制度形态和组织氛围。

假设3：高校组织氛围受组织场域位置的影响，表现出层间异质性和层内同质性。

高校组织场域位置的分化作为一种制度格局，塑造了"结构等同"的高校群体，以"985工程"、"211工程"和一般本科大学的分层为代表，进而形成同一位置高校组织氛围同质化和不同位置高校组织氛围异质化的现象，其背后的机制是组织场域作为一个关系系统的同构特点。组织选择何种应对环境的策略或制度安排，取决于组织在场域中的位置。处于同一位置的高校会表现出组织同质性，这种同质性不仅表现在学术治理模式上，如学术—行政权力配置的制度安排的趋同，还会体现在由制度安排塑造的组织氛围的同形化。相应地，处在不同场域位置的高校之间会表现出组织制度及组织氛围的异质化。具体而言，"985工程"院校学术权力的贡献大于行政权力的贡献，而"211工程"院校和其他本科院校则不然，不同层级院校之间学术—行政权力配置存在层间异质性及层内同质性，层间异质性集中表现在反映组织合法性标准的学术权力在学术决策中的影响力、学术—行政部门之间的相对关系等组织氛围的维度中。

假设4：高校组织场域位置优势可以影响院校的组织氛围，进而影响院校师均科研生产力。

高校在组织场域中的位置会影响院校声誉和外部资源的筹措能力，这不仅会为院校带来自政府和市场的政策支持和为科研经费注入经济资本，也会吸引大量优质的人力资本，如良好的师资和生源，进一步强化和巩固院校的学术地位。依赖学术性作为组织合法性来源及学术产出作为合法性维持的院校，其组织氛围的学术决策模式中对学术—行政权力的配置会相应地体现学术权力的支配性作用，进而影响院校的师均科研生产力。

本书的第四章将集中检验假设1至假设4，主要探讨高校组织场域与组织氛围之间的关系，以及组织层面的组织氛围与师均科研生产力之间的关系。之后的章节将围绕高校组织氛围与教师个体科研生产力之间的关系进行分析。

假设5：在控制个体、组织及科研工作状况等其他变量的前提下，高校

组织氛围对教师科研生产力产生显著影响。

在探讨高校组织氛围与教师科研生产力的关系之前，需要明确究竟是组织氛围在对教师科研生产力发挥作用还是受到其他个体或组织因素影响的组织氛围对教师科研生产力产生影响，因此，有必要在控制其他影响变量的前提下，首先检验组织氛围对教师科研生产力是否仍具有显著影响。

研究者在第二章第三节中对科研生产力影响因素的文献综述发现，个体层面和组织层面的诸多变量会对教师科研生产力发挥影响作用。个体层面，性别、年龄、职称、家庭背景、教育经历、学科和科研动机等会影响教师的科研生产力。工作状况方面，实证研究显示，时间投入、研究合作和努力程度等对教师科研生产力有显著影响。组织层面，院校资源充足度、奖励、教师培训、与科研有关的组织文化、沟通、强调科研、清晰的合作目标、团队成员多样性、与专业人员的沟通和较强的参与性治理模式对小组科研生产力具有显著正向影响。此外，研究经费支持、院校层级和资源分配方式对教师科研生产力有显著影响。

组织氛围中的信任与支持关系、科层性、人际与沟通、自主性自治环境等对知识生产和科研绩效具有显著影响。高校组织氛围是基于外部场域影响和能动性选择后组织制度表现出来的综合形态，其中与教师科研生产密切相关的三个方面为学术决策中的学术—行政权力配置模式、学术—行政部门非正式关系及学术氛围。这三个方面一定程度上反映了高校学术管理决策中学术与行政权力的相对关系，以及院校学术氛围的整体状态，实际上体现了高校学术治理的自主性程度、人际关系及学术环境。研究假设以上三者在控制其他变量的前提下，仍对教师科研生产力产生显著影响。

第五章将集中检验假设5是否成立。

假设6：院校组织氛围对教师个体的科研生产力存在层级效应。

既有研究部分验证了组织氛围对知识创造或组织绩效的直接效应。于晓庆（2007）验证了组织氛围对知识创造的直接效应[①]，野中郁次郎（1994）验证了自治环境中组织成员拥有较高的自主性，能够提升成员运用自身知识的机会并提升知识创造产出[②]。扎克（Zack）（1999）提出，有效的知识创造需要信任合作组织氛围和激励机制[③]。因此，在假设5之后，研究者将进一步约束检验条件，假设院校组织氛围作为层二变量对教师科研生产力的层

① 于晓庆. 组织氛围与知识创造关系研究 [D]. 大连：大连理工大学，2007.

② NONAKA I. A dynamic theory of organizational knowledge creation [J]. Organization science, 1994, 5 (1)：14 – 37.

③ ZACK M H. Knowledge and strategy [M]. Oxford：Btterworth-Heinemann, 1999.

级效应和影响。需要强调的是，假设5中采用的多元线性回归模型和假设6采用的多层线性模型均不是严格意义上的因果分析检验。因此需要假设7的路径分析作为因果分析检验。

假设7：组织氛围感知可以通过影响教师的情感和行为，进而影响教师科研生产力。

第二章文献评述部分已有科研生产力影响因素的相关实证研究发现了教师个体层面的工作投入、研究偏好和职业归属感对科研生产力的积极影响，组织的自治氛围、科层性、信任合作的支持环境和激励奖酬制度会通过教师的情感、认知、态度和行为作用于科研绩效或科研生产力。马云献（2005）的研究验证了组织氛围通过影响组织成员的认知和情感进而影响成员行为，最后作用于教师科研绩效的路径[①]。本假设认为组织氛围既可以作为组织层面的变量对教师科研生产力产生直接影响，又能够通过教师个体感知作用于认知、情感及行为，从而影响科研生产力。

如图3-1的理论框架图所示，本书的理论思路如下：外部制度环境会形塑高校组织场域中的组织氛围。高校场域位置分化及其合法性是基于学术水平，顶层院校表现出学术权力主导的组织氛围，与行政化的制度环境形成张力。场域位置底层院校的组织氛围模式易受外部行政化制度环境的影响，表现出行政主导的特征。高校组织氛围受组织场域位置的影响，表现出层间异质性和层内同质性。高校组织场域位置优势可以影响院校的组织氛围类型，进而影响院校师均科研生产力。在控制个体、组织及科研工作状况等其他变量的前提下，高校组织氛围对教师科研生产力产生显著影响。院校组织氛围会直接影响教师个体的科研生产力。组织氛围可以通过影响教师的情感和行为，进而影响教师科研生产力。

---

① 马云献. 高校组织氛围及其与教师工作绩效的关系研究 ［D］. 开封：河南大学，2005.

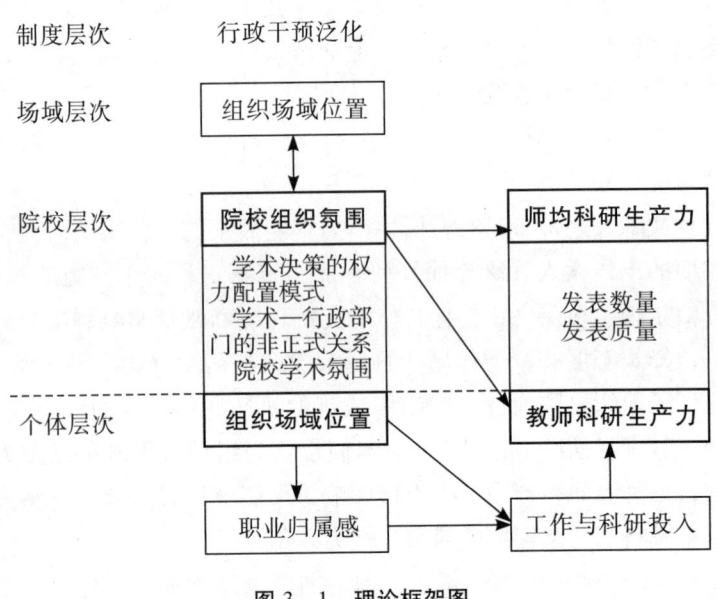

图 3 - 1　理论框架图

第二节　研究路径

一、国内外理论和文献评述

研究者在完成对研究背景分析的基础上，通过进一步的国内外文献和理论的系统梳理，掌握该问题的研究现状、既有的研究基础、研究方法和分析思路，以及既有研究的局限性，从而明晰研究问题和研究目的，确定研究的理论意义、实践意义和创新性。

二、明确研究的本土化背景

研究者通过对目前现有的国内外高等教育及科技相关数据库资料、政策文本和文献资料的检索和分析，了解当前高校教师科研活动所处的客观外部环境、高等教育系统的组织生态环境和高校教师管理的情况，从而加深对高校组织氛围和科学研究外部制度环境及内部管理制度的客观认知，也为后续分析解释提供一定的认知基础。

三、研究设计

研究者基于研究背景分析、国内外文献评述、研究问题的界定和研究目的、意义的分析，设计研究结构，确定研究对象范围，建立各要素之间的逻辑关系，搭建本研究的理论框架，提出研究假设。研究者围绕研究问题和理论模型，选择合适的定量或定性研究方法，建立研究内容的结构框架和逻辑关系。研究者通过比对本研究问卷与既有组织氛围研究的成熟问卷，结合专家咨询意见，检验本研究测量工具即问卷的信效度。

四、实证分析

研究者对数据进行初步的描述统计分析、探索性因子分析、聚类分析、多层线性模型和结构方程模型分析，详细讨论各指标之间的相互关系和因果关系，检验各变量对科研生产力的影响及作用机制，验证理论假设以及模型的解释力和稳定性。研究者结合数据分析结果，对初始的理论模型进行适当修正和调整，对于数据结果和模型不一致的变化，通过补充文献阅读或个案访谈的形式来寻求合理性解释。

五、结论分析及讨论

研究者通过不断调整理论模型和数据分析之间的契合度，得到稳定的解释模型和分析结果后，对研究结论进行深入分析和阐释；明确各要素之间的因果逻辑关系，探析因果关系背后的原因和机制；在实证研究的理论模型基础上，提出更为上位的理论解释，同时进一步明确研究的外延、局限性和下一步研究的方向。

第三节　研究方法

一、定量研究法

本书以定量研究方法为主进行因果关系分析，结合文献研究法建立理论框架和解释研究结论，拟采用 SPSS 22.0、HLM 7.0 和 Amos 17.0 统计软件进行数据分析，主要包括因素分析、描述性统计（包括相关分析）、分层线性模型和结构方程模型分析。具体如下：

（一）因素分析

由于本书测量组织氛围的量表是修正国外已有的"亚洲学术职业变革研究"的量表工具，因此需要通过探索性因素分析与验证性因素分析来对测量维度进行修正。探索性因素分析的目的是为了能用最少的公因子对总变异量做最大的解释，再通过验证性因素分析对探索后得到的模型进行检验，以确定其结构的合理性，采用 SPSS 22.0 完成。

（二）描述性统计

对组织氛围、科研产出和各中介变量、控制变量测量的均值、标准差和变量所含维度间的相关矩阵进行描述，采用 SPSS 22.0 完成。相关性分析包括双变量相关分析和偏相关分析。双变量相关分析和偏相关分析主要用于检验组织氛围各维度之间、各维度与控制变量之间、各中介变量与科研生产力的相关性，以了解组织氛围的哪些维度与各中介变量和科研生产力存在相关性，采用 SPSS 22.0 完成。

（三）方差分析

用于检验不同组织氛围类型的各高校教师平均科研生产力是否有显著差异，不同群体教师间科研生产力的差异，并作为 HLM 多层线性模型分析的基础，用于计算团队量表和层二变量下的各组内部一致性指标 Rwg、样本整体的组内一致性指标 ICC（Ⅰ）和组间一致性指标 ICC（Ⅱ）。有关指标的具体内涵及计算见本章和第四章内容。方差分析主要采用 SPSS 22.0 完成。

（四）聚类分析

研究主要采用 K－均值聚法（k-means cluster），也称快速聚类法，对基于因子分析得到的公因子变量进行聚类，进一步得到自变量的类别属性变量。其主要原理是按照一定的方法或结合给定的参照变量标准选取一批聚类中心（cluster center），让个案向最近的聚心凝聚，形成初始分类，之后按最近距离原则不断修改不合理分类，直至合理为止。聚类分析利用 SPSS 22.0 完成。

（五）多元线性回归分析

回归分析是用以确定两种或两种以上变量之间相互关系的一种统计分析方法，若存在两个或两个以上的自变量，即为多元回归。回归分析可以有不同的模型，线性回归是假定自变量与因变量之间是线性关系的回归分析方法。本研究采用 SPSS 22.0 完成多元线性回归的分析。

（六）多层线性模型

多层线性模型（hierarchical linear modeling，HLM）又称分层线性模型或

多层分析，是用于分析具有嵌套结构特点数据的一种统计分析技术，近年来国外学者对这一方法多有研究论述，如哈维·古德斯坦（Harvey Goldstein）（2003）①、乔普·霍克思（Joop Hox）（2002）②、斯蒂芬·劳登布什（Stephen Raudenbush）和安东尼·布霍克（Anthony S. Bryk）（2002）③。分层线性模型分析利用软件 HLM 7.0 学生版完成。

（七）路径分析

路径分析的主要目的是检验理论的因果模型的准确和可靠程度，测量变量间因果关系的强弱，是直接影响还是间接影响，抑或是两种情况都有。本研究主要采用结构方程模型进行路径分析，以 Amos 17.0 完成统计分析。

二、质性研究法

（一）方法界定

质性研究方法是以研究者本人为研究工具，采用诸如访谈、参与式观察和实物分析等多种资料收集方法，与研究对象互动，并对其行为和意义进行解释性理解，对社会现象进行整体性探究，以归纳法分析整合资料，构建理论④。质性研究方法与定量研究方法各有千秋。量化研究适合在宏观层面对事物进行大规模调查和预测，而质性研究适合在微观层面对个别事物进行细致、动态的描述和分析。定量研究往往寻求共识和普适性，强调价值中立，证实的是有关社会现象的平均情况，抽样需要对总体具有代表性，采用量表、统计软件、问卷等研究工具，通过统计分析或计算验证事先假定的问题，通常可以重复，推广性较强；而质性研究寻求复杂性和地域性，多采用目的性抽样，对特殊现象的解读见长，从而寻求看待问题的新视角，重视研究者作为研究工具的反思及对结果的影响，强调在过程中产生问题，通过语言、描述或图像逐步归纳，寻找概念和主体，建构理论框架，往往不可重复，推广度也有一定的界限。

（二）研究问题及目的

研究者在以定量研究法为主的前提下，采用质性研究法作为补充，放宽

---

①　GOLDSTEIN H. Multilevel statistical models［M］. 3rd ed. New York：Oxford University Press Inc.，2003.

②　HOX J. Multilevel analysis techniques and applications［M］. New Jersey：Lawrence Erlbaum Associates Inc.，2002.

③　RAUDENBUSH S W, BRYK A S. Hierarchical linear models：application and data analysis methods［M］. 2nd ed. Thousand Oaks：Sage Publications, Inc.，2001.

④　陈向明. 质的研究方法与社会科学研究［M］. 北京：教育科学出版社，2000.

对科研生产力量化、单一的评价标准，以深入分析不同场域位置的院校，其组织氛围和科研生产情况的多样性，及其对优化适合自身科研发展定位的科研产出的组织实践，从而弥补定量研究工具无法观察院校层级和教师个体之间的院系层面的组织氛围差异的空缺，将对科研生产力的量化指标的关注拉回科研为院校自身发展定位服务的多元化评价取向上来。

（三）资料收集方法

鉴于质性研究部分的问题是一个描述性问题，因此本研究采用的资料收集方法主要是访谈法。访谈法是研究者通过口头谈话的方式从被研究者那里收集第一手资料的一种研究方法。其功能在于可以通过与受访者的交谈，对研究现象获得较为细致和深入的资料，且具备优于问卷调查的灵活性和意义解释功能。访谈的方式存在无结构型、半结构型和结构型三种。通常情况下，质性研究使用半结构型或无结构型访谈，研究初期往往采用无结构型访谈细化研究问题和相关概念，研究深入后转为半结构型访谈，对相关问题进行深入探究。本研究是以定量研究为基础，在定量研究的基础上通过质性研究丰富对研究问题的解释和理解，因此，研究者采用半结构型访谈的形式收集研究资料。

（四）抽样方法

研究者关注不同高校场域位置的院校组织氛围与科研生产模式多样性，所以抽样方法选取了目的性抽样的最大差异抽样。最大差异抽样是指被抽中的样本所产生的研究结果将最大限度地覆盖研究现象中各种不同的情况，能够反映差异分布状况下事物某一特点的同质或异质表现。

三、定量研究工具

（一）研究问卷

1. 问卷结构

研究基于 2012 年北京大学教育学院开展的针对国内公立高校学术职业的调查数据，调查的对象是公立四年制本科大学全职教师（不含行政教辅人员、不含兼职人员）。问卷是在同年进行的亚洲学术职业变革调查的国际问卷的本土化修改和完善的基础上设计成型的，该国际调查问卷来源于 2007 年开展的国际学术职业变革调查，调查的目的是了解各国高校教师工作和职业发展的状况，就有关教师发展的问题进行深入的研究。亚洲学术职业变革调查聚焦亚洲范围内的各国高校教师的学术职业发展情况，采取匿名方式填写问卷。本研究使用的中国版问卷是在亚洲学术职业变革调查的英文版问卷基础上，经过三轮专家学者与研究生的讨论修改完成的，包括六个部分。

第一部分是职业和专业情况，调查了教师的受教育经历、聘用情况、收入情况、职称信息、管理职务、离职倾向等。第二部分是一般工作情况与活动，涉及教师在各项工作中的时间安排、工作兴趣、职业归属感、院校支持评价、学术认知及状态的评价、工作满意度、高等教育国际化等问题。第三部分是教学情况，包括教学目标的评价、生源质量、教学时间分配、教学活动开展、院校教学要求、教学评价、国际化教学活动、教学质量、各项工作在晋升中的重要程度等。第四部分是科研，涉及教师的科研合作、研究重心、研究活动、科研成果、课题项目、科研经费总量及来源、专业组织参与等。第五部分是管理，关注教师对各类团体在学校决策中的影响力、个人学术政策影响力、教学科研和社会服务的评价主体、院校各项管理及资源分配的感知与评价等。第六部分是个人背景信息，涵盖性别、年龄、婚姻子女情况、政治面貌、籍贯、父母配偶职业情况。

本研究的自变量和因变量采用的题项主要分布在第二部分一般工作情况与活动、第四部分科研与第五部分管理。控制变量分布在第二部分和第六部分个人信息中，具体说明详见本节第三个小标题下的"自变量的界定与处理"。

2. 抽样及样本分布情况

研究采用分层抽样的方式，首先是对院校层级和地区进行抽样，院校层级分为"985 工程"高校、"非 985 的 211 工程"高校、一般本科院校，地区分布为北部、东北、东部、中部、西北、西南、南部 7 个地区，在确定抽样院校后，再以学科院系为二级抽样单位进行抽样。调查涉及国内 30 所公立院校，共发放了 3 000 份问卷，最后回收了 28 所院校的数据，有效问卷为 2 807 份，回收率为 94%。

如表 3-1 所示，本研究中共抽取了 28 所院校，其中包括 3 所"985 工程"院校，6 所非"985 工程"的"211 工程"院校，以及 19 所一般本科院校。"985 工程"院校和"211 工程"院校的比例略高于全国"985 工程"院校和"211 工程"院校的比例。

表 3-1　教师院校层级分布①②

院校类别	全国普通本科学校数		抽样学校数	
	学校数/所	百分比/%	学校数/所	百分比/%
"985 工程"院校	39	5	3	11

① 数据资料来源于《中国教育统计年鉴：2011》和教育部官方网站。
② 中华人民共和国教育部发展规划司. 中国教育统计年鉴：2011［M］. 北京：人民教育出版社，2013.

（续上表）

院校类别	全国普通本科学校数		抽样学校数	
	学校数/所	百分比/%	学校数/所	百分比/%
非"985工程"的"211工程"院校	73	9	6	21
一般本科院校	729	86	19	68
合计	841	100	28	100

表3-2显示了抽样方案设计的各学科教师抽样比例。总体而言，人文学科和工学类的教师抽样比例低于全国教师在以上两个学科的分布比例情况，社会学科和理学类教师的抽样比例略高于全国教师中该学科教师的比例。

表3-2　教师学科分布

教师学科类别	全国教师情况①②		抽样教师情况	
	人数/人	百分比/%	人数/人	百分比/%
人文学科（文史哲类）	338 982	25.2	414	16.4
社会学科（经法教管类）	350 793	26.1	876	34.7
工学类	364 646	27.2	588	23.3
理学类（理农医）	288 706	21.5	647	25.6
合计	1 343 127	100.0	2 525	100.0

表3-3显示了本次调查教师职称的抽样分布情况，抽样中教授、副教授和讲师的比例均略高于全国高校教师职称分布比例。

表3-3　教师职称抽样分布

教师职称	全国教师情况②③		抽样教师情况	
	人数/人	百分比/%	人数/人	百分比/%
教授	148 552	11.7	410	15.2
副教授	377 225	29.6	917	34.0
讲师	516 938	40.6	1 197	44.4
助教	231 099	18.1	171	6.4
合计	1 273 814	100.0	2 695	100.0

①③　数据资料来源于《中国教育统计年鉴：2011》和教育部官方网站。

②　中华人民共和国教育部发展规划司. 中国教育统计年鉴：2011 [M]. 北京：人民教育出版社，2013.

表 3－4 展示了本研究数据的样本分布情况。总体而言，样本男女性别比例相对均衡；76.7%的教师分布在 31～50 岁之间，因此大部分教师是中青年教师；拥有博士和硕士学位比例的教师占到 89.8%；已婚教师占到90% 以上；77.6%的教师拥有 1 个子女；教授、副教授和讲师的比例略高于全国高校教师中相应职称的教师比例，职称为助教的教师比例相对较低，为6.3%；人文学科和工学类教师比例低于全国高校相应学科的教师比例；51.6%的教师工作偏好更侧重教学工作，48.4%的教师工作偏好侧重于科研；"985 工程"和"211 工程"院校教师数量占总样本的1/3，一般本科教师的比例为 67.4%。

表 3－4 样本的分布情况

自变量			人数/人	白分比/%
个体特征	性别	男性	1 456	53.2
		女性	1 283	46.8
	年龄	0～30 岁	392	14.4
		31～40 岁	1 415	52.2
		41～50 岁	737	27.2
		51～60 岁	158	5.8
		61～65 岁	8	0.3
		65 岁以上	3	0.1
	学历水平	本科	284	10.2
		硕士	1 289	46.2
		博士	1215	43.6
家庭特征	婚姻情况	已婚	2 473	90.0
		未婚	236	8.6
		其他	40	1.5
	子女个数	无	559	20.5
		1 个	2 112	77.6
		2 个以上	50	1.8

续上表

自变量			人数/人	百分比/%
工作状况	职称	助教	171	6.3
		讲师	1 197	44.4
		副教授	917	34.0
		教授	410	15.2
	所在学科	人文学科（文史哲类）	393	16.2
		社会学科（经法教管类）	829	34.2
		工学类	572	23.6
		理学类（理农医）	632	26.1
	工作偏好	教学	1 415	51.6
		科研	1 325	48.4
组织特征	院校层级	一般本科	1 891	67.4
		"非985的211工程"院校	619	22.1
		"985工程"院校	297	10.6

（二）信效度检验

1. 信度分析

本书使用的测量工具是来自于国外的成熟量表，其信度已得到了很好的检验，但是在中国的国情下针对大学教师这一群体的组织氛围研究，量表的信度如何还需要进一步验证。本研究采用克朗巴哈系数（Cronbach's Alpha）以及分半信度系数来检验组织氛围量表及知识创造量表的内部一致性。研究发现问卷中涉及本研究所有66项指标的克朗巴哈系数为0.787，基于标准化项的克朗巴哈系数为0.858；折半信度的第一部分克朗巴哈系数为0.724，第二部分为0.851，说明问卷的信度尚可接受。

2. 效度分析

效度主要包括内容效度和结构效度。内容效度指测验题项对所要测量内容的代表性程度。内容效度的验证一般是通过定性的方法进行，即召集相关的专家对题项和测量内容的符合程度进行判断。本研究运用的是学术职业研究的量表，虽然不是专门针对组织氛围设计的量表，但是该量表的管理部分一直保留且经过了多年的定量研究调查，而且本研究的修正量表是建立在专家咨询和预试的基础上，能够不同程度地提高问卷效度。对结构效度的分析一般采用探索性和验证性因子分析。

结构效度分析显示，院校组织氛围与组织氛围感知的自变量之间以及与因变量的相关性检验结果显著，一定程度上能够表明问卷的结构效度相对较好。

研究者进一步通过验证性因子分析检验问卷的结构效度，利用 Amos 17.0 软件验证各潜变量之间的模型拟合度，发现模型的拟合优度指数（goodness of fitindex，GFI）和调整拟合优度指数（adiusted goodness of fit index，AGFI）均大于 0.90，分别为 0.969 和 0.958；RMR 指数为 0.027，小于 0.05；RMSEA 指数为 0.038，小于 0.05；增值适配系数 NFI 为 0.954，RFI 为 0.943，IFI 为 0.963，TLI 为 0.955，CFI 为 0.963，均大于 0.9。因此，该模型的拟合效果较好，问卷的结构效度尚可。

在自变量的三个子维度中，学术决策模式是较为前置性的变量，它反映了高校学术治理的权力分配逻辑，权力配置作为一种关系结构的制度载体，会进一步影响高校学术与行政部门的非正式关系以及院校的学术氛围。本研究不着重讨论这三个组织氛围子维度之间的关系及作用机制，而是将重心放在由以上三个子维度构成的组织氛围对教师科研生产力的影响。

（三）自变量的分析层次

1. 组织氛围的分析水平

组织氛围通常有三种不同的分析水平，可以分为组织层面、团体层面和个体层面。本书主要考量组织和个体两个层面。个体层面的组织氛围感知主要考虑的是个体对组织氛围的心理感知和评价，可以直接采用量表的观测数值，也可以根据量表的观测数值进一步聚类或因子分析，抽取相应的组织氛围变量。较为复杂的是组织层面的组织氛围的处理和确定。

目前组织氛围研究中对个体层面变量到组织层面变量的转换方法主要是聚合法，组织层面的变量通过聚合组织内部成员的心理氛围得分而获得[1]，而个体层面的变量是否符合聚合条件，是根据 Rwg 和 ICC 检验，即需要确定是否存在组内一致性和组间差异[2]。若通过 Rwg 和 ICC 检验，则说明符合聚合条件，可以进行组织层面的组织氛围聚合和分析。因此，能够满足 Rwg 和 ICC 检验，是进行多层线性模型分析的前提条件。

---

[1] DREXLER J A. Organizational climate：Its homogeneity within organizations［J］. Journal of applied psychology, 1977, 62（1）：38.

[2] HOWE J G. Group climate：an exploratory analysis of construct validity［J］. Organizational behavior and human performance, 1977, 19（1）：106 - 125.

2. Rwg 值的测量与计算[①]

具体而言，Rwg 值是反映组内一致性的指标，满足组内一致性是聚合的前提条件。若存在多个组，则每个组都会有自己的 Rwg 值。通常情况下 Rwg 的取值在 0 到 1 之间，有可能出现负值，负值作为 0 处理，若 Rwg 大于 0.7，则组内一致性相对较好[②]，即可以进行由个体层面变量到组织层面变量的聚合加总计算，之后取平均值（mean）作为组织层面的变量。Rwg 的计算公式为：

$$Rwg = \frac{\delta_{max}^2 - \delta^2}{\delta_{max}^2} \qquad 公式（1）$$

$$\delta_{max}^2 = \frac{A^2 - a}{12} \qquad 公式（2）$$

其中，δ_{max}^2 是指最大方差；A 是题目中的选项个数，如 5 点量表，则 A 为 5；δ^2 是该题目在某一层面的方差，比如本研究中是学校层面的方差。公式（1）是测量由单变量衡量的组内一致性情况。当一个指标是由多个题目衡量时，比如同一个维度下有 6 道子题项，可以取六道题的平均值，再用这一平均值代入公式中计算一组题目的 $Rwg_{(J)}$，J 为子题项的个数，计算公式为：

$$Rwg_{(J)} = \frac{J\left(\dfrac{1 - \delta_j^2}{\delta_{max}^2}\right)}{J\left(\dfrac{1 - \delta_j^2}{\delta_{max}^2}\right) + \dfrac{\delta_J^2}{\delta_{max}^2}} \qquad 公式（3）$$

δ_J^2 代表 J 道题目求平均值后的平均值的方差，δ_{max}^2 是指最大方差，计算方法同公式（2）。取值范围仍然在 0 到 1 之间，大于 0.7 表示满足聚合条件。

判断各组得到的 Rwg 值是否符合聚合标准的方法为：按照各组 $Rwg_{(J)}$ 从小到大排序，①得到的中位数组的 $Rwg_{(J)}$ 值若大于 0.7，表示整体可以进行聚合加总和组织层面的分析；②若所有组中有 90% 以上的组的 $Rwg_{(J)}$ 值均大于 0.7，则表示可以进行聚合计算；③若全部组的 $Rwg_{(J)}$ 值均大于 0.7，表示组内一致性充分满足聚合条件，是最理想的情况。

---

① 根据香港中文大学罗胜强教授（Kenny）在南京大学进行的公开讲座中有关 Rwg 和 ICC 指标的内容整理得到。

② JAMES L R, DEMAREE R G, WOLF G. Estimating within-group interrater reliability with and without response bias [J]. Journal of applied psychology. 1984, 69（1）：85 – 98.

3. ICC(1)与 ICC(2)的测量与计算

ICC(1)和 ICC(2)是反映分组信度的两个关键指标[1]。ICC(1)衡量组内一致性，ICC(2)反映各组平均数的信度[2]。一般情况下，ICC(1)值应当在 0.1 到 0.2 之间，若超过 0.25 说明组内一致性较小。ICC(2)值应当大于 0.7，在 0.7 到 0.85 之间被认为是合理范围。ICC(1)和 ICC(2)基于单因素方差分析中组间和组内的平均值平方进行计算。其中 MSB（mean square between-group）代表组间均方值，MSW（mean square within-group）代表组内均方值。则 ICC 的计算公式为：

$$ICC = \frac{MSB}{MSW} \qquad 公式（4）$$

ICC(1)主要反映组内一致性，公式为：

$$ICC(1) = \frac{MSB - MSW}{MSB + (k-1)MSW} \qquad 公式（5）$$

ICC(2)反映组间差异性，公式为：

$$ICC(2) = \frac{kICC(1)}{1 + (k-1)ICC(1)} = \frac{MSB - MSW}{MSB} \qquad 公式（6）$$

其中，k 为各组的评测者个数。若 ICC(1)在 0.05 至 0.2 之间且 ICC(2)在 0.7 以上，则可以进行个体层面变量的聚合计算，生成组织层面的变量。经过计算，所有组只有一对 ICC(1)和 ICC(2)的数值。

4. 不考量学科或院系层面组织氛围的原因

之所以不考虑院系或学科层面，主要有两个原因。

第一是可行性方面的原因。本研究共抽样 28 所院校，回收问卷 2 807 份，经过人工逐份数据清洗剔除问卷填写内容缺失比例过大和全部勾选同一选项或呈现非客观规律的填写模式的样本后，有效样本共 2 662 份，平均每所院校的有效样本数不足 100 份，且分布在 12 个学科类别之中，每个学科类别的样本数各个学校不尽相同，但都相对较小，在 10 人以下。研究者尝试运用团队层面的数据聚合方法进行处理，发现虽然部分学校各自变量的 Rwg（组内一致性）指标满足聚合要求，然而反映分组信度的 ICC(1)和 ICC(2)难以满足聚合条件。但是所有学校的数据抽样无法满足团队层面的聚合分析要求。故本研究无法考虑院校层面或

① 段锦云，王娟娟，朱月龙. 组织氛围研究：概念测量、理论基础及评价展望［J］. 心理科学进展，2014，22（12）：1 964 – 1 974.

② BLIESE P D. Within-group agreement, non-independence, and reliability: implications for data aggregation and analysis ［M］//KLINE K J, KOZLOWSKI S W. Multilevel theory, research, and methods in organizations: foundations, extensions, and new directions. San Francisco: Jossey-Bass Inc. , 2000: 349 – 381.

学科层面的组织氛围对教师科研生产力的影响情况。

第二是本土国情方面的因素。高校的科研强化倾向不独为中国所特有，亚洲许多国家包括日本、韩国等以及欧美发达国家也有类似对科研过度强化的趋势。中国与其他国家的真正差别在于强大的科层机制和"单位制"的管理模式。通常情况下，在讨论教师的科研产出微观机制时，若要纳入对组织氛围的考量，无论是定量研究还是质性研究，西方学者往往关注作为基本学术单位的微观系统也就是院系甚至学术团队的氛围对教师科研行为和产出的影响，这是源于不同学科间知识生产方式的差异性所致。但是这一基本假设在中国并不能完全成立。原因在于中国学术系统存在政府和学校行政干预过强的问题，它参与甚至主导了学术内部认可和学术资源的分配过程，并牵连了人们对学术共同体的认同①。公立高校引进教师需要从学校的人事行政管理部门获得编制许可，方可开展招聘程序，招聘的过程中仍旧是学校行政主导或双权威主导，缺乏广泛民主的基层学术人员参与。最重要的一点是中国的公立院校均属于事业单位，事业单位体制使得教师的住房、医疗和养老等核心福利与大学组织紧密捆绑，学术劳动力市场的不完善使得学术人员自由流动困难重重，不同院校间教师的薪资福利待遇差别明显，因此与西方学术职业人员相比，中国公立院校中的教师群体更多地受到院校组织氛围的影响。院系层面的组织和学科差异的影响固然重要，但高校教师科研产出的制度环境和高校组织层面的影响在中国的环境下显得尤为突出。

（四）自变量的界定与处理

本文主要关注高校组织氛围中的学术管理决策的权力配置模式（简称"学术决策氛围"）、学术—行政部门的非正式关系以及学术氛围这三个维度。学术管理决策的权力配置模式，是指高校在学术事务和学术资源分配两方面学术与行政权力的分配格局，体现高校组织氛围的学术自主性。学术—行政部门的非正式关系，是高校内部行政管理人员对学术活动的态度及管理岗位与学术岗位之间的流动性情况，体现学术与行政部门的人际关系是否信任与支持关系。院校学术氛围，是指教师对高校学术氛围的感知评价。

1. 学术管理决策氛围之权力配置模式

（1）学术决策氛围的维度划分。学术决策维度的划分是根据北京大学教育学院 2012 年《亚洲学术职业变革调查问卷》中第五部分管理中 E1 题项的因子分析降维得到。该题目的题干为"在您的学校，哪一类人员在下列决策中影响力最大"，其中包括 11 个概括学术决策内容子题项和 6 个从顶端到底

---

① 阎光才. 精神的牧放与规训：学术活动的制度化与学术人的生态［M］. 北京：教育科学出版社，2011：174－185.

层的决策人员类别①的选项。通过因子分析，本研究将学术决策内容的 11 个子维度提取出 2 个公因子，第一个因子是学术事务方面的决策，第二个因子是学术资源分配方面的决策。研究采用的因子分析方法是主成分分析法，公因子提取方法是最大方差法。题目可靠性分析克朗巴哈（Cronbach）检验的 α 系数为 0.813，题目信度尚可。探索性因子分析的 KMO（Kaiser-Meyer-Olkin）检验主要用来验证抽样是否充足及变量间的偏相关系数是否过小。通常情况下，若 KMO 值大于 0.7，认为抽样充足。此次因子分析的 KMO 检验值为 0.865，大于 0.7，抽样充足度得到检验。巴特利特（Bartlett）球形检验的功能在于检验相关系数矩阵是否为单位阵，若为单位阵，则表明不适合进行因子分析，其零假设为相关系数矩阵为单位阵。经检验，相关系数矩阵为单位矩阵的伴随概率为 0.000，因此不是单位阵，适合进行因子分析。

表 3 - 5　学术决策氛围维度划分因子分析旋转后的因子载荷矩阵

公因子	子题项	因子载荷
学术资源 分配决策	1. 遴选重要管理者	0.544
	2. 选择新教师	0.736
	3. 决定教师职称升迁和任期	0.610
	4. 预算分配	0.661
	5. 决定教师的工作量	0.546
	11. 建立国际联系	0.505
学术事务 管理决策	6. 制定本科生的毕业标准	0.507
	7. 批准新的学术项目	0.763
	8. 教学评估	0.715
	9. 确立校内的科研项目	0.807
	10. 科研评估	0.797

总体而言，学术决策氛围这一变量的因子载荷均在 50% 以上（见表 3 - 5），累计方差贡献率为 48.8%，约为 50%。通常情况下，探索性因子分析检验结构效度的累计方差贡献率大于 60%，因子载荷大于 0.6 表明结构效度较好，本研究探索性因子分析检验该变量的结构效度一般。

---

① 从 1 到 6 的赋值分别是政府或外部利益相关者、校级负责人、院系负责人、委员会（学术委员会、教授会）、教师和学生。

（2）学术决策权力配置模式。鉴于本研究的组织氛围从院校和个体感知两个分析水平进行分析，因此对不同层面的变量处理方法有所差异。

第一，院校层面的学术决策权力配置模式。

通过对院校层面的学术资源分配和学术事务决策两个公因子中各子维度变量加总取平均值后，分别得到两个新变量"学术资源分配决策"和"学术事务管理决策"。采用 Rwg、ICC(1)和 ICC(2)检验后发现，两个变量均适合进行院校层面的聚合。考虑到数据处理方便，研究者将学术决策权力配置模式与学术—行政部门非正式关系和学术氛围三个维度的自变量共同进行 Rwg、ICC(1)和 ICC(2)检验，经检验三个自变量均符合 Rwg 的组内一致性检验标准（*Rwg* 值 >0.7），除学术事务管理决策和非正式关系的普遍化—融合性 *ICC(1)* 值相对较低之外，其他自变量维度基本符合组织层面聚合分析的组内一致性、组间差异性和分组信度的要求，适合进行分层面讨论（见表3-6和表3-7）。为了确保实证研究结论的可信度，本研究将首先采用多元线性回归对组织氛围影响教师科研生产力的情况进行检验，再进行多层线性模型分析，比较二者实证结果，从而明确组织氛围对教师科研生产力影响的稳健性。

表3-6 定量分析各自变量的 Rwg 检验

学校	学术—行政部门关系		学术决策		学术氛围
	专业化—支持性	普遍化—融合性	学术资源分配决策	学术事务管理决策	
北京大学	0.875	0.961	0.985	0.954	0.850
清华大学	0.873	0.968	0.980	0.933	0.839
对外经济贸易大学	0.896	0.956	0.984	0.942	0.878
华北电力大学	0.865	0.953	0.978	0.933	0.763
山西大学	0.851	0.965	0.991	0.963	0.766
山西医科大学	0.865	0.962	0.989	0.953	0.809
锦州医科大学	0.871	0.962	0.986	0.963	0.841
东北财经大学	0.872	0.971	0.986	0.959	0.819
南通大学	0.918	0.967	0.987	0.953	0.872
江苏师范大学	0.909	0.972	0.989	0.944	0.863
安徽大学	0.838	0.976	0.989	0.959	0.731
山东大学	0.921	0.974	0.985	0.946	0.839

续上表

学校	学术—行政部门关系		学术决策		学术氛围
	专业化—支持性	普遍化—融合性	学术资源分配决策	学术事务管理决策	
河南农业大学	0.912	0.972	0.990	0.966	0.838
武汉工程大学	0.843	0.959	0.979	0.946	0.718
湖南理工学院	0.843	0.960	0.991	0.951	0.818
湖南商学院	0.770	0.952	0.988	0.936	0.825
华南师范大学	0.865	0.959	0.990	0.960	0.854
桂林电子科技大学	0.907	0.962	0.985	0.958	0.870
西华大学	0.806	0.938	0.989	0.960	0.838
云南大学	0.881	0.970	0.993	0.950	0.793
石河子大学	0.847	0.960	0.987	0.958	0.752
贵阳学院	0.742	0.956	0.991	0.964	0.765
烟台大学	0.769	0.961	0.990	0.954	0.778
长沙学院	0.906	0.961	0.983	0.940	0.765
温州大学	0.876	0.952	0.986	0.960	0.748
北京联合大学	0.858	0.966	0.991	0.948	0.747
长春工程学院	0.870	0.953	0.991	0.965	0.784
上海立信会计金融学院	0.885	0.969	0.990	0.970	0.777
组 Rwg 中位数	0.871	0.961	0.988	0.954	0.814

表 3-7　定量分析各自变量的 ICC(1) 和 ICC(2) 检验

变量		平方和	df	平均值平方	F	显著性	ICC(1)	ICC(2)
学术资源分配决策	组间	118.797	27	4.400	21.393	0.000	0.18	0.95
	组内	493.189	2 398	0.206				
	总计	611.985	2 425					
学术事务管理决策	组间	84.973	27	3.147	5.514	0.000	0.05	0.82
	组内	1 406.305	2 464	0.571				
	总计	1 491.278	2 491					

续上表

变量		平方和	df	平均值平方	F	显著性	ICC(1)	ICC(2)
专业化—支持性	组间	123.426	27	4.571	9.461	0.000	0.08	0.90
	组内	1 272.623	2 634	0.483				
	总计	1 396.049	2 661					
普遍化—融合性	组间	48.606	27	1.800	4.758	0.000	0.04	0.79
	组内	996.532	2 634	0.378				
	总计	1 045.138	2 661					
学术氛围	组间	290.866	27	10.773	16.501	0.000	0.14	0.94
	组内	1 719.621	2 634	0.653				
	总计	2 010.487	2 661					

经过聚合分析，得到各院校在"学术资源分配决策"和"学术事务管理决策"两个维度的平均值作为院校层面的变量。院校在不同的学术决策领域可以选择不同的决策治理模式，治理主体从政府或外部利益相关者、校级负责人、院系负责人、学术委员会或教授会、教师到学生不等，因此可能会存在多样化的学术决策治理组合模式。

研究者根据各校在"学术资源分配"和"学术事务管理"方面的得分均值，利用均值减中间值得到学校在某一领域的决策模式更偏重学术还是行政权力。由于问卷中校级负责人决策赋值为2，院系负责人决策赋值为3，因此，数值越趋向于2表示更趋向于行政主导的集中决策，越趋向于3表示更有学术主导的分散决策的属性。经分析后得到28所样本院校中有5所院校是学术权力主导的决策氛围，6所院校是学术—行政权力混合型决策氛围，17所院校是行政主导的决策氛围（见表3–8）。

表 3-8 抽样学校学术决策模式分布

学校名称	院校层级	学术资源配置决策	学术事务管理决策	学术资源分配决策值—中间值	学术事务管理决策值—中间值	学术资源分配决策模式	学术事务管理决策模式	学术决策
北京大学	985	3.08	2.97	0.43	0.31	学术权力	学术权力	学术权力主导型决策
清华大学	985	3.11	2.99	0.46	0.33			
山东大学	985	2.83	2.67	0.18	0.01			
对外经济贸易大学	211	2.70	2.74	0.05	0.08			
华北电力大学	211	2.64	2.78	-0.01	0.12			
华南师范大学	211	2.62	2.47	-0.04	-0.19	学术权力	行政权力	学术—行政权力混合型决策
云南大学	211	2.56	2.72	-0.09	0.06	行政权力	学术权力	
江苏师范大学	一般本科	2.52	2.72	-0.13	0.06			
湖南理工学院	一般本科	2.29	2.72	-0.37	0.06			
长沙学院	一般本科	2.34	2.84	-0.31	0.18			
温州大学	一般本科	2.57	2.81	-0.08	0.15			
安徽大学	211	2.50	2.44	-0.15	-0.22	行政权力	行政权力	行政权力主导型决策
石河子大学	211	2.42	2.38	-0.24	-0.28			
山西大学	一般本科	2.36	2.33	-0.29	-0.33			
山西医科大学	一般本科	2.19	2.43	-0.46	-0.23			
锦州医科大学	一般本科	2.28	2.34	-0.37	-0.32			
东北财经大学	一般本科	2.38	2.57	-0.27	-0.09			
南通大学	一般本科	2.48	2.44	-0.17	-0.22			
河南农业大学	一般本科	2.48	2.36	-0.17	-0.30			
武汉工程大学	一般本科	2.51	2.54	-0.14	-0.12			
湖南商学院	一般本科	2.27	2.58	-0.38	-0.08			
桂林电子科技大学	一般本科	2.46	2.52	-0.19	-0.14			
西华大学	一般本科	2.33	2.55	-0.32	-0.11			
贵阳学院	一般本科	2.20	2.45	-0.45	-0.21			
烟台大学	一般本科	2.55	2.50	-0.10	-0.16			
北京联合大学	一般本科	2.41	2.50	-0.24	-0.16			
长春工程学院	一般本科	2.26	2.46	-0.39	-0.20			
上海立信会计金融学院	一般本科	2.32	2.31	-0.33	-0.35			

（续上表）

合计	最大值	3.11	2.99	学术主导模式	5 所
	最小值	2.19	2.33	混合决策模式	6 所
	中间值	2.65	2.66	行政主导模式	17 所

第二，个体层面的学术决策权力配置感知模式。

个体层面的学术决策权力配置的感知模式，是基于"学术资源分配决策"和"学术事务管理决策"两个变量的进一步聚类分析得出。研究者采用 SPSS 22.0 中的 K - 均值聚法对"学术资源分配决策"和"学术事务管理决策"两个变量聚类得到三种不同的学术决策感知模式，分别为学术主导型决策氛围、混合型决策氛围和行政主导型决策氛围，组织氛围感知与院校组织氛围中学术决策氛围的划分保持一致，聚类结果见表 3 - 9。

表 3 - 9　个体层面学术决策感知模式的聚类结果

类　　型	混合型	行政主导型	学术主导型
决策内容—学术事务	2.60	2.29	3.23
决策内容—资源配置	3.17	2.04	3.87
个案数	613	1592	457

2. 学术—行政部门的非正式关系与学术氛围

与学术决策权力配置模式类似，学术—行政部门的非正式关系也分为组织层面和个体层面两个不同的分析水平。

（1）非正式关系的因子分析。通过对《亚洲学术职业变革调查问卷》数据中第五部分管理的 E4、E5 和 E6 题中的 27 个题项进行因子分析，得到 6 个公因子，分别代表院校的科层制水平、组织管理水平、学术—行政部门非正式关系中的专业化—支持导向和普遍化—融合导向以及资源分配的科研绩效导向和教学服务导向。本研究中选取其中学术—行政部门非正式关系的两个维度作为研究中组织氛围的子维度，其中因子分析的 KMO 值为 0.923，巴特利特球形检验的显著性水平为 0.000，满足因子分析的要求。所提取的 6 个公因子累计方差贡献率为 58%，接近 60%。本文选取的两个关系子维度中，专业化—支持性关系的因子载荷较高的题项有"管理人员对教学活动持支持态度""管理人员对科研活动持支持态度"和"行政管理专业化水平不断提高"，这三个题项的因子载荷均在 0.6 以上，因此将该因子归纳为"专业化—支持性"的学术—行政非正式关系是较为合适的。普遍化—融合性关系因子中三个题项的因子载荷在 0.59 以上，基本满足结构效度要求（见表 3 - 10）。

表 3 - 10 学术—行政部门非正式关系维度因子分析旋转后的因子载荷矩阵

公因子	子维度	因子载荷	累计方差贡献率/%
专业化—支持性关系	1. 非常强调学校的使命和目标	0.493	30.33
	2. 在管理系统与学术系统之间有较好的联系	0.531	
	4. 民主协商	0.461	
	7. 管理人员对教学活动持支持态度	0.823	
	8. 管理人员对科研活动持支持态度	0.817	
	9. 行政管理专业化水平不断提高	0.686	
普遍化—融合性关系	9. 大部分管理人员都是通过内部晋升的	0.631	35.86
	10. 大部分管理人员兼任学术工作	0.804	
	11. 管理人员经常转换岗位	0.590	

（2）学术—行政部门非正式关系氛围与学术氛围的处理。鉴于专业化—支持性的学术—行政部门非正式关系与普遍化—融合性的学术—行政部门非正式关系两个变量之间的关系具有类别变量的属性，因此在处理院校层面的学术—行政部门非正式关系变量时，采用的做法与学术决策权力配置模式变量生成的方式相似：用差值大于 0，则为专业化—支持性关系；若差值小于 0，则为普遍化—融合性关系。经统计分析发现，28 所样本院校中，仅有 5 所表现出专业化—支持性的学术—行政部门非正式关系氛围，其他 23 所体现出普遍化—融合性的学术—行政部门非正式关系氛围特征。

学术氛围的院校层变量采用教师对院校"学术氛围"和"学术共同体"感知的评分数值之和的平均值。本研究对非正式关系及学术氛围的个体层面变量均不做聚类处理，而是直接采用两者各子维度加总取平均值作为结构方程模型分析时使用的自变量（见表 3 - 11）。

表 3-11　抽样学校学术—行政部门非正式关系类型

学校名称	院校层级	专业化—支持性关系	普遍化—融合性关系	专业化支持性—普遍化融合性	学术—行政部门关系类型
北京大学	985	3.648	3.392	0.256	专业化—支持性
清华大学	985	3.847	3.623	0.224	
对外经济贸易大学	211	3.831	3.676	0.155	
南通大学	一般本科	3.699	3.544	0.155	
江苏师范大学	一般本科	3.737	3.734	0.003	
山东大学	985	3.565	3.602	−0.037	普遍化—融合性
华北电力大学	211	3.346	3.443	−0.097	
安徽大学	211	3.292	3.560	−0.268	
华南师范大学	211	3.215	3.648	−0.433	
云南大学	211	3.432	3.587	−0.155	
石河子大学	211	3.352	3.774	−0.422	
山西大学	一般本科	3.365	3.391	−0.026	
山西医科大学	一般本科	3.349	3.654	−0.305	
锦州医科大学	一般本科	3.714	3.805	−0.091	
东北财经大学	一般本科	3.504	3.533	−0.029	
河南农业大学	一般本科	3.524	3.850	−0.326	
武汉工程大学	一般本科	3.465	3.818	−0.353	
湖南理工学院	一般本科	3.414	3.603	−0.189	
湖南商学院	一般本科	3.232	3.542	−0.310	
桂林电子科技大学	一般本科	3.647	3.904	−0.257	
西华大学	一般本科	3.038	3.604	−0.566	
贵阳学院	一般本科	2.883	3.654	−0.771	
烟台大学	一般本科	3.412	3.674	−0.262	
长沙学院	一般本科	3.539	3.546	−0.007	
温州大学	一般本科	3.350	3.712	−0.362	
北京联合大学	一般本科	3.159	3.335	−0.176	
长春工程学院	一般本科	3.475	3.654	−0.179	
上海立信会计金融学院	一般本科	3.361	3.524	−0.163	

（五）因变量的界定与处理

本书中科研生产力特指公立高校教师年均获得的各类学术成果的数量和质量。学术成果的形式主要包括以下几种：学术专著、学术作品、期刊论文、项目报告、学术会议论文、为报纸或杂志撰写的专业文章、专利、计算机编程、艺术作品、制作的电影和电视剧等。

科研生产力是对科研成果数量和质量的综合考量。科研成果的数量主要考量了以上各学术成果的总和；科研成果的质量以外文学术专著、作品和论文作为替代指标。具体的处理方法是将所有的发表成果加总，并对其中的国际发表赋予 3 倍于国内中文发表的权重，以表征国际发表所代表的研究质量。

科研生产力可以从院校层面的师均科研生产力和个体层面的教师科研生产力两个层次考量。院校师均科研生产力是指某院校教师年均获得的各类学术成果的数量和质量的平均值，计算方法是取该院校样本教师年均获得各类学术成果数量和质量加权总数的平均值。个体层面教师科研生产力即为教师个体年均所有的发表成果加总，其中的国际发表赋予 3 倍于国内中文发表的权重。

（六）自变量各维度与因变量之间的相关性检验

对自变量各维度与因变量之间进行相关性检验是进行后续多元线性回归和多层线性模型分析的前提，若自变量与因变量之间不存在显著的相关关系，则多元线性回归分析和多层线性模型就没有必要进行。自变量各维度之间的相关性检验的必要性在于三个维度之间相关是构成后文结构方程模型分析的基础，虽然自变量三个维度相关会带来多重共线性的问题，但在进行多元线性回归时可以进行多重共线性程度的检验，来进一步辨别多重共线性是否严重到影响回归结论有效性的程度（见表 3 – 12 和表 3 – 13）。

表 3 – 12　院校层面各自变量与因变量之间的相关性检验（Spearman）

氛围类型	变量	学术决策	学术—行政部门非正式关系氛围	学术氛围	师均科研生产力
学术决策	相关系数	1.000	0.463**	0.485***	0.469**
	显著性		0.013	0.009	0.012
	个数/所	28	28	28	28
学术—行政部门非正式关系氛围	相关系数	0.463**	1.000	0.618***	0.502***
	显著性	0.013		0.000	0.006
	个数/所	28	28	28	28

（续上表）

氛围类型	变量	学术决策	学术—行政部门非正式关系氛围	学术氛围	师均科研生产力
学术氛围	相关系数	0.485***	0.618***	1.000	0.559***
	显著性	0.009	0.000		0.002
	个数/所	28	28	28	28

注：显著性水平：*10%，**5%，***1%，****0.1%。

表3-13　个体层面各自变量之间的相关性检验（Pearson）

感知类型	变量	学术决策感知	学术—行政部门非正式关系氛围感知	学术氛围感知	年均科研生产力
学术决策感知	相关系数	1.000	0.109***	0.140***	0.062***
	显著性		0.000	0.000	0.003
	个数/人	2 384	2 384	2 384	2 384
学术—行政部门非正式关系氛围感知	相关系数	0.109***	1.000	0.503***	0.043**
	显著性	0.000		0.000	0.028
	个数/人	2 384	2 662	2 662	2 662
学术氛围感知	相关系数	0.140***	0.503***	1.000	0.105****
	显著性	0.000	0.000		0.000
	个数/人	2 384	2 662	2 662	2 662

注：显著性水平：*10%，**5%，***1%，****0.1%。

表3-12展示了本研究中院校层面组织氛围各自变量及因变量之间的相关分析结果，发现三个自变量之间在0.05的显著性水平上存在显著相关，因变量师均科研生产力也与三个自变量在0.05的显著性水平上显著正相关。

表3-13中展示了本研究中个体层面组织氛围感知的自变量相关性检验，发现三个自变量之间均在0.01的显著性水平上显著正相关，三个自变量与因变量教师年均科研生产力之间在0.05的显著性水平上显著正相关。

本 章 小 结

这部分交代了本书的研究设计，分为研究假设与理论框架、研究路径和研究方法三部分。理论框架部分结合前文的理论、文献综述与本文的研究思路和研究问题，提出外部制度环境会影响高校组织场域中多数组织的组织氛围形态。高校场域位置分化及其合法性是基于学术性水平，顶层院校表现出学术权力主导的组织氛围，与行政化的制度环境形成张力。场域位置底层院校的组织氛围模式易受到高校场域中外部行政化制度环境的影响，表现行政主导的特征。高校组织氛围受组织场域位置的影响，表现出层间异质性和层内同质性。高校组织场域位置优势可以影响院校的组织氛围类型，进而影响院校师均科研生产力。在控制个体、组织及科研工作状况等其他变量的前提下，高校组织氛围对教师科研生产力产生显著影响。院校组织氛围会直接影响教师个体的科研生产力，组织氛围感知可以通过影响教师的情感和行为，进而影响教师科研生产力。

研究者结合理论内涵建立组织场域视角下组织氛围对教师科研生产力影响作用和机制的 7 个研究假设，分别为：①外部行政化的制度环境与高校组织场域的主流组织氛围形态契合；②高校场域位置分化及其合法性是基于学术性水平，顶层院校表现出学术权力主导的组织氛围，与行政化的制度环境形成张力。场域位置底层院校的组织氛围模式易受到高校场域中外部行政化制度环境的影响，表现行政主导的特征；③高校组织氛围受组织场域位置的影响，表现出层间异质性和层内同质性；④高校组织场域位置优势可以影响院校的组织氛围，进而影响院校师均科研生产力；⑤在控制个体、组织及科研工作状况等其他变量的前提下，高校组织氛围对教师科研生产力产生显著影响；⑥院校组织氛围对教师个体的科研生产力存在层级效应；⑦组织氛围感知可以通过影响教师的情感和行为，进而影响教师科研生产力。

研究路径部分，研究者呈现本研究开展的过程设计，包括国内外理论和文献评述、明确研究的本土化背景、研究设计、实证分析、结论分析及讨论。

研究方法部分，研究者介绍了本研究主要采用的定量研究方法、质性研究方法、研究工具的基本情况，包括数据抽样及样本分布、问卷信效度检验、自变量的分析层次、自变量和因变量的界定与处理、自变量与因变量的相关性检验等内容。

第四章 高校组织场域与组织氛围

新知识经济理论的相关研究表明，当前社会已进入知识经济时代，世界经济的增长主要依赖于知识的生产、扩散和应用，科学技术研究构成了知识经济时代稳步运转的基础。与此同时，全球化竞争格局的形成使得国家经济创新发展和产业技术升级对知识和技术的研究开发提出了更高的需求。既有研究已证实，分布于期刊及其他学术交流媒介中的各类学术研究是衡量国家创新能力的重要指标，学术研究能力与国家创新发展和经济增长之间存在着密切的联系①。在这样的背景下，高校教师所面临的科研管理环境相应地发生了变化，国家在科技政策方面给科研活动以合法性认可和倾斜，科研资源分配方式呈现"计划—项目化管理"趋势，学术奖励形成了行政和绩效双重导向的格局。高等教育系统的组织生态环境在诸多方面亦做出回应，呈现出分权化的院校域间多样、差异化下的校间资源分层、市场化下的资源外部依赖和能力主义中的科研指挥棒现象。置身于科研管理体制和高等教育系统的组织生态环境中，高校教师的角色定位和行为模式也相应调适，这些都构成了高校教师科研生产的系统情境。在这样的情境下，高校表现出何种组织氛围？师均科研生产力的情况如何？本章将集中回答以上问题。

第一节 科研管理制度的行政色彩

高校教师科研生产活动受到国家科技研发政策的规制、资源分配方式的影响和学术奖励评价制度的全过程引导。

一、科研支持政策"单一至多元"的演进

中华人民共和国成立后，科研支持政策的发展总体经历了四个时期，分

---

① Institute of Medicine, National Academy of Engineering, National Academy of Sciences. Rising above the gathering storm: energizing and employing America for a brighter economic future [M]. Washington, DC: National Academies Press, 2007.

别是曲折起步发展期（1949—1978 年）、重建与充实时期（1978—1984 年）、改革调整时期（1985—1998 年）和创新发展时期（1999 年至今）。

（一）曲折起步发展期（1949—1978 年）

巢宏等（2013）的研究发现，曲折起步发展期主要包括奠基阶段（1949—1955 年）、体系初步形成阶段（1956—1965 年）、严重摧残阶段（1966—1976 年）和过渡阶段（1977—1978 年）[①]。这一时期我国模仿苏联的科技发展体系，实行赶超发展的计划式的科技发展体制，核心特点为运用行政力量推动科技体系建立和事业发展，政府作为科技资源的主要投入者，企业、科研院所、高校和国防科研各自独立，相应的组织结构按照功能和行政隶属关系严格分工。

（二）重建与充实时期（1978—1984 年）

这一时期是科技发展制度法规的重点建设期，政府提出要"尊重知识、尊重人才"[②]，并确立了"科学技术是第一生产力"的指导思想，要求"科学技术必须为经济建设服务，科技与经济、社会协调发展"[③]。1982 年，中国科学院设立了自然科学基金，中国科技体制随即进入"竞争与市场化"的项目管理阶段。

（三）改革调整时期（1985—1998 年）

该时期的特点集中表现为从国家计划模式转变为市场和宏观管理相结合的模式，从单纯的项目支持方式转变为项目与科研基地建设并重的方式。国务院于1985 年颁布《中共中央关于科学技术体制改革的决定》，宣布中国科技体制改革正式启动。1985 年至 1991 年期间，科技发展方针强调科技需要面向经济建设，攀登技术高峰，引入市场与竞争机制，解放科研人员。1986年 11 月，我国启动实施了"高技术研究发展计划（863 计划）"，旨在提高我国自主创新能力，坚持战略性、前沿性和前瞻性，以前沿技术研究发展为重点。1992 年至 1998 年期间，我国开始进行结构调整和人才分流，明确改革的重点为优化科技资源配置，改善传统科研机构重叠、科技力量分散和科技工作低水平重复建设的问题[④]。1996 年，我国出台了《关于"九五"期间

[①] 巢宏，方华婵，谢华. 我国科技体制改革进程及政策演变研究［J］. 中国集体经济，2013（24）：28－30.

[②] 参见 1978 年 11 月中共中央组织部（中级部）印发的《关于落实党的知识分子政策的几点意见》。

[③] 参见 1981 年 4 月国家科学技术委员会（国家科委，现为科学技术部）出台的《关于我国科学技术发展方针的汇报提纲》。

[④] 参见 1994 年国家科委、国家经济体制改革委员会（国家体改委，已撤消）联合发布的《适应社会主义市场经济发展，深化科技体制改革实施要点》。

深化科学技术体制改革的决定》，指出要建立以高等学校、科学研究机构为主体的科学研究体系和以企业为主体、产学研结合的技术开发体系，初步建立适应社会主义市场经济体制和科技自身发展规律的科技体制。在陆续出台相关科技政策文本的同时，国家通过"211 工程"① （1995 年）、"技术创新工程"② （1996 年）、"973 计划"（1997 年）、"中国科学院知识创新工程"（1998 年）和"985 工程"③ 等试点创新，带动企业、高校和科研机构的科技创新发展，之后又启动"长江学者奖励计划"（1998 年）等人才引进政策进行配套支持，吸收了一批学术带头人。

（四）创新发展时期（1999 年至今）

这一时期的两大核心战略为"科教兴国"和"自主创新"，进一步强调科研成果转化、科研机构管理体制健全和提升原始创新能力，并通过增加科技投入、加强税收激励、政府采购和金融支持支持自主创新，通过创新人才培养和科学研究促进创新，肯定了科技在转变经济发展方式和调整经济结构中的重要作用。刘凤朝、孙玉涛（2007）通过对我国 289 项创新政策的实证分析，总结出了 1980 年至 2005 年我国创新政策的发展变化趋势。总体而言，这一阶段的科技政策呈现出从"科技政策"单项推进向"科技政策"和"经济政策"协同的转变；从"政府主导型"向"政府导向"和"市场调节"协同型转变；从单向政策向政策组合转变④。2006 年颁布的《国家中长期科学和技术发展规划纲要（2006—2020 年）》中明确了政府在科技投入中的引导作用，增强政府投入调动全社会科技资源配置的能力，在政府增加科技投入的同时，强化企业科技投入主体的地位，并提出调整和优化投入结构，提高科技经费使用效益。国务院 2006 年出台的《中共中央国务院关于实施科技规划纲要增强自主创新能力的决定》特别关注科技人才培养和引进环境的关键作用，指出"科技人才是提高自主创新能力的关键所在。要把创造良好环境和条件，……充分调动广大科技人员的积极性和创造性，作为科技工作的首要任务"。由此可以发现国家对科学研究的重视程度不断增强，对科学研究的治理整合机制从单一的科层机制逐步向科层、市场和学术文化多元整合机制转变。

---

① 面向 21 世纪、重点建设 100 所左右的高等学校和一批重点学科的建设工程。

② 主要面向企业，1997 年国家科委发布的《关于实施技术创新工程意见的通知》中要求技术创新与制度创新结合、科技与经济结合、宏观管理与市场推动结合，引进技术与自主研发结合。

③ 为建设若干所世界一流大学和一批国际知名的高水平研究型大学而实施的建设工程。

④ 刘凤朝，孙玉涛. 我国科技政策向创新政策演变的过程、趋势与建议：基于我国 289 项创新政策的实证分析 [J]. 中国软科学，2007 (5)：34 - 42.

二、科研资源分配"计划—项目管理制"

冯文帅等人（2014）通过对我国科研管理体制的研究，发现我国科研管理体制体现出项目管理模式和计划性导向，具有鲜明的"计划学术"的色彩①。

（1）我国科研计划的设立是行政意图主导科研方向。支持计划的设立往往出于行政决策而非基于法律法规的许可或学术发展的内在需求，战略决策主要由行政部门做出，申报指南由科技部门下属事业单位及其指定专家起草，缺乏科研方向系统性的专业论证。

（2）行政介入和控制科技项目的评审过程管理。项目审批立项中"申报、建议立项和实际立项"三个环节间没有必然联系，项目审批由科技部门委托的专家组成评审小组，一般为 5 ~ 7 人建制。一般在项目评审前，管理部门官员会对项目评审情况进行介绍，之后由该学科领域权威的评审组长专家发言，其发言情况一般与评审结果息息相关。评审过程中以权谋私的现象仍然存在，部分评审专家会将项目委派给自己关系圈中的人，若项目申请人在评审委员会中没有学缘关系，往往难以获得项目，反之身兼行政职务或学术权威作为项目组长申请，成功概率会大幅提升②。评审决定且不对外公布，而评审专家的选定往往是由行政领导甚至是申报单位提议决定的，与管理部门有良好的默契，管理部门通常在事先知会评审组长意向选择，评审组长一般会尊重管理机构的推荐意见，评审的公平透明性难以保障。

（3）政府对于公共财政经费投入科技发展的分配方面存在着结构性偏误。政府科研资金投入并没有强调公共科研经费资助基础研究或体现国家利益和全社会公共利益的导向，政府为了促进科技成果转化为经济生产力，将大量的财政性科研经费投入营利性企业，科研经费投入结构缺乏社会公共监督和制约。

（4）科研项目管理的全过程、全周期管理"粗放式"特征明显，欠缺"以人为本"和"尊重学术"的精细化考量。其主要表现在科研行政管理办法稳定性不足，频繁调整导致科研人员花费大量时间适应和应付科研项目的事务性管理工作；经费支出列目规定体制内教师不能领取劳务费，对大学内部承担科研工作花费的劳务成本缺乏补偿机制，制约教师参与科研活动的积极性；经费预算和拨付额度多实行年度管理或固定比例拨付，拨付采用一次性下达方式，难以满足项目经费支出多样性和特殊性的要求；管理过程在基

① 冯文帅，周华强，汪继红. 深化科研管理体制改革的思考［J］. 宏观经济管理，2014（10）：63－67.

② 乔锦忠. 学术生态治理：研究型大学教师激励机制探索［M］. 北京：教育科学出版社，2008：52－53.

金会和教师个体之间，增加项目依托单位即高校的中层管理，无疑增加了管理过程的交流成本和时间成本，而且事无巨细的烦琐管理规定使得高校科研管理部门丧失管理自主性和灵活性。

（5）项目评估和验收过度追求简单易行的定量指标，项目汇报只对行政主管负责。其突出科研发表、专利、成果转化率和投入产出比等"量化指标评估"，注重近期、显性的直接价值，忽略长远、隐性的间接价值，造成科研人员追求"短平快"项目的现象。项目结题的评审报告只对主管行政部门汇报，未向社会公示和接受公众监督。

三、科研奖励评价的"行政和绩效导向"

科研奖励评价标准"定量化"和"一刀切"，集中表现为"行政导向"和"绩效为先"的评价模式，通过在产出环节提高标准，倒逼组织行动者行为调适的策略，替代在生产过程环节改良科研组织环境的选择。

科研奖励制度可分为国家科研奖励制度和高校内部科研奖励制度两个层次讨论。我国科研奖励制度的核心特点是"以政府为主，以民间为辅"，不仅奖项多由政府设立，且不同行政级别的政府机构所设立的奖项，其含金量也存在差别，奖项的权威性不以学术权威性为先，而以行政级别论高低，总体来说奖励数量较多，质量欠佳，奖励评审标准不一，类型多样，鱼龙混杂，导致奖励公信力不足。而且，学术奖励常与经济利益挂钩，除了颁奖机构的物质奖励之外，获得奖励的教师所在的高校也会给教师相应的物质奖励，所获奖励根据级别差异会对教师薪酬增加和职称晋升发挥相应的影响，实为"名利双收"。

近年来，高校科研奖励制度呈现出五个特点。

（1）奖励标准的成果导向。刘宇文和周文杰（2015）对我国26所高校科研奖励制度进行了文本研究，发现各高校科研奖励的考核标准均围绕着科研成果（各级政府的科研奖项、学术论文、著作、专利、科技开发、技术转让、政策研究与咨询报告等）、科研经费、科研项目立项数和完成度、科研平台建设等，其中核心期刊在科研奖励中占据重要地位，尤其是部分高校（如中国农业大学和湖南大学等）为国际顶尖期刊发表设立重奖，在《自然》或《科学》发表给予50万元奖金奖励①。

（2）奖励形式的物质导向。虽然高校科研奖励的对象多样，包括个人和成果、论文和课题等，但奖励形式基本采用奖金或津贴等物质奖励。

（3）奖励分配的层次差异。既有研究指出，大部分高校的科研奖励针对

---

① 刘宇文，周文杰. 我国高校科研奖励制度的现状与发展探索［J］. 高等工程教育研究，2015（4）：135－140.

科研成果的层次，如论文发表期刊层次、科研奖励的行政层级、科研课题来源的行政层级和科研经费的额度等，设立不同水平的奖励。

（4）奖励模式的区域差异。鉴于不同高校所在地区经济水平和科研水平不一及所在发展平台的差异，各高校的奖励力度、层次和侧重点均存在差别。例如"985 工程"研究型院校注重对国家级项目和国际权威发表的奖励，而地方应用型院校看重省部级奖励和中文核心期刊发表或教学研究成果的激励。

（5）奖励力度的学科差异。自然科学类和人文社科类不仅奖励的评价标准存在区别，而且在奖励金额方面差距也很大。前者前期投入大，后期成果实用性强且易于量化评测，匹配激励相对较高；而后者科研成本相对较低，但后期成果见效慢且难以科学度量，激励力度相对较小。

第二节　高校组织场域的差序格局

在大学学术科研生产的外部制度环境发生变化的同时，大学作为科学技术研究的重要阵地，其角色定位也随之发生了变化，以教学作为中心功能的传统大学已日趋式微，随之而来的是科研功能不断强化的研究型大学的出现及繁荣。日本学者有本章的研究表明，未来大学将逐步从"教学导向"变为"研究—教学导向"，最终发展至"研究—教学—学习导向"①。然而目前，在亚洲的国家尤其是中国、日本和韩国，多数国家的大学仍处于并且将长期处于第二个阶段。尽管在不同国家的高等教育系统中，大学均存在层次和类别的差异化，然而不可否认的是，具有较高科研能力的大学往往处于高等教育系统"金字塔"的顶端，不仅占据着大量优质的人力资本、物质资本、社会资本及文化资本，也凭借其知识生产能力吸引更多资源流向这些大学。中国高校系统中的组织场域也体现出与以往不同的特征，主要表现在分权化、差异化、市场化和"能力主义"四个方面。

一、分权化下的院校域间多样

图 4-1 显示，在扩招前的 1998 年，我国普通高校数为 1 022 所，其中央属院校 263 所，占总体的 25.7%，地方院校 759 所；至 2011 年，两者之间的比例发生了显著的变化，普通高校总数为 2 409 所，央属高校为 111 所，

① ARIMOTO A. The academic profession in international and comparative perspectives: Trends in Asia and the world [C] //International conference on the changing academic profession project. Hiroshima: Hiroshima University, 2013.

地方高校为 2 298 所，央属高校仅占普通高等院校总体的 4.6%，地方高校吸纳了 90% 以上的高校师生。这说明国家开始调整高等教育管理重心，将高等院校管理权下放至地方政府，而保留少数精英院校集中管理、加强建设。

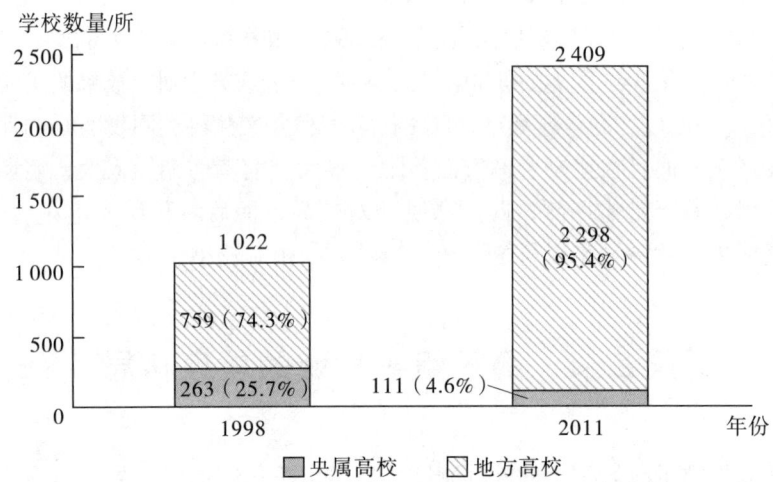

图 4 - 1　1998 年和 2011 年我国央属高校和地方高校的比例结构图[①②③]

　　如表 4 - 1 所示，我国高等院校分权化情况呈现区域差异。首先，东部和中部地区普通高等院校总数较西部更多，央属院校的分布具有明显的东部聚集特征，中部和西部地区各有 2 个和 7 个省份没有央属高校。除北京和上海地区的地方高等院校比例低于 90% 之外，其他省、市、自治区的地方高校比例均在 90% 以上，形成了以地方高校为主的高等教育发展格局。李欣（2014）对地方高校教育经费投入情况的实证研究发现，我国地方高校教育经费投入和支出与当地经济发展水平有很强的互动性，而且支出结构会随地区教育和经济发展水平有所差异。东部经济和教育水平较发达的地区地方高校功能由教学向科研和社会服务转变，因此更侧重科研经费投入；而中西部教育欠发达地区地方高校仍以教育功能所需的基础设施为主要投入领域[④]。本研究统计数据亦发现，东部地区地方高校科研经费投入比率和校均 R&D 经费支出均相对较高，东部地区校均 R&D 经费支出是西部地区的 2 倍、中

---

① 数据来源于《中国教育统计年鉴：1998》和《中国教育统计年鉴：2011》。

② 教育部发展规划司. 中国教育统计年鉴：1998 [M]. 北京：人民教育出版社，1999.

③ 中华人民共和国教育部发展规划司. 中国教育统计年鉴：2011 [M]. 北京：人民教育出版社，2013.

④ 李欣. 后4%时代我国地方高校教育经费投入状况实证研究与预测 [J]. 教育财会研究，2014，25（5）：19 - 25.

部地区的 2.1 倍，证明高校分权化情况的区域差异。

表 4-1 2011 年我国分区域普通高等院校与央属院校分布及科研经费情况①②

地域	地区	高校数目/所	央属高校/所	地方高校比例/%	地方高校科研经费投入占总投入/%③④	地方高校校均R&D 内部支出/万元⑤⑥⑦
东部	北京	87	34	60.9	0.83	1 4178.7
	江苏	151	10	93.4	0.23	4 048.5
	上海	66	9	86.4	2.52	8 307.0
	辽宁	112	5	95.5	0.56	2 910.8
	广东	134	4	97.0	0.45	2 910.8
	河北	112	4	96.4	0.14	753.6
	天津	55	3	94.5	0.58	5 776.5
	山东	138	2	98.6	0.50	1 725.7
	浙江	102	2	98.0	1.39	4 000.7
	福建	85	2	97.6	0.81	888.2
	海南	17	0	100.0	0.51	568.7
东部均值		96	7	92.6	0.78	4 006.3
中部	湖北	122	8	93.4	0.29	3 087.0
	湖南	120	3	97.5	1.44	1 850.2
	黑龙江	78	3	96.2	0.05	3 466.0
	安徽	115	2	98.3	0.14	1 628.8
	吉林	57	2	96.5	1.82	2 922.8
	河南	117	1	99.1	0.61	957.7
	江西	86	0	100.0	0.43	929.6
	山西	74	0	100.0	0.72	969.7
中部均值		96	2	97.62	0.69	1 933.2

---

① 数据来源于《中国教育统计年鉴：2011》。

② 中华人民共和国教育部发展规划司. 中国教育统计年鉴：2011 [M]. 北京：人民教育出版社，2013.

③ 数据来源于《中国教育经费统计年鉴：2011》。

④ 教育部财务司，国家统计局社会科技和文化产业统计司. 中国教育经费统计年鉴：2011 [M]. 北京：中国统计出版社，2012.

⑤ 数据根据《中国科技统计年鉴：2012》中"各地区高等学校 R&D 经费内部支出"除以《中国教育统计年鉴：2011》各地区普通高等学校数目计算得到。

⑥ 国家统计局，科学技术部. 中国科技统计年鉴：2012 [M]. 北京：中国统计出版社，2012.

⑦ 国家统计局，科学技术部. 中国科技年鉴：2011 [M]. 北京：中国统计出版社，2011.

（续上表）

地域	地区	高校数目/所	央属高校/所	地方高校比例/%	地方高校科研经费投入占总投入/%	地方高校校均R&D内部支出/万元
西部	四川	93	6	93.5	0.40	4 813.3
	陕西	90	6	93.3	0.44	3 233.4
	重庆	59	2	96.6	0.00	1 969.0
	甘肃	42	2	95.2	0.57	1 633.5
	宁夏	16	1	93.8	0.93	730.1
	广西	70	0	100.0	0.72	961.8
	云南	64	0	100.0	1.04	838.6
	贵州	48	0	100.0	3.70	814.2
	内蒙古	47	0	100.0	0.70	660.3
	新疆	37	0	100.0	0.48	577.2
	青海	9	0	100.0	3.05	898.0
	西藏	6	0	100.0	0.85	588.9
西部均值		48	1	97.7	1.10	1 995.2
合计		2 409	111	95.4	0.84	2 859.5

　　院校隶属情况决定了地方院校的区域依赖性，尤其是对地区财政收入和教育投入比重的依赖。鉴于中央政府与地方政府财力的差别，央属院校中的教师在研究经费获取和收入方面比地方院校的教师具有优势。此外，地方院校比例的大幅提高及其对所在区域的依赖，也会间接造成地方院校组织运行的多样化局面。

二、差异化下的校间资源分层

　　与规模不同的是，重点大学获得的科研经费支持要明显高于一般大学。根据图4－2所示，自1999年扩招开始，重点大学的科技经费收入持续增长，增幅要显著高于一般大学，前者的增长幅度约为后者的1.4倍，这得益于"211工程"和"985工程"等国家科研项目的经费支持和多元化的高校科研经费来源渠道。以2011年为基础，按照3%的贴现率折算后，1999年重点大学的科技经费收入约为6 915亿元，一般大学的科技经费收入为2 936

亿元；2011 年，前者的科技经费收入已达72 033亿元，后者为 30 310 亿元，前者为后者的 2.4 倍。考虑到重点大学的院校数量是一般大学的 5%，可以得到重点大学的校均科技经费收入是一般大学的 48 倍，这体现出重点大学和一般大学在科技经费收入总量方面的差异化和层次化。

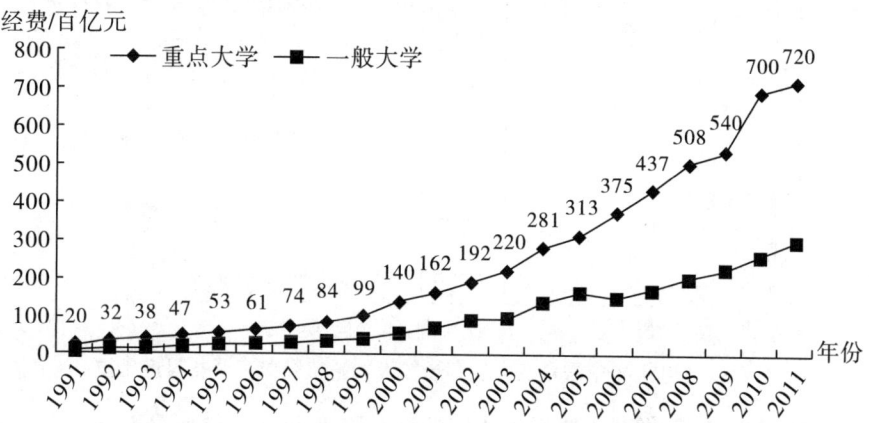

图 4 - 2　中国不同层次院校科技经费收入情况的年度变化①

三、市场化下的资源外部依赖

从科技经费的来源结构来看，重点大学和一般大学具有一定的共性，也存在部分差异。比如两者的经费主要来源均来自其他政府部门专项费和企事业单位委托经费，即纵向和横向科技经费来源占了总科技经费来源的 2/3，体现出高等教育系统中的大学的科研经费越来越依赖外部经费来源的现状。结合上文中重点高校校均经费是一般大学 48 倍的情况，可知重点大学校均来自于其他政府部门的专项费是一般大学的 60 倍，校均来自企事业单位的委托经费是一般大学的 50 倍。这体现出重点大学在吸引外部科技经费方面的绝对优势和对一般大学"碾压式"的垄断格局，也反映了以"985 工程"院校为代表的重点大学在学术科层体系中的顶端位置。一般大学科技经费来源中的科研事业费比重较大，而且会将其他自筹经费收入转移部分至科技经费中，表现出通过自筹经费补贴科技研发活动的倾向（如图 4 - 3 所示）。

① 数据来源于《高等学校科技统计资料汇编》的各年度数据，对 2011 年之前的数据按照3%的贴现率进行贴现处理，可参见附录六附表 6 - 1。

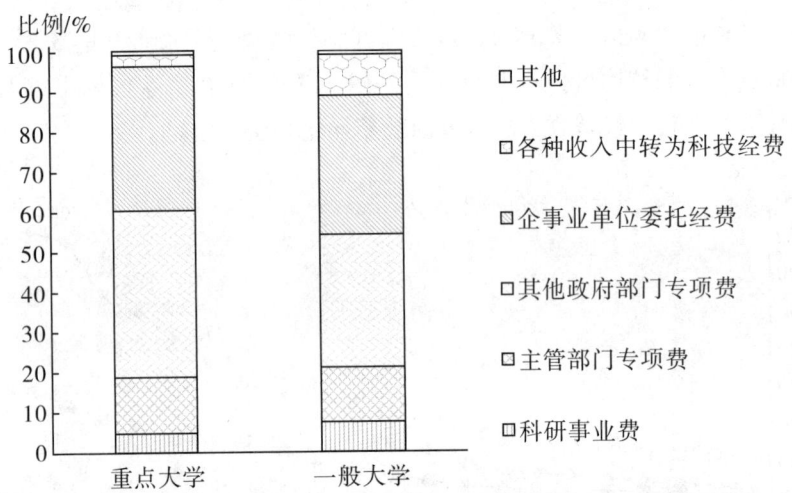

图 4 - 3　2011 年中国重点大学和一般大学科技经费来源各渠道比重①

　　政府非定向科研事业费投入比例的逐年降低和教育科研运营成本的逐年提升，令高等教育系统面临日趋增长的财政危机。在这样的背景下，高校教师也面临更高的科研经费筹措压力，使其自愿或不自愿地参与市场化的研发活动以获取外部经费支持。

　　此外，大学的市场化还体现在教育的成本分担机制（收取学费）和高校教师的合同聘用制、预聘制（tenure-track）和绩效评估制度等方面的改革。预聘制近年来被一些重点研究型大学从西方引入，正在推动渐进式的改革。这些公立院校中原本"事业编制"的铁饭碗将逐步被三年一期的两聘期绩效淘汰机制所取代，与之配套的"协议年薪制"也会对既有的薪资福利结构带来冲击。而合同聘用制和绩效评估制在民办院校中贯彻得更为彻底，这使得大学及其中的教师越来越失去作为"象牙塔"和"知识分子"的政治和经济地位的独立性和特殊性，而转变为愈加具有"公司"和"雇工"等市场性质的主体，教师活动的空间不再集中于大学之中，而是开始被动或主动地走入学术劳动力市场和学术资本场域，面对科研资源最大的支持方"政府"和迅猛发展的市场需求，称学术治业之名，行经世致用之道。

---

①　来源于《高等学校科技统计资料汇编》2011 年度数据，可参见附录六附表 6 - 2 和附表 6 - 3。

第三节 高校教师管理的"能力主义"

中国近代教师职业化和制度化的过程，见证了学术人员从知识分子到学者、专家的身份转变[①]。从"求真传道"的满足自我精神追求和社会价值关怀的状态，转向同行认可、学术地位的获取甚至利益谋求，学术逐渐成为一种职业，学者和专家作为学术机构的受雇者存在，专业化程度不断提高，而专业化的一个集中体现就是学术的职业化和学者对所在组织机构日益增强的依附性。学术人置身于与国家和社会联系日益紧密的学术机构之中，生存于共同体的规范、学术组织的管理、国家的政策导向和现实利益的诱惑之中，使得他们不再是"社会上独立的知识阶层"（socially unattached intelligentsia）[②]，而成为"有机知识分子"（organic intellectual）。

迈克尔（Michael Young）于 20 世纪 50 年代提出了"能力主义"（meritocracy）的概念，其内涵是指由个人显示出来的才能（merit、ability）和天赋（talent）决定他们的任务分配和责任，进而给予相应的回报和奖励的组织绩效管理制度[③]。刘易斯（L. S. Lewis）在其 1975 年的 *Scaling the Ivory Tower: Merit and Its Limits in Academic Careers* 一书中，认为高校教师的才能（merit）特指其在教学、科研和其他学术工作中的专业成就（professional performance）。能力主义之所以成为一种绩效管理制度，是因为这些才能通常具有可测性和普适性（universal），即能够通过科学的方法予以测量。对高校而言，教学活动只是"地方性"或"局部性"的活动（local activity），不具有可流通性和交换价值，也不能为高校带来多大的声望。反之，科研产出则拥有普适性和广泛性特征（universal）。因此，不管是从科研产出给高校带来学术声誉方面，还是从学术研究为高校带来的科研经费的巨大经济效益来说，重视科学研究都成为诸多高校的理性抉择。文献评述部分，吴洪富（2011）在《大学场域变迁中的教学与科研关系》一文中就突出反映了在场域变迁过程中，大学从理性的大学转变为学术资本的大学，教学与科研张力日益扩大的现实情境。场域变迁导致了教师的行为调整，表现出了教学、科

[①] 阎凤桥."西学东渐"与中国近现代学术职业的形成 [J]. 中国高等教育评论, 2014.

[②] 曼海姆. 文化社会学论集 [M]. 艾彦, 郑也夫, 冯克利, 译. 沈阳: 辽宁教育出版社, 2003: 146 – 153.

[③] 阎光才. 精神的牧放与规训: 学术活动的制度化与学术人的生态 [M]. 北京: 教育科学出版社, 2011: 174 – 185.

研统一的信念与实际行为的背离——"重科研轻教学"和教学与科研分离的倾向，形成了"传道授业解惑"与"科研至上"的张力和"以学术为业"与"以学术为生"的张力。

如图4－4所示，2012年教育部直属高校的经费收入构成中，1/4来源于科研经费收入，成为高校第二大经费来源。受到外部经费来源的影响，作为承担大学教育、科研和社会服务核心功能的教师，其科研能力和绩效也愈发受到大学激励和评价的重视。近年来"能力主义"（meritocracy）评价模式的产生与运用，使得具有可测性、客观性和普适性特征的"科研发表"成为高校衡量教师专业成就和能力的核心指标，教师的招聘、职称晋升、薪酬待遇等均与之密切相关。与此对应的"预聘制"和绩效评估改革常常与"Publish-or-Perish"（要么发表，要么出局）以及"Up-or-Out"（非升即走）等淘汰机制密切联系。

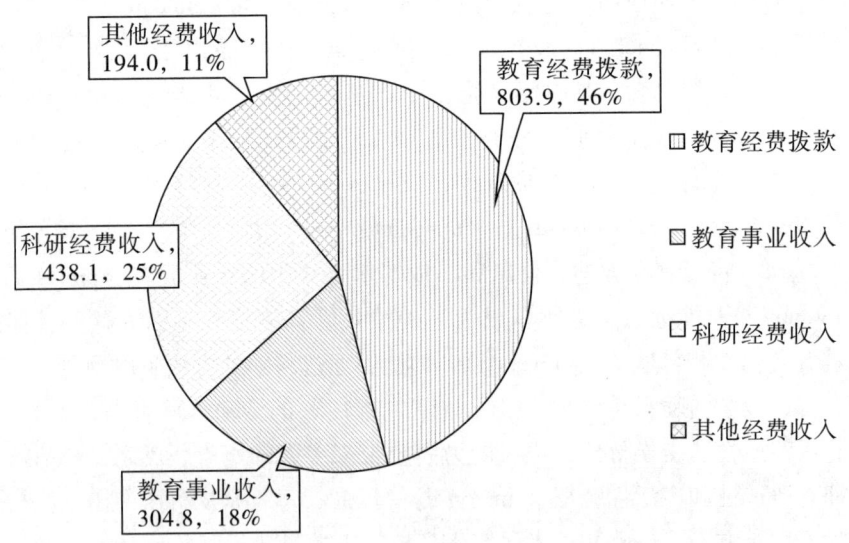

图4－4　2012年教育部直属高校经费收入构成（单位：亿元）

吴洪富对科研奖励评价绩效导向的分析提到，在科研管理方面起主导作用的政府启用各种国际顶级期刊论文发表或专利转化数量作为评价科研工作的权威指标，挥舞起"科研指挥棒"。其深入揣度，发现这着实为无奈之举。一方面，各学科间知识生产规律和模式千差万别，政府对科技研发机理的内在"黑箱"不甚明了，自己制定一套评价标准不切实际，若要各个学科调研分析、制定考核指标，不仅成本过高，而且执行困难；另一方面，若完全将评价权给予学术共同体，在人情社会的国情和当前学术共同体自身发育欠佳的前提下，又难免会令人质疑其是否存在内部操作以及评价的公平透明性，担忧学术腐败状况进一步恶化。因此，将作品入选国际公认的权威期刊作为考核标准貌似是相对公平且审慎而经济的选择。高校面对提升科研能力和水平带来的经费注入和高质量师资生源的直接利益，以及潜在的由科研发力所带来的良好外部声誉和政策支持的益处，表现出了积极迎合的姿态，通过制度将研究职责与教师聘任、晋升捆绑在一起，调整激励策略和人事管理模式，适应愈加强化的科研导向。在这一过程中，科研的重要性及合法性通过高校的制度规范及管理实践不断强化。

阎光才（2011）在对高校内部学术晋升与评价制度的中美比较中，对我国学术晋升中的主要问题有如下总结：存在行政或者双权威（行政和学术双肩挑）主导的倾向，缺乏充分的公开透明度和民主性；过度重视量化指标；对晋升评审中的同行评议专家责任缺少明确规定；对晋升结果缺乏申诉渠道①。而其中追求量化指标的绩效导向是造成学术泡沫化和浮躁学术氛围的直接原因。

教师晋升评价标准的科研绩效导向，既体现在对科研论文发表数量的追求上，也体现在对科研项目和经费筹措的重视上。2016 年 1 月 4 日，《人民日报》人民视觉栏目发表了题为《论文数量已成为评价科研人员的重要指挥棒》一文，撰文记者专门对国内排名前列的某理工大学 40 多位研究人员进行了调查，研究人员多赞同存在"论文与项目已成为科研考评的最重要参数，如果不去迎合，对职称评定、收入会有严重影响"的情况，为了完成论文指标而写论文的现象比比皆是，而且考评方式往往是"一刀切"——定量化地考核发表数量或迷信《自然》和《科学》这些顶级期刊。学校年度考核如同"记工分"，职称评审、职称晋升和薪资待遇对论文发表的倚重导致了论文过热"崇拜"，更有甚者，出现学术不端和论文造假现象。此外，一些高校将评职称与科研项目和经费筹措挂钩，乔锦忠（2008）通过对学术资源分配机制对教师行为的影响的研究，发现在许多学校，能否独立主持省部级和国家级的科研项目不但是职称晋升的重要条件，还关系到教师能否招收研究生。没有课题经费，将不准招收研究生或者对招收研究生的数量进行限制②。比如某地方高校破格提教授的条件是"如果申请到的科研经费数额较

---

① 阎光才. 精神的牧放与规训：学术活动的制度化与学术人的生态 ［M］. 北京：教育科学出版社，2011：174－185.

② 乔锦忠. 学术生态治理：研究型大学教师激励机制探索 ［M］. 北京：教育科学出版社，2008：52－53.

大（300万元以上），学术水平及论文数量均可不管，直接破格提教授"①。而且，高校每年的立项和科研经费数目，也是部分教育主管部门考核高校的"硬指标"，科研实力、学术水平和学校声望等都可以由科研经费来表征，如此一来，催生了"跑部钱进"的急功近利、追求"短平快"项目的学术浮躁甚至学术腐败的现象。然而，实际上，大部分教师认为做科研应当是自觉行为，有探索新知的求知欲和同行评价等学术职业操守作为规束原则，不应过度使用外在绩效指标强迫和金钱利益刺激。过度的外部绩效导向，反而可能弱化教师自身的学术动机。

结合前面的分析，可以观察到高校教师科研管理的发展过程受到了"内推外拉"的双向作用力。外部政治和经济介入以及高校组织生态的差序化格局是体制化的外在力量。高校系统所表现出来的能力主义特征，为高校内部教师科研专业化发展创造了适宜的土壤，成为促进教师科研活动的组织力量。鉴于科研工作显著的外部声誉效应和资源筹措优势，高校管理者对教师实行绩效导向的评聘制度，逐步建立以绩效评估和内部竞争机制为载体的学术人员激励评价制度，教师的薪资福利开始与职称和学术绩效挂钩，教师评价也更关注学术产出尤其是科研产出方面。高校教师的行为对此也做出了相匹配的反应。

如图4-5所示，教师的工作量根据院校层级的下降而递减，"985工程"院校教师周工作时数平均为50.8小时，"211工程"院校平均为43.1小时，一般本科院校平均为40.1小时，"985工程"院校教师每周科研时间分配占比为49.4%，"211工程"院校为40.1%，一般本科院校为33.7%，可以看出随着院校研究属性的降低，教师分配在科研工作上的时间比例也相应降低，"985工程"院校教师近半数时间花费在科研工作中，"211工程"院校教师的教学和科研时间基本持平，教学时间略多，一般本科院校教师的主要工作时间分配于教学。沈红等人（2011）进行的"变革中学术职业国际调查与研究——中国大陆"数据分析发现，中国高校教师平均将33.2%的周工作时间用于科研②。历经5年后，研究性最弱的一般本科院校教师都花费

---

① 科研经费如指挥棒 部分高校教师热衷跑项目［EB/OL］.（2007-05-08）. http://news. sina. com. cn/c/2007-05-08/073612935679. shtml.

② 2012年北京大学教育学院对中国30所公立院校学术职业的调查数据，统计的是有教学任务时学年度的信息。

② 沈红，谷志远，刘茜. 大学教师工作时间影响因素的实证研究［J］. 高等教育研究，2011（9）：55-63.

33.6%的工作时间于科研工作中。由此可见，随着时间发展，高校教师更加重视科研工作。

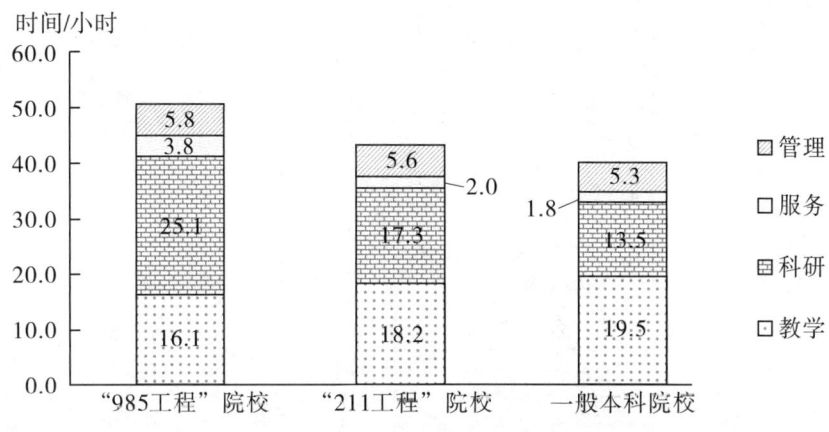

图 4 - 5　不同类型公立院校教师每周各项工作时间分配①

第四节　高校组织氛围的场域位置契合与科研生产力

一、行政化制度环境与高校组织场域主流组织氛围形态契合

表4－2展示了各高校学术决策模式及学术—行政部门非正式关系的分布情况。若将28所样本高校以学术决策模式和学术—行政部门非正式关系的二维表格进行整理，可以发现，一般本科院校中，有15所即78.9%的院校属于具有集中特性的行政主导型决策模式，21.1%的院校属于混合型决策模式，一般本科院校没有位于分散式的学术主导型决策模式之中。"211工程"院校在三类学术决策模式中的分布较为平均，分别各有2所院校在3个类别之中。"985工程"院校全部集中在分散式的学术主导型决策模式之中。而学术与行政部门的非正式关系方面，样本中89.5%的一般本科院校表现出普遍化—融合性的学术—行政部门非正式关系；"211工程"院校这一比例为83.3%，6所院校中5所表现出普遍化—融合性的学术—行政部门非正式关系；而3所985院校中2所表现出专业化—支持性的学术—行政部门非正式关系。

---

① 沈红，谷志远，刘茜. 大学教师工作时间影响因素的实证研究 [J]. 高等教育研究，2011（9）：55－63.

表4-2　各高校学术决策模式及学术—行政部门非正式关系分布表

类型		学术—行政部门的非正式关系			
		普遍化—融合性		专业化—支持性	
学术决策模式：行政权力让渡于学术权力	行政主导型	16所：2所211，14所一般本科		1所：一般本科	
		安徽大学（211）	中部	南通大学	东部
		石河子大学（211）	西部		
		上海立信会计金融学院	东部		
		锦州医科大学	东部		
		北京联合大学	东部		
		东北财经大学	东部		
		烟台大学	东部		
		山西大学	中部		
		山西医科大学	中部		
		武汉工程大学	中部		
		湖南商学院	中部		
		河南农业大学	中部		
		长春工程学院	中部		
		桂林电子科技大学	西部		
		贵阳学院	西部		
		西华大学	西部		
	学术—行政混合型	5所：2所211，3所一般本科		1所：一般本科	
		华南师范大学（211）	东部	江苏师范大学	东部
		云南大学（211）	西部		
		温州大学	东部		
		湖南理工学院	中部		
		长沙学院	中部		
	学术主导型	2所：1所985，1所211		3所：2所985，1所211	
		山东大学（985）	东部	北京大学（985）	东部
		华北电力大学（211）	东部	清华大学（985）	东部
				对外经济贸易大学（211）	东部

通过表 4-2 中各层次高校在不同组织氛围类型中的分布情况的展示，我们可以发现：

外部行政化的制度环境与高校组织场域的主流组织氛围形态契合。样本高校中大部分体现出行政主导型学术决策模式和普遍化—融合性的学术—行政部门非正式关系，与外部制度环境中行政权力泛化和学术—行政权力耦合的场域形态相一致。鉴于本研究抽样是建立在我国各层次高校分布比例的基础之上的，对反映我国高校情况有一定的代表性，因此本书研究假设 1 得到了验证。

究其原因，结合文献评述部分田联进（2011）的研究结论及本章第一节的分析思路，高校的外部权力关系方面，强政府—弱学校的二元不对称的制度设定，造成了政府对高校科研资源配置及奖励评价采取行政化、集权式管理的格局，使高校的自主性、自治性和多样性不足，表现出行政主导型学术决策氛围和普遍化—融合性的学术—行政部门非正式关系。造成高校组织场域制度环境与高校组织氛围契合的关键因素在于科研管理制度中资源配置行政干预泛化的渗透影响，以自上而下的行政化科研管理体制、行政化的高校科研活动组织方式、行政化的科研成果评价体系和激励政策和行政化的学术文化为特征，正如本章第一节整理归纳的情况一样。

我国高校科研管理采取的是自上而下、层层管理的模式，高校外部是"国务院—教育主管部门—高校"的三层结构，大部分高校的科研管理业务部门是具有行政级别的党政机关部门，工作的主要职责范围是科研规划、科研项目管理、科研基地（研究机构）的管理、学术交流、科技开发与成果转化、科技成果与知识产权管理等，掌握了学校学科发展、科研管理和资源配置的决策权力。国家和教育主管部门采取项目管理制的方式分配科研项目和经费，一些高额的科研经费大部分是通过"计划学术"的基地建设或各类"计划"或"项目"拨付的，相对较少地采取竞争性的拨付方式。鉴于教师或院系的科研经费是由教育主管部门拨付至大学科研管理部门统一管理，并且采取的是预算管理，且基金委员会或科研主管部门对列支科目均有较为明确的规定，项目申请之初就对项目执行过程中的经费支出项目和金额有较为详细的预算清单，项目经费拨付后，其支出执行也需要按照预算所列的项目进行，因此，高校内部的科研管理组织，尤其是科研经费管理方面相对较为死板，缺乏后期执行的灵活度和教师自主权（如图 4-6 所示）。

---

① 张晓军，席酉民. 我国高校科研管理的问题与改革建议：基于资源配置的视角 [J]. 科学学与科学技术管理，2011, 32（7）：58-63.

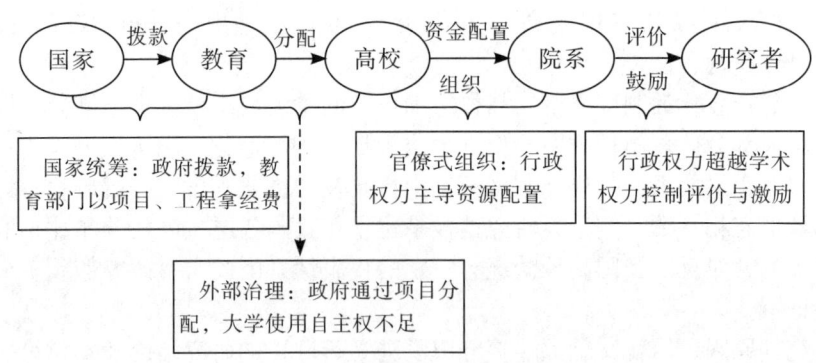

图 4-6　高校科研管理自上而下的资源配置链条[①]

此外，高校内部学术资源支配权配置方面，当前我国高校普遍存在校领导由精英学者或空降官员担任的现象，学术资源配置权力与行政权力的捆绑式运作，导致担任行政职务的学者更容易获得来源于外部科研管理部门的经费或项目支持，同时也更容易在院校学术决策中发挥影响，引导学校学科建设及经费配置的发展方向，而科研资源的充沛和学术决策的影响力会带来更多的科研机会和产出，进而吸引更多的资源流入和影响力的强化，这形成了一种学术资源分配的"马太效应"或"优势累积效应"。这种学术权力与行政权力耦合的院校环境不利于学术专业岗位与行政岗位的分化及专业化发展，成为普遍化—融合性学术—行政部门非正式关系的形成并维持的土壤。

当然，院校的组织制度设计及组织氛围并不完全取决于外部制度环境的影响，也是院校经过理性决策所采取的适应性策略所产生的结果。按照斯科特关于制度对组织影响方式的总结，主要有以下几种影响机制：组织结构的强迫接受、合法授权、组织结构诱导、组织结构自致、组织结构烙印、组织结构融合和组织结构超越[①]。其中组织结构的合法授权和结构诱导对理解外部行政化制度环境与高校组织氛围主流形态契合具有启发意义。

组织结构的合法授权常发生在专业部门或组织，它们主动寻求权威机构对其结构的外部合法性的注意和承认。鉴于权威是合法化的权力，因此得到合法授权的组织，其行动将得到上级部门的支持或限制，权力使用也会受到外部监督。组织选择获得权威部门的合法授权，往往是出于成本收益相联系的考虑。为了获得权威授权部门的支持，组织可能会在诸多方面调整它们的结构和活动内容，以匹配授权组织的要求，或为授权部门提供充分的信息和介入的机会，从而获得预期的收益。许多研究证明组织来自外部授权部门的

①　张永宏. 组织社会学的新制度主义学派［M］. 上海：上海人民出版社，2007：439－459.

相关收益远大于其付出的交易成本①。

组织结构诱导是指通过给愿意服从机构的条件的组织提供激励,诱导组织和组织领域的结构变迁。一般情况下,诱导方会要求愿意接受诱导的组织提供证明其一直在结构或程序上遵从诱导方要求的详尽证据。另外,由于缺乏强制性控制权威,诱导方还会采用复杂的会计控制系统来变相影响接收方的组织行为、进程甚至结构②。值得注意的一点是,这种基于诱导产生的组织控制模式或结构往往对组织绩效的影响不够深入持久,而且其影响层面常出现在中间组织领域而非操作层面的组织领域。而且,诱导战略存在一个弱点,即通过外部激励的运用,组织行动者的动机和承诺反而被弱化而非强化了③④。

现实情况是,外部行政化的科研管理制度环境对高校的影响是双方面的,既有合法授权的情况,也采取结构诱导的策略。

比如合法授权主要体现在高校科研管理的行政层级管理模式方面,外部科研管理部门的资源配置及管理组织均要求院校在校级层面有专门对口上级行政部门的相应业务部门的存在,以整合科研管理资源和信息,统筹科研资源配置,争取获得上级科研行政管理部门的政策及资源的支持或倾斜。同时,院校内部的科研资源配置和组织也需要一个统一的部门进行协调。因此,几乎所有的高校都设置了科技处或科研部这类机构,一些研究型大学还将科研管理进一步细化分割成理工类、自然科学类和人文社科类分别管理,将科研项目管理、学科平台建设以及产学研结合和科研成果转化切分给不同的行政部门专门管理。按照辛格(Singh)和豪斯(House)(1986)的研究结论推断,院校内部科研管理行政机构的设置虽然会带来交易成本的增加,但与所获科研资源的收益相比,获益仍然大于损失。研究者没有经过实证检验,因此不敢断言在中国情境下这一结论仍然成立。然而在外部科研管理行政化的结构体系中,内部设立科研行政管理机构的做法实际上是将原本可能

---

① SINGH J V, HOUSE R J. Organizational legitimacy and the liability of newness [J]. Administrative science quarterly, 1986, 31 (2): 171 – 193.

② MEYER J, STRANG D. Centralization, fragmentation, and school district complexity [J]. Administrative science quarterly, 1987, 32 (2): 186 – 201.

③ VROOM V H, DECI E L. The stability of post-decision dissonance: A follow-up study of the job attitudes of business school graduates [J]. Organizational behavior and human performance, 1971, 6 (1): 36 – 49.

④ STAW B M, CALDER B J, HESS R K, et al. Intrinsic motivation and norms about payment 1 [J]. Journal of personality, 1980, 48 (1): 1 – 14.

会发生在教师个体或院系与外部行政管理主体之间的交易成本，转移至内部，这无疑降低了外部科研管理主体的交易成本，是否在总量上增加或降低了院校的交易成本还未可知。另外，对于一些处于学术金字塔中下段的院校来说，选择采用院校集中行政管理和科研资源整合方式争取外部制度支持，获得收益的概率可能会高于各子单位"打单独斗"的获益概率。由此可见，高校中基于合法授权的正式科研官僚机构在我国高校场域中普遍存在便不足为奇了。而由这种正式官僚机构开展的学术科研管理和资源分配往往会催生行政权力主导学术资源配置决策和行政化的组织氛围。

而制度的组织结构诱导主要体现在项目管理制和评价激励的行政化取向方面。这是因为，与外部科研行政部门的科层管理模式不同，我国的科研经费配置采取项目管理制的模式，而资金的两大来源是自然科学基金和社会科学基金。项目管理制的特点在于，它不存在强制性的问题，而是通过一定的计划内竞争机制，为愿意服从基金项目的条件和满足基金项目要求的组织提供科研经费支持。由于基金委员会缺乏强制性的控制权威，因此，项目管理制的一个典型特征就是采用复杂的会计控制系统来变相影响院校的组织行为、进程甚至结构，这也成为广受高校科研人员诟病的科研管理问题，教师疲于应对不同基金项目来源方提出的项目申报、经费支出和经费报销要求，不得不牺牲大量的原本可用于科研工作的时间。

这种基于诱导产生而非强制性支配的组织控制模式往往对组织绩效的影响不够深入持久，而且其影响层面常出现在中间组织领域而非操作层面的组织领域。举例来说，它可能难以影响到以教学和社会服务为核心功能而并不倚重科研绩效的高校，而且会计管理往往停留在院校或院系的财务管理层面，难以深入影响教师的科研经费运作结构和科研运作模式，虽然项目管理制一般要求申报者具备科研团队，然而在项目获批之后的科研运作究竟多大程度上以团队合作而非以"任务承包"的方式，则取决于项目负责人的选择，这通常与项目负责人所在学科或院系的科研惯性密切相关，而较难受到外部项目制要求的影响。此外，正如前文所述，担任行政职位的"双肩挑"型学者在申请项目及获得项目方面一般具备更大的优势，因此，这类诱导性、计划内竞争型的项目管理制非但难以大范围撼动行政权力主导的院校学术决策模式和普遍化—融合性学术—行政部门非正式关系的现状，反而可能加剧或固化院校行政化的科研管理组织氛围。

在评价激励的行政化取向方面，如本章第一节和第三节中对科研奖励评价制度的分析，高校外部科研奖励评价的"行政和绩效导向"与高校内部的

"能力主义"绩效管理制度构成了"完美"的呼应。高校外部的科研奖励评价制度通过在产出环节提高标准，倒逼高校组织调适行为及管理策略。我国科研奖励制度的核心特点是"以政府为主，以民间为辅"，奖项多由政府设立，不同行政级别的政府机构所设立的奖项，其含金量也存在差别，奖项的权威性不以学术权威性为先，而以行政级别论高低，奖励评审标准不一，类型鱼龙混杂，公信力不足。不仅如此，学术奖励常与经济利益挂钩，除了颁奖机构的物质奖励之外，获得奖励的教师所在的高校也会给教师相应的物质奖励，所获奖励根据级别差异会对教师薪酬增加和职称晋升产生相应的影响。高校内部科研奖励制度呈现出五个特点：①奖励标准的成果导向；②奖励形式的物质导向；③奖励分配的层次差异；④奖励模式的区域差异；⑤奖励力度的学科差异。以上五个特点充分反映了高校对教师科研评价及激励制度的"能力主义"倾向，即强调通过显见、可测量的科研产出指标和获奖层次来评判教师的学术能力，并给予相应的评价及激励，达不到评价要求的教师往往会面临惨遭淘汰的结局。这种激励评价制度提高了对教师获取外部科研项目或课题资源、提升科研产出的要求。

然而，无论是争取外部科研项目、课题资源还是科研产出发表，其最终的资源支配权掌控在外部科研行政管理部门的手中，而评价激励权掌握在校内科研或人事行政管理部门手中。科研项目、课题、论文期刊、学术荣誉均存在行政级别。关键问题在于，以上各种科研评价指标的行政级别非常重要，切实关系到教师获得的物质激励水平或晋升等级要求能否满足。暂且不论这种评价激励行政化的制度对院校学术决策行政主导型组织氛围是否有影响，因为两者之间更类似于互为因果、循环强化的关系，往往后者会导致前者，前者也会固化后者的权威性；但是激励评价的行政化确实会弱化院校的学术和行政部门专业分化，加强普遍化—融合性的学术—行政部门非正式关系。其原因在于，教师若要迎合这种评价、激励模式（当然他们也没有别的选择，除非转换职业），势必需要努力争取外部科研项目和课题资源，并提高自己的科研产出，而要获得科研资源，需要行政头衔的加持，提高科研发表率，行政头衔也会有助力作用。因此，这样的情境下，"学而优则仕"成为一种满足当前评价制度的理性选择。一个行政头衔会为原本学术功力良好的学者加分，而学术表现欠佳的学者也可以通过转换身份，迎来学术职业的新生。

综上所述，假设1"外部行政化的制度环境与高校组织场域的主流组织氛围形态契合"得以论证。

二、高校学术决策权力配置组织氛围的场域位置分化

本部分将论证假设 2：高校场域位置分化及其合法性是基于学术性水平，顶层院校表现出学术权力主导的组织氛围，与行政化的制度环境形成张力。场域位置底层院校的组织氛围模式易受到高校场域中外部行政化制度环境的影响，表现行政主导的特征。

如前述表 4-2 显示，各层次高校在学术决策模式及学术—行政部门非正式关系构成的二维框架中呈现出规律性分布。样本高校中，位于高校组织场域位置顶层的 2 所"985 工程"院校和 1 所"211 工程"院校表现出学术决策模式的学术权力主导和专业化—支持性的学术—行政非正式关系的组织氛围，自治性特征突出，与高校外部行政化的制度环境形成了张力。而位于高校组织场域位置底层的一般本科院校的组织氛围以行政主导型和普遍化—融合性的学术—行政部门非正式关系为主，受治性的特征显著，与外部制度环境吻合。学术决策模式从行政主导型、学术—行政混合型到学术主导型，反映的是在高校内部学术决策中，行政权力与学术权力博弈过程中行政权力逐渐让渡于学术权力的变化，即从高校组织场域底层院校到顶层的院校，院校学术决策中学术权力影响力在逐步放大。而学术—行政部门非正式关系方面，样本高校中以普遍化—融合性的学术—行政关系为主，为数不多的专业化—支持性关系存在于"985 工程"院校和"211 工程"院校中。前述表 4-2 基本印证了假设 2 中对高校组织氛围模式的分布判断。

若要论证假设 2，需要回答两个核心问题：①决定院校场域位置分层的合法性标准是什么？②高校场域位置顶层与底层的院校为什么会呈现学术权力、行政权力在学术决策模式和学术—行政部门非正式关系组织氛围中的配置结构差异？

这两个问题之间存在内在逻辑相关性：问题 1 是问题 2 的逻辑基础。因此研究者将首先回答问题 1，然后回答问题 2，从而完成对假设 2 的论证。

首先，高校组织场域具有层次性，其层次划分是依据学术性标准而非行政性标准。决定院校场域位置分层的合法性标准是院校的学术水平，这与外部行政泛化的制度环境形成了张力。对于院校学术水平高低层次的判断，有两种合法性来源，其一是源于高校组织场域外部的国家行政机构的合法性授权；其二是源于社会的合法性认可。陈磊（2011）在《名牌大学与精英主义：基于布尔迪厄场域理论的中国高等教育分析》中，分析了名牌大学的精英教育机构身份和文化逻辑，认为历史和时间维度成功地塑造了名牌大学的象征性和符号化资本，国家行政力量进一步加强了精英教育机构的场域结构。

　　我国的名牌大学基本是历史悠久且学术水平较高的研究型大学，具代表性的包括北京大学、复旦大学、浙江大学和上海交通大学等。在时间维度上，该类大学的学术声誉和口碑的历史传承为其带来了较高的文化资本、社会认知度和认可度，从而获得了社会的合法性认可。而国家行政力量通过"985 工程""211 工程"等创建世界一流大学和高水平大学的建设工程，正式以官方形式划定了高等院校的层级界限，将已获得社会合法性认可的高校场域分化局面以国家设立的工程项目形式公开昭告，给予高校组织场域分化合法性授权，使学术精英院校获得科研资源的支持和政策优待变得"名正言顺"。"985 工程"高校从最初的 C9 联盟①扩展至 39 所院校，"211 工程"包括"985 工程"院校在内有 112 所院校，目前两个工程所涵盖的院校数量已趋于稳定。虽然目前学界、教育界和社会舆论对这种项目工程是否有失公平性发出质疑之声，但是这种"集中力量办大事""先富带动后富"的政策逻辑在经济政策和高等教育发展政策方面表现得如出一辙。当然，这与高等教育机构作为知识经济时代的知识产品输出者和生产者的身份是一致的。由此，得到社会认可和国家授权的高校场域分层及精英大学场域位置优势的合法性便得以确立。问题 1 的答案也就相应明朗了。

　　其次，当回到高校组织场域中，院校内部的组织氛围为何会有学术权力与行政权力在决策模式和学术—行政部门非正式关系中的配置结构差异的问题时，基于问题 1 的分析，高校组织场域分化或分层的合法性标准是学术水平的高低，而高校组织场域处于外部行政干预泛化的宏观制度环境之中，由此就有两种相互角力的制度逻辑在发挥作用——学术逻辑和行政逻辑。

　　结合文献评述部分组织内部权力来源及配置的分析，高校学术部门和行政部门的权力来源有两种解释——自外而内的组织场域优势位置带来的权力合法性以及自内而外的技术要素带来的生存合法性。就前者制度论观点而言，问题 1 论证了高校组织场域位置合法性标准是学术水平，不同层次的高校所处的场域位置不同，场域位置越高的大学，其学术性水平越高，其组织的合法性也更为依赖学术发展。因此，处于高校组织场域顶层的研究型大学，其内部的学术部门就具备了由外部制度授权和认可带来的权力合法性。就后者技术论观点而言，根据海宁斯（Hinings）（1973）的研究，首先，对不确定性的处理最能影响组织内部的权力水平，其次是中心性程度中的直接

　　① C9 联盟成立于 2009 年 10 月，是由北京大学、清华大学、南京大学、复旦大学、浙江大学、哈尔滨工业大学、上海交通大学、中国科技大学、西安交通大学 9 所中国大陆名牌高校结盟，旨在通过人才培养、科学研究等领域的合作与交流，共同发展，优势互补。周光礼、吴越（2011）对 C9 联盟的场域形成过程有较为深入的分析。

性，再次是可替代性，最后是中心性程度中的弥散性。第一，院校的不确定性来源于其目标的模糊性和外部环境的复杂性。而就研究型大学的教学、科研和社会服务的三大核心功能而言，科研工作的技术复杂性和不确定性最高，其目标的模糊性和外部环境的急速变化也是最高的。因此，能够处理科研工作不确定性的核心技术要素部门就是高校的学术生产部门，也就是基层学术单位——院系或研究中心。第二，中心性程度中的直接性，即某子单位的工作对组织最终产出的影响程度和速度。对于研究型大学而言，学术部门对学术产出的影响程度和速度均较高，因此其直接性和中心性程度也相应较高。第三，可替代性。高校的教学、科研和社会服务均依赖于学术工作的正常运转，而学术工作与行政工作的区别在于，学术工作的专业性水平对从事该项工作的人员和机构的要求更高，故与行政部门相比，学术部门的可替代性是相对较低的。而弥散性则是行政部门比学术部门更强。综上，对于合法性高度依赖于学术科研水平的高校组织场域顶层的精英大学，学术部门具备了更突出的处理不确定性、直接性的能力，也相对难以替代，因此拥有了更高的组织内部权力。

这种由外部制度合法性赋予和内部技术要素带来的权力合法性既表现为学术部门对学术事务决策权和学术资源支配权等绝对属性的支配权力，也表现为学术部门对行政部门的相对博弈权力。学术部门对行政部门的相对权力往往并不以支配权力的形式呈现，而是以免受行政权力的过度干预的形式表达，换言之，是拥有相对自主决策、自由发展的专业化—支持性环境。其原因正如本节第一部分论述的那样，高校组织场域处于外部行政干预泛化的制度情境之中，因此，高校的学术科研管理不免浸染行政化的印记，而且高校内部科研管理确实仍主要采用院校科研行政机构管理的模式。在这一前提下，能维持相对独立的学术自治和自由，便是学术权力较之行政权力的相对权力。

综上所述，研究型大学中的学术力量作为生产学术的核心技术要素，具备了外部组织场域的合法性授权，在与行政权力博弈过程中具备了内部和外部的权力来源，就愈加具备挣脱外部行政化制度环境的力量，表现出学术性或学术权力主导的组织制度及组织氛围。

反之，处于高校组织场域底层的院校，其学术性水平相对较低，合法性越不倚重科研水平，与外部制度环境的张力越小，由此就愈加容易受到外部制度环境的合法性标准的影响，体现出行政权力主导的组织氛围形态和普遍化—融合性的学术—行政部门非正式关系的组织氛围。鉴于其分析逻辑与研究型大学的分析逻辑相对，不再赘述。研究假设 2 的论证完毕。

三、高校组织氛围与场域位置的相关性分析

高校的组织场域如第四章第二节高校组织场域的差序格局分析中所述，存在分权化下的院校域间多样、差异化下的校间资源分层和市场化下的资源外部依赖现象。正如石娟（2010）的研究所得，高校场域分层机制表现出高校分布的层间差异，位置高的院校更容易获得外部资源，而且文化再生产能力更强，集经济、社会和文化资本于一身①。

本书的研究假设 3——高校组织氛围受组织场域位置的影响，表现出层间异质性和层内同质性——将拆解为两个问题进行解答：①高校组织氛围是否与高校的"场域位置"有关？②不同"场域位置"的院校是否表现出组织氛围类型的层内同质性和层间差异性？以下部分将回答这些问题。

根据石娟（2010）的讨论，高校的"场域位置"主要有院校层级和院校所在空间区域两个方面。本书主要考虑由院校层级所反映的院校场域位置。

表 4 – 3　高校组织氛围与场域位置的相关性分析

院校组织氛围	院校层级
院校学术决策模式	0.676****
院校学术—行政部门关系	0.337*

注：显著性水平：*10%，**5%，***1%，****0.1%。

表 4 – 3 显示，我国公立院校的组织氛围与院校层级显著相关，尤其是学术决策模式与院校层级之间的相关性较高，相关系数为 0.676，表明高位置的院校，表现为学术主导型决策的情况更多。院校学术—行政部门关系也与院校层级显著相关，高位置的院校表现出专业化—支持性学术—行政部门非正式关系的情况更多。以上这些结论在前述表 4 – 2 的内容中已得到直观呈现。由学术决策模式及学术—行政部门非正式关系所构成的二维空间中，我国公立高校的分布呈现"E"型结构。整体而言，大部分一般本科院校分布在"行政主导型"学术决策和"普遍化—融合性"的学术—行政部门非正式关系方格内；"211 工程"院校的分布较为分散，学术决策模式方面，行政主导型、混合型和学术主导型均有高校位列其中，学术—行政部门非正式关系方面，以普遍化—融合性模式为主，但也有分布在专业化—支持性模

---

① 石娟. 高等教育场域中高校"位置"分层的社会学分析［J］. 教育学术月刊，2010（10）：36 – 38.

式之中的；"985 工程"院校体现了顶端聚集特点，集中分布在学术主导型、专业化—支持性方格中。

因此，高校组织氛围与院校所在的"场域位置"显著相关，高位置的院校往往具备学术主导型学术决策模式和专业化—支持性的学术—行政部门非正式关系，研究假设 3 的问题①得到了验证。

四、高校组织氛围与场域位置的单因素方差分析

若要回答假设 3 的问题②，即高校组织氛围的层间差异性和层内同质性是否存在的问题，需要利用单因素方差分析检验。

表 4 - 4   高校组织氛围与场域位置的单因素方差分析

变量			平方和	df	平均值平方	F	显著性
院校层级间学术决策模式的差异	群组之间	（合并）	9.699	2.000	4.850	16.938	0.000
		线性项 未加权	8.297	1.000	8.297	28.977	0.000
		线性项 加权	9.657	1.000	9.657	33.729	0.000
		线性项 偏差	0.042	1.000	0.042	0.147	0.705
	在群组内		7.158	25.000	0.286		
	总计		16.857	27.000			
院校层级间学术—行政部门非正式关系的差异	群组之间	（合并）	0.818	2.000	0.409	3.107	0.062
		线性项 未加权	0.817	1.000	0.817	6.206	0.020
		线性项 加权	0.635	1.000	0.635	4.825	0.038
		线性项 偏差	0.183	1.000	0.183	1.389	0.250
	在群组内		3.289	25.000	0.132		
	总计		4.107	27.000			

由表 4 - 4 可知，学术决策模式存在院校层级间的显著层间差异性和层内同质性，学术—行政部门的非正式关系也存在显著的层间差异性和层内同质性。因此，高校组织氛围确实在以上两个方面均体现出场域位置划分带来的组内同质化和组间异质化倾向：位于高校组织场域高位置的院校，更倾向于采用类似的学术决策模式和学术—行政部门非正式关系；不同院校层级之间，学术决策模式和学术—行政非正式部门关系差别显著。研究假设 3 的问题②亦得到肯定的回答。

五、高校场域位置为组织氛围和师均科研生产力带来什么？

高校场域位置与师均科研生产力显著相关且存在组间差异。描述统计结果显示，"985工程"院校的师均科研生产力为5.03篇（部）论文（著作），"211工程"院校的师均科研生产力为4.15篇（部）论文（著作），一般本科院校的师均科研生产力为3.98篇（部）论文（著作）。单因素方差分析的结果表明，不同院校层级的师均科研生产力存在显著差异，显著性水平为0.004。院校层级与师均科研生产力的相关性检验表明二者在0.01的显著性水平下相关，相关系数为0.551。这与我们日常生活中的观察和既有对院校层级或声誉与科研生产力正相关的研究结论相符合（见表4－5和表4－6）。

如表4－5和表4－6所示，院校组织氛围与师均科研生产力显著正相关且存在组间差异。行政主导型学术决策模式的院校师均科研生产力为3.94篇，混合型学术决策模式的院校师均科研生产力为3.98篇，学术主导型决策模式的院校师均科研生产力为4.96篇。专业化—支持性的学术—行政部门非正式关系的院校师均科研生产力为4.80篇，普遍化—融合性的学术—行政部门非正式关系的院校师均科研生产力为3.99篇。单因素方差分析后发现，院校师均生产力在不同组织氛围中表现出显著差异，而且两者之间显著相关。

表4－5　组织氛围、院校层级与师均科研生产力的相关性和单因素方差检验

变量		师均科研生产力	单因素方差检验显著性	相关性检验
学术决策模式	行政主导型	3.94	0.000	0.469 **
	混合型	3.98		
	学术主导型	4.96		
学术—行政部门非正式关系	普遍化—融合性	3.99	0.001	0.502 ***
	专业化—支持性	4.80		
院校层级	一般本科	3.98	0.004	0.551 ***
	非985的211工程	4.15		
	985工程	5.03		

注：显著性水平：* 10% ，** 5% ，*** 1% ，**** 0.1% 。

表 4-6   师均科研生产力与组织氛围模式的相关性检验

变量		师均科研生产力	学术决策模式	学术—行政部门非正式关系
师均科研生产力	相关系数	1.000	0.469 * *	0.502 * * *
	显著性		0.012	0.006
	N	28	28	28
学术决策模式	相关系数	0.469 * *	1.000	0.463 * *
	显著性	0.012		0.013
	N	28	28	28
学术—行政部门非正式关系	相关系数	0.502 * * *	0.463 * *	1.000
	显著性	0.006	0.013	
	N	28	28	28

注：显著性水平：* 10%，* * 5%，* * * 1%，* * * * 0.1%。

研究者在控制了院校层级和院校所在区域后，对学术决策模式和师均科研生产力进行偏相关分析后发现，师均科研生产力与学术决策模式在 0.1 的显著性水平下显著正相关，偏相关系数为 0.373。因此，组织氛围对师均科研生产力的影响综合了自身的制度环境与外部场域影响两方面的力量。

场域位置优势通过组织氛围对师均科研生产力产生显著影响。研究者发现，院校层级与院校师均来自外部的科研经费比例在 0.1 的显著性水平上相关，某种程度上回应了石娟（2010）对高场域位置提升外部资源的筹措能力的论断。而对外部科研经费的资源依赖是否会影响到组织氛围进而影响教师的科研生产力？鉴于本研究中院校的样本量仅有 28 个，样本量较小，因此研究者只能尝试性地运用结构方程模型分析院校层面组织场域位置带来的资源筹措能力与组织氛围和师均科研生产力的关系。

图 4-7 显示了师均外部科研经费来源比例对组织氛围与师均科研生产力的影响机制。该模型的卡方比自由度值为 0.504，小于 2，说明模型拟合度较好，模型的显著性水平为 0.000。外部经费来源比例对组织氛围具有显著影响，影响的显著性水平为 0.1，师均科研生产力受到组织氛围和外部经费比例的显著影响，两者的显著性水平均为 0.01。组织氛围对师均科研生产力的解释贡献率达 34.9%，且全部为直接效应。组织场域位置带来的外部科研经费来源比例对师均生产力的直接效应为 45.3%，间接效应为 15.3%，总效应为 60.7%，说明组织场域位置优势既通过院校组织氛围对师均科研生

产力发挥作用，也直接对教师科研生产力产生影响。该模型的绝对适配系数 RMR 的显著性水平为 0.007，小于 0.05，GFI 值为 0.946，大于 0.9，RMSEA 为 0.000，小于 0.05，说明模型适配度良好；增值适配度系数 NFI 为 0.958，RFI 为 0.919，均大于 0.9，说明模型适配度相对较好。

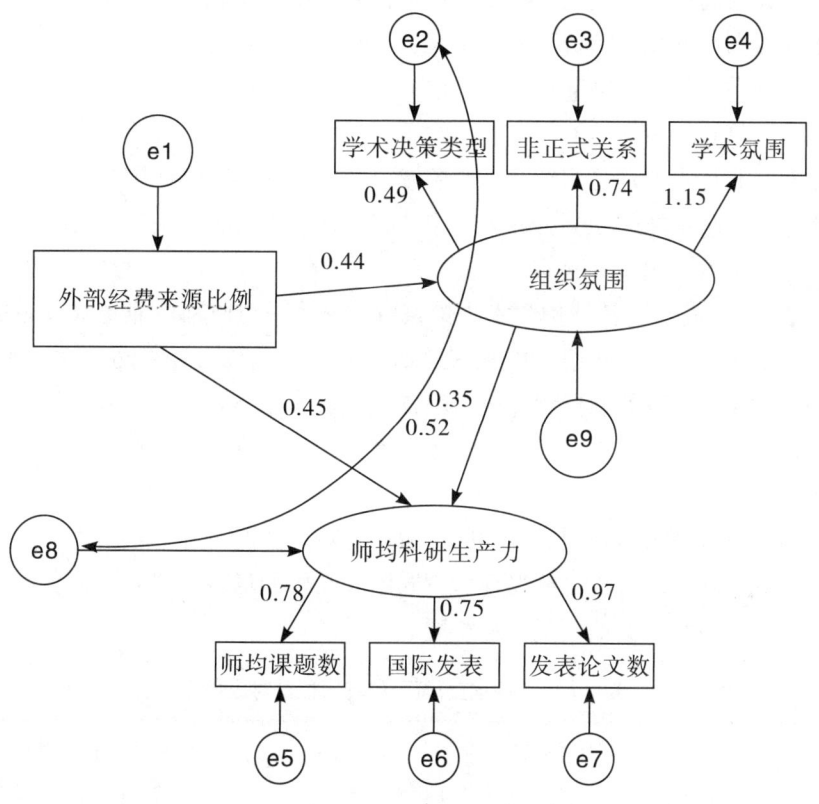

图 4 - 7　外部经费来源与组织氛围和师均科研生产力的结构方程模型①

因此，当我们将由个体变量聚合得到的院校组织氛围类型化之后，能够发现，与以往研究将组织氛围视为组织内部变量的逻辑视角不同，高校组织氛围并不是独立于外部场域和环境影响的组织内部变量，而是与外部环境尤其是组织场域环境密切关联、彼此交接的。高校组织场域位置优势可以影响院校的组织氛围类型，进而影响院校师均科研生产力。结构方程模型的结果验证了组织氛围是受到场域环境所影响的这一研究假设，回答了高校的场域位置与组织氛围和院校师均科研生产力之间是否存在关联的问题，研究假设 4 得到验证。

_____

① 统计软件运算结果为小数点后 4 位，但图中数据只能显视小数点后 2 位。

第五节　高校组织氛围的场域位置异位与科研生产力

在关注高校组织氛围的场域位置契合后，我们发现，虽然类型化后的高校组织氛围与场域位置高度契合，处于高校组织场域高位置的院校会体现出学术权力主导的学术决策氛围和学术—行政部门非正式关系专业化—支持性的氛围，享有较高的学术自主性；然而，部分高校的学术决策氛围或学术—行政部门非正式关系与院校层级的场域位置之间并不完全匹配，换言之，这些表达出与组织场域位置异位的高校与组织场域"结构等同"或曰"位置等同"的院校做出了区分。

表4-7显示了各高校学术决策氛围及学术—行政部门非正式关系的场域位置情况，一方面我们可以观察这两个变量与院校层级之间的对应关系，发现相对位置等同的院校和异位的院校；另一方面，表格中纳入了院校的师均科研生产力这一结果变量，并在按学术决策氛围排序的前提下，进一步按照师均科研生产力这一变量的大小进行同一学术决策氛围中的内部降序排列，由此可以更为清晰地观察不同场域位置对应情况下师均科研生产力的表现。研究者在比较分析之后发现，不同层级高校的场域位置异位或偏差状况下，师均科研生产力的情况不尽相同。

表4-7　高校组织氛围的场域位置对应情况

学　校	院校层级①	学术决策模式②	学术—行政部门非正式关系	省重点	国家重点学科数	建校年份	师均科研生产力
清华大学	3	3	专业化—支持性	是	37	1911	5.49
北京大学	3	3	专业化—支持性	是	86	1898	5.35
华北电力大学	2	3	普遍化—融合性	是	2	1958	5.01
对外经济贸易大学	2	3	专业化—支持性	是	2	1951	4.72
山东大学	3	3	普遍化—融合性	是	22	1901	4.28
云南大学	2	2	普遍化—融合性	是	4	1922	4.18
江苏师范大学	1	2	专业化—支持性	是	0	1952	4.13

---

①　院校层级由3到1编码分别为"985工程"院校、"211工程"院校和一般本科院校。

②　学术决策模式由3到1编码分别为学术主导型决策、学术—行政混合型决策和行政主导型决策。

（续上表）

学　校	院校层级	学术决策模式	学术—行政部门非正式关系	省重点	国家重点学科数	建校年份	师均科研生产力
湖南理工学院	1	2	普遍化—融合性		0	1907	3.95
长沙学院	1	2	普遍化—融合性		0	1970	3.95
温州大学	1	2	普遍化—融合性		0	1933	3.94
华南师范大学	2	2	普遍化—融合性	是	4	1933	3.74
河南农业大学	1	1	普遍化—融合性	是	3	1902	4.63
武汉工程大学	1	1	普遍化—融合性		0	1972	4.40
东北财经大学	1	1	普遍化—融合性	是	3	1952	4.37
南通大学	1	1	专业化　支持性		1	1912	4.29
桂林电子科技大学	1	1	普遍化—融合性		0	1960	4.26
湖南商学院	1	1	普遍化—融合性		0	1949	4.17
山西大学	1	1	普遍化—融合性	是	2	1902	4.14
西华大学	1	1	普遍化—融合性	是	0	1960	4.09
上海立信会计金融学院	1	1	普遍化—融合性			1952	3.97
烟台大学	1	1	普遍化—融合性	是		1984	3.87
安徽大学	2	1	普遍化—融合性	是	2	1928	3.82
山西医科大学	1	1	普遍化—融合性		0	1919	3.74
北京联合大学	1	1	普遍化—融合性		0	1978	3.60
长春工程学院	1	1	普遍化—融合性		0	1951	3.55
贵阳学院	1	1	普遍化—融合性		0	1978	3.50
石河子大学	2	1	普遍化—融合性	是	1	1949	3.48
锦州医科大学	1	1	普遍化—融合性		0	1946	3.11

　　具体而言，组织氛围为学术权力主导学术决策的氛围类别之中，华北电力大学和对外经济贸易大学作为"211 工程"院校，呈现了 3 所"985 工程"院校运行的学术权力主导型的学术决策氛围。从师均科研生产力来看，华北电力大学和对外经济贸易大学均高于样本中其他"211 工程"院校的师均科研生产力。在某种程度上，这可以说明学术决策氛围呈现场域位置超越的院校，会表现出更高的师均科研生产力水平，这与既有研究中发现学术自主性对科研绩效有正面的影响结论相同。

进一步比较混合型学术决策氛围中的"211 工程"院校与一般本科院校的师均科研生产力表现，研究者发现了不同类型的科研生产力表达模式。比如，江苏师范大学作为一般本科院校，不仅采用了混合型学术决策模式，而且其学术—行政部门非正式关系也是专业化—支持性导向的，其师均科研生产力高于一般本科均值，略低于"211 工程"院校均值，也表现出组织氛围场域位置超越的积极作用。与之不同的是，湖南理工学院、长沙学院和温州大学虽然也采用了混合型学术决策模式，但是学术—行政部门非正式关系仍是普遍化—融合性的，其科研生产力低于一般本科院校的师均科研生产力。它们与江苏师范大学的差别还在于后者是省重点大学，因此它们的场域位置会略有差异。

混合型学术决策模式的微妙在于 6 所呈现这一形态的院校中 5 所是学术权力决定学术事务管理、行政权力决定学术资源分配的模式，只有华南师范大学是采用学术权力决定学术资源分配、行政权力决定学术事务管理的模式，然而该校的师均科研生产力并不理想，甚至低于一般本科院校。与云南大学相比，两者的差别基本就在于采取的是学术权力管资源还是行政权力管资源的模式，由此可见，学术—行政混合型学术决策模式中，学术权力决定资源分配是相对较少的情况。在这样的前提下，需要考虑如何协调学术—行政权力的决策模式，使得学术权力在学术决策中的运用更为有效。

在行政主导型学术决策模式中，出现了两个"211 工程"院校——安徽大学和石河子大学，两所院校均位于中西部地区，采用普遍化—融合性学术—行政部门非正式关系。两者与其他"211 工程"院校的情况不同，表现出类似于一般本科院校的学术决策氛围，而且师均科研生产力低于一般本科校的平均值。由此可见，"211 工程"院校的学术决策配置模式和学术—行政非正式部门关系表现出更为复杂而多样的特点，这与"211 工程"院校在学术金字塔中中层位置和难以名状的合法性来源有关。"985 工程"院校往往是明确的学术研究型导向，地方性本科院校则愈加强化应用型教学和服务型导向，而处于二者中间的"211 工程"院校往往既有发展科研和学术事务的资本和一定的竞争力，又强调教学和服务的功能，因此常常称之为教学科研型大学。在这种背景下，每个院校对自身合法性定位的判断和解读存在差异，对制度模仿的参照物又不尽相同，因此会导致院校组织氛围的多元性。这种多元性既为部分院校的能动性选择创造了自由的空间，使它们有了创新发展的可能性；也可能造成一种迷茫和不确定性的局面，使得组织囿于惯习或不切实际的改革，出现"高不成，低不就"的负面的组织效应或影响。

综上所述，组织氛围与外部场域位置互动带来的师均科研生产力的效果不尽相同。若组织氛围的学术决策氛围之学术权力的影响力水平低于院校制度环境赋予的组织场域位置时，可能会导致师均科研生产力出现低迷的情况；相反，若高校组织氛围中学术决策氛围的学术权力主导的学术自主性逻辑超越了组织当前的场域位置时，有可能会助推师均科研生产力的提高。值得注意的是，学术权力与行政权力在学术事务决策和学术资源分配决策两方面的配置可能会产生多种组合。从行政主导型决策模式向混合型决策模式过渡时，往往不涉及动摇利益团体权力或利益的领域较容易先引入或提升学术权力的参与度，我国当前使用混合型学术决策模式的院校多为学术权力决定学术事务管理、行政权力决定学术资源分配即是一例。

总体来说，院校组织氛围的场域位置对应情况是较为复杂的，高校的场域位置常作为形塑院校学术决策模式或学术—行政部门非正式关系的力量。高校虽然仍然可以结合自身的场域定位和合法性来源是基于学术性还是其他标准，如应用型教学或服务，呈现出超越性的学术决策模式和学术—行政部门非正式关系氛围；但是需要考虑不同场域层级之间的院校科研生产的独特性和差异性，例如位于高校场域顶端的院校多进行纵向委托、基础性较强的学术研究，而地方性院校往往会与企业或产业结合紧密，形成产学研合作式研究。在不同的科研模式下，高校组织氛围中适宜的学术决策氛围类型或非正式关系氛围类型可能会存在较大的差别。因此，是否一定都采取学术主导或专业化—支持性的方式来组织科研工作，需要审慎地进行具体情况甄别之后再做出选择。

本 章 小 结

这部分首先围绕高校教师科研工作的外部制度环境、高校组织场域和高校教师管理三方面展开讨论，呈现了高校教师科研生产的场域概貌。外部制度环境主要选择科研管理制度进行分析，从科研支持政策、资源分配和奖励评价等勾勒科研管理制度的行政色彩；高校组织场域分析包含分权化下的院校域间多样、差异化下的校间资源分层和市场化下的资源外部依赖三个特征的阐释，描绘高校组织场域的层级差异的格局；高校教师管理则主要分析高校"能力主义"核心逻辑下各维度教师学术管理的表现以及教师的行为反应。

其次，研究者进行了高校组织氛围的场域位置的契合分析。第一，结合高校组织场域的分析，研究者探讨了高校组织氛围与学术性标准的"场域位

置"的相关性，发现高校组织氛围与其场域位置显著相关。第二，通过单因素方差分析，研究者检验了高校组织氛围在组织场域中的层间差异性和层内同质性，发现高校组织氛围在不同场域层级之间存在显著差异，但在同一场域层级内具有一致性。之后，研究者利用结构方程模型考察了高校场域位置带来的外部科研资源对组织氛围和师均科研生产力的影响机制，发现样本高校的场域优势位置会带来外部经济与社会资本，并显著作用于组织氛围，进而影响师均科研生产力，场域位置优势也会直接影响师均科研生产力，验证了组织氛围不仅是一个内源性的组织内部变量或者组织要素，而且是与外界场域环境密切相关、相互交换的桥梁和中介。不同院校的组织氛围在高校场域这个层次表达出同一场域位置的同质性和不同场域位置的异质性。

最后一部分，研究者围绕高校组织氛围的组织场域异位进行分析。通过比对院校组织氛围中学术决策模式、学术—行政部门非正式关系与院校层级变量之间的一致性与否，分别讨论各种场域位置异位的情况与师均科研生产力的关系及可能性机制。研究发现，对"211 工程"院校来说，超越组织场域位置的强化学术权力的决策氛围或专业化—支持性的学术—行政部门非正式关系氛围会带来师均科研生产力的提升。当然，这种超越组织场域位置带来的科研生产力提升，究竟是通过组织氛围的制度改良影响到教师的主观能动性或激发了教师的学术自主性，从而积极地提升科研投入和工作绩效，还是基于学术绩效评价标准提升或职称晋升等带来的职业压力下的结果，还有待进一步验证和讨论。"211 工程"院校存在组织氛围的场域异位呈现的科研生产力较低的情况，一般本科院校在组织氛围的场域位置异位情况下也存在科研生产效率损失的风险。而且，不同组织场域的层级之间，适合科研生产的组织氛围和制度机制可能存在差异，适宜的科研生产模式在不同场域层级可能存在逻辑或机制多样性。这部分集中检验了本文的前 4 个研究假设，均得到了肯定的验证。

第五章 教师科研生产力的影响因素分析

本章中，首先，研究者分析个体层面的教师科研生产力的影响因素，采用多元线性回归的方法检验在控制了科研生产力的个体层面、工作状况和其他组织因素的前提下，组织氛围是否会对教师科研生产力产生显著影响以及影响程度的大小。这部分对组织氛围不做分层处理，不考虑组织氛围影响的层次差异。研究者将分别将组织氛围作为组织属性变量和个体组织氛围感知变量放入多元线性回归模型，并对组织氛围对教师科研生产力的影响进行实证检验。之后，研究者采用多层线性模型分析的研究工具，探讨将组织氛围视为院校层级变量时，该变量对教师科研生产力的层级效应。

第一节 教师科研生产力的多元线性回归分析

一、研究假设

基于第二章对科研生产力影响因素的文献综述和梳理，研究者发现教师科研生产力主要受到个体层面、工作状况和组织层面（包括组织氛围）的影响。

个体层面，已有研究发现个体特征中的科研动机、职称、性别、年龄、学科和组织承诺对教师科研生产力产生显著影响。

工作状况方面，时间投入、研究合作和努力程度等被证实有助于提升科研生产力。

组织要素方面，布兰德（Bland）等人（2006）发现院校资源充足度、奖励、教师培训、科研有关的组织文化、沟通、强调科研、清晰的合作目标、团队成员多样性、与专业人员的沟通和较强的参与性治理模式对小组科研生产力具有显著正向影响。此外，研究经费支持、院校层级和资源分配方式对教师科研生产力有显著影响。

组织氛围中的组织科层性、人际与沟通、自主性、自治环境、信任与合

作关系对知识生产和科研绩效具有显著影响。

本研究中关注的组织氛围自变量为学术决策氛围（学术管理决策的权力配置模式）、学术—行政部门非正式关系氛围和学术氛围三个。学术决策氛围是指高校在学术事务和学术资源分配两方面学术与行政权力的分配格局，体现高校组织氛围的学术自主性和自治特性。学术—行政部门的非正式关系氛围，是指高校内部行政管理人员对学术人员学术活动的态度及管理岗位与学术岗位之间的流动性情况，体现学术与行政部门的人际关系是否信任与支持关系。院校学术氛围，是指教师对高校学术氛围的感知评价，包括学术氛围本身的评价以及学术共同体的感知两个方面，反映了科研有关的组织文化。结合上文的文献梳理，本文选取的组织氛围变量均可假设为对教师科研生产力具有正向影响。

综上，本书建立实证研究假设5：在控制个体、组织及科研工作状况等其他变量的前提下，高校组织氛围对教师科研生产力产生显著影响。

二、计量模型

计量模型如下：

$$Y_1 = \beta_1 + \beta_2 D_1 + \beta_3 D_2 + \beta_4 X_3 + \beta_{5k} X_k + \mu \qquad 模型（1）$$

其中，模型（1）为院校组织氛围对教师科研生产力的多元线性回归模型。Y_1 为教师的科研生产力，D_1 代表院校学术决策氛围的虚拟变量，D_2 为院校学术—行政部门非正式关系氛围的虚拟变量，X_3 为院校学术氛围感知，X_k 为控制变量的集合，包括性别、学科、研究兴趣、职称、职业归属感、有教学任务时的周工作时数、科研时间占有教学任务时周工作时数的比重以及院校层级[1]，β_1 为回归方程中的常数项，β_2、β_3、β_4、β_{5k} 为回归系数，μ 为随机误差项，变量内涵及说明见表 5 – 1。

---

[1]　此外还有一些可能会对教师科研生产力产生影响的变量，如研究支持经费、年龄、学历等。因为以上这些变量与院校层级和自变量或与其他控制变量（职称）之间存在显著相关性，为了降低模型的多重共线性，研究者没有在模型中添加。

表 5 - 1　变量内涵及说明

变　　量			标签	变量类型
因变量：教师科研生产力			—	—
自变量：模型（1）	院校学术决策氛围	学术主导型	0 = 行政主导	虚拟变量
		混合型	0 = 行政主导	虚拟变量
	院校学术—行政部门非正式关系氛围	专业化—支持性氛围	0 = 普遍化—融合性氛围	虚拟变量
	院校学术氛围	（学术氛围均值 + 学术共同体均值）/2	—	连续变量
控制变量集合	性别	女性	0 = 男性	虚拟变量
	工作偏好	科研	0 = 教学	虚拟变量
	职称	讲师	0 = 助教	虚拟变量
		副教授		虚拟变量
		教授		虚拟变量
	学科	人文学科	0 = 社会科学	虚拟变量
		自然学科		虚拟变量
		其他学科		虚拟变量
	每周工作量（有教学任务）	—	—	连续变量
	科研时间占比（有教学任务）	—	—	连续变量
	职业归属感	（学科归属 + 院系归属 + 院校归属）/3	—	连续变量
	院校层级	非"985 工程"的"211 工程"院校	0 = 一般本科	虚拟变量
		985 工程院校		虚拟变量

　　相关变量的描述统计见表 5 - 2。表 5 - 2 显示，场域位置较高的院校、呈现学术主导型学术决策氛围和专业化—支持性学术—行政部门非正式关系氛围的院校，其院校学术氛围较好，教师的职业归属感、科研工作投入以及科研生产力均高于其他院校。

表 5-2　变量统计描述

变量	类型	院校学术氛围	职业归属感	研究时间占比	周工作时间	年均科研生产力
场域位置	一般本科	3.12	4.17	30.6%	42.95	3.98
	"211工程"院校	3.23	4.26	36.2%	46.08	4.14
	"985工程"院校	3.84	4.41	45.6%	52.43	5.03
学术决策氛围	行政主导型	3.10	4.17	31.0%	43.09	3.94
	混合决策型	3.23	4.22	33.2%	44.30	4.00
	学术主导型	3.67	4.39	42.6%	50.75	4.97
学术—行政部门非正式关系氛围	普遍化—融合性关系	3.13	4.19	31.9%	43.83	3.99
	专业化—支持性关系	3.72	4.38	41.5%	49.03	4.83

三、实证分析

表 5-3 展示了多元线性回归分析下的教师科研生产力影响因素。本书采取逐步回归的方式，分四步分别检验教师个体因素、工作状况、场域层次和组织氛围对教师科研生产力的影响。

表 5-3　教师科研生产力影响因素的多元线性回归标准化系数

因变量：教师科研生产力	（1）	（2）	（3）	（4）
院校学术决策氛围：学术主导型				0.092**
				(0.228)
院校学术决策氛围：混合型				0.011
				(0.113)
学术—行政部门专业化—支持性关系氛围				0.046**
				(0.142)
院校学术氛围：（学术氛围均值＋学术共同体均值）/2				0.052**
				(0.051)
女性（0＝男性）	−0.035*	−0.028	−0.025	−0.027
	(0.090)	(0.090)	(0.090)	(0.089)
工作偏好：科研（0＝教学）	0.154****	0.115****	0.111****	0.111****
	(0.090)	(0.093)	(0.093)	(0.093)

续上表

因变量：教师科研生产力	(1)	(2)	(3)	(4)
职称：讲师（0＝助教）	0.191****	0.178****	0.179****	0.178****
	(0.187)	(0.186)	(0.185)	(0.185)
职称：副教授（0＝助教）	0.321****	0.304****	0.301****	0.299****
	(0.189)	(0.189)	(0.188)	(0.188)
职称：教授（0＝助教）	0.323****	0.300****	0.298****	0.295****
	(0.207)	(0.207)	(0.206)	(0.206)
学科：人文学科（0＝社会学科）	−0.027	−0.026	−0.028	−0.021
	(0.133)	(0.132)	(0.132)	(0.133)
学科：自然学科（0＝社会学科）	0.002	0.004	0.001	0.006
	(0.099)	(0.098)	(0.098)	(0.098)
学科：其他学科（0＝社会学科）	−0.018	−0.015	−0.014	−0.011
	(0.254)	(0.252)	(0.251)	(0.251)
每周工作量（有教学任务）		0.075****	0.069****	0.066****
		(0.002)	(0.002)	(0.002)
科研时间占比（有教学任务）		0.089****	0.075****	0.068****
		(0.226)	(0.229)	0.229
职业归属感：（学科归属＋院系归属＋院校归属）/3		0.043**	0.035*	0.021
		(0.075)	(0.075)	0.077
院校层级：非"985工程"的"211工程"院校（0＝一般本科）			0.004	−0.026
			(0.108)	0.128
院校层级："985工程"院校（0＝一般本科）			0.086****	−0.021
			(0.145)	0.257
个案数	2 444	2 444	2 444	2 444
调整后的 R 方	0.089	0.105	0.111	0.118
Durbin Watson（DW）值	1.899	1.916	1.927	1.940
Prob ＞ F	0.000	0.000	0.000	0.000

注：显著性水平：* 10% , ** 5% , *** 1% , **** 0.1% 。

　　在仅考虑个体影响要素时，教师的性别、工作偏好、职称对科研生产力产生显著影响。女性教师的年均科研生产力显著低于男性教师，偏好科研的

教师科研生产力显著高于偏好教学的教师，职称为讲师、副教授和教授的教师科研生产力显著高于职称为助教的教师。个体要素中，职称对教师科研生产力差异的解释力最高。模型（1）的调整后 R 方相对较小，为 0.089，DW 值为 1.899，趋近于 2，检验表明不存在显著的自相关；各自变量的多重共线性检验指标 VIF 值①均小于 10，表明不存在明显的多重共线性；模型显著性水平为 0.000，表明模型显著。

模型（2）增加了对教师学术工作情况的考虑，添加了教师周工作时数、科研时间投入比例和职业归属感的变量，模型的调整后 R 方有所提高，从模型（1）的 0.089 提升至 0.105。在纳入工作努力程度和职业归属感之后，性别影响不再显著，职称和工作偏好的标准化回归系数虽相应下降，但仍然是对教师科研生产力解释度最高的两个变量，其次是科研时间占比，之后是周工作时数，最后是职业归属感。以上三个学术工作状况的变量均对教师科研生产力产生显著正向影响。模型（2）的统计检验显著，且不存在明显的自相关和多重共线性。

模型（3）在模型（2）的基础上，进一步增加了院校层级即场域位置的变量，观察教师科研生产力影响因素的解释力变化情况。研究者发现，在引入场域位置变量之后，模型整体的调整后 R 方提高至 0.111，个体层面和工作状态层面的变量影响被进一步稀释，"985 工程"院校教师的科研生产力显著高于一般本科院校教师，但非"985 的 211 工程"院校教师科研生产力与一般本科院校教师没有显著差异。院校层级对教师科研生产力带来的影响仅次于教师个体层面的职称和工作偏好，高于科研投入和职业归属感。模型（3）的统计检验显著，DW 值和 VIF 值均显示模型不存在明显的多重共线性和自相关情况。

模型（4）在模型（3）的基础上增加了组织氛围的影响要素，发现院校学术主导型的学术决策氛围、专业化—支持性的学术—行政部门非正式关系氛围以及学术氛围均对教师科研生产力产生显著的正向影响，三者之中以学术决策氛围的解释力最高，其次是学术氛围，最后是学术—行政部门非正式关系氛围，三者一共能够解释科研生产力的 19%（9.2% +4.6% +5.2%，即三个变量的回归系数之和），高于工作偏好和工作投入的解释力。值得注意的是，在引入组织氛围变量后，院校的场域位置影响不再显著。由此，可以推测组织氛围吸收了院校场域位置对教师科研生产力带来的影响，而且模

---

① VIF（Variance Inflation Factor）为方差膨胀因子，是一种多重共线性的正规方法。它通过检验指定的解释变量能够被回归方程中其他全部解释变量解释的程度来测定多重共线性。VIF 值越大，表示多重共线性越严重。一般情况下，当 VIF 值大于 10 时，表示存在严重的多重共线性。

型中学术主导型决策氛围的标准化系数为 0.092，高于模型（3）中"985 工程"院校的标准化系数 0.086。组织氛围的整体影响系数更是高于院校层级所反映的场域位置的影响系数。因此，结合第三章对组织场域、组织氛围和师均科研生产力的分析结果，研究者认为组织氛围作为院校场域位置的中介变量，对教师科研生产力产生影响，同时组织氛围本身的学术自主性特质、专业化—支持性的氛围以及整体学术氛围的感知对教师科研生产力也发挥显著正向作用。因此，前文提出的假设 5 得到了验证。

模型（4）的调整后的 R 方比模型（3）更高。研究者尝试在模型（4）的基础上去掉院校场域位置变量，仅检验组织氛围对教师科研生产力的影响，发现模型的调整后 R 方为 0.115，比模型（3）的拟合度更好，学术决策氛围的标准化回归系数为 0.078，显著性为 0.001，学术—行政部门非正式关系氛围的标准化回归系数为 0.043，显著性为 0.052，学术氛围的标准化回归系数为 0.054，显著性为 0.007，三者共同解释教师科研生产力的 17.5%，比院校场域位置更好地解释教师科研生产力。

四、研究结论及讨论

综上所述，本节基于科研生产力的实证研究基础，构建了组织氛围对教师科研生产力的影响的多元线性回归模型。通过逐步回归分析，研究者发现高校教师科研生产力受到院校组织氛围的显著影响。影响教师科研生产力的组织氛围要素主要有学术主导型的学术决策氛围、专业化—支持性的学术—行政部门非正式关系和院校学术氛围。以上三个变量比院校场域位置对教师科研生产力更具解释力。假设 5 在不考虑院校组织氛围的层级影响差异的前提下，通过多元线性回归的统计检验，得到了验证。

之所以院校组织氛围中的学术决策氛围、学术—行政部门非正式关系与学术氛围对教师科研生产力的影响显著，且比院校组织场域位置的解释度更好，是因为以上三个变量更为综合、全面且深入地展示了院校内部学术自主性、学术工作的关系支持和气氛的情况。

学术决策氛围反映了院校学术管理中的学术与行政权力配置情况，这是院校的学术内部治理结构，它对教师科研生产力的影响可以看作是基于结构功能主义或理性系统的假设，合理科学、符合学术生产规律的组织治理结构有助于提高产出效率。

在结构的基础上，存在着关系——学术部门与行政部门的非正式关系及互动，部门间关系及沟通是否顺畅有效，是否相互支持并互不干涉，会影响学术生产的交易成本及组织参与者的组织感知与态度，进而影响其行为，这

符合组织理论自然系统中人际关系理论和组织协作理论的假设，即组织内部的非正式关系和结构对组织生产率具有重要的影响，需要关注组织参与者在组织内部的协作和依赖情况，因为这些要素对组织的生产运作以及个体需要和激励具有重要影响。

学术氛围作为关系系统之上的、具有文化色彩的组织氛围感知，是教师对高校作为学术组织的学术属性及特质的认知和感受，它反映了高校学术认知性和规范性的要素，是在学术治理结构和学术—行政部门非正式关系之上的、反映组织学术气质和组织学术"人格"的深层次维度，符合开放系统对文化认知要素的解读与关注。

将以上三个方面——治理结构、关系系统和文化氛围——结合在一起所形成的组织氛围，是能够全面勾勒一个"有血有肉""形神合一"的学术组织的内在组织属性的。它们共同构成了三位一体的教师科研生产和工作的组织情境，与教师的科研生产活动密切相关。

三者之间存在内在逻辑的层次性。通常情况下，我们能够观察到行动者受到结构、关系和文化氛围的影响程度有所差异，即文化层面的影响往往是深远的，关系层面的渗透力位于其次，最后是组织结构层面，其原因在于学术治理结构是实现学术逻辑外化的规制性手段，关系系统是实现学术逻辑客观化的规范性途径，而学术氛围是实现学术逻辑深入认知层面的文化土壤。

然而，现实情况的是，组织通常最易做到组织治理结构的规制性要求，对组织参与者施加直接影响，在此基础上逐渐形成组织内部各部门之间的非正式关系模式或氛围，使组织治理规制逐步转变为组织各部门互动过程中的共同标准和规则或规范，最后随着组织治理运作及各部门协调的日趋成熟及自洽，组织治理规制实现经由各部门共同认可的规范上升为共同的信念或行动逻辑的文化认知层面，从而形成一种特定的氛围。

由此，回顾第三章中组织场域位置与组织氛围的分析，我们可以看到，反映组织治理结构的院校学术决策氛围的分布相对分化，既有行政主导型，也有混合型，另外还有学术主导型；而反映关系系统的学术—行政部门非正式关系则体现了大范围的普遍化—融合性特征，表现出转化的滞后性，即行政和学术相对未分化的状态。这也在一定程度上回应了以上解释机制的合理性。

本节验证了院校组织氛围对教师科研生产力的影响强度从强到弱依次是学术决策氛围、学术氛围和学术—行政部门非正式关系氛围。当然，这是在控制了其他干扰变量及未考虑组织氛围影响的层次性差异的情况下所得出的结果。我们可以在后文进一步深入探讨组织氛围对教师科研生产力影响的层次差异和路径，从而观察微观层面教师科研生产力的影响情况是否如前文所预想的情况，表现出组织氛围各维度影响深度的层次性。

第二节　组织氛围对教师科研生产力的层级效应

一、研究假设

本研究主要讨论高校层面的组织氛围中学术决策氛围、学术—行政部门非正式关系和学术氛围对教师科研生产力的影响。

首先，教师个体层面，第二章文献评述部分已有科研生产力影响因素的相关实证研究发现了教师个体层面的工作投入、研究偏好和职业归属感对科研生产力的积极影响。

其次，组织层面，结合组织氛围对科研绩效和知识生产影响的文献成果，既有研究探讨了组织氛围对科研生产力的直接影响和间接影响，组织的自治氛围、科层性、信任合作的支持环境和激励奖酬制度，会通过教师的情感、认知、态度和行为作用于科研绩效或产出。学术决策氛围反映了学术权力与行政权力在学术资源分配及学术事务方面的配置结构，共有三种类型，分别为行政主导型决策、学术—行政权力混合型决策及学术主导型决策，学术权力在学术决策中影响力越高，会更倾向于表现学术主导型决策氛围。这个变量可以反映高校在学术领域中的学术自治程度和学术治理结构。与此同时，学术—行政部门的非正式关系，从另一个侧面展示学术—行政权力主体之间的协调性和信任合作水平，表达院校不同部门之间的非正式关系。院校学术氛围，则反映组织整体的学术气质形态。因此在多层线性模型部分的分析中，基于研究假设6，建立如下研究子假设：

假设6.1：在个体层面，教师的科研生产力受到工作投入时间、工作偏好和职业归属感的影响。

假设6.2：组织氛围中的学术决策氛围、学术—行政部门的非正式关系氛围和学术氛围，会对教师科研生产力产生直接影响。

假设6.3：组织氛围中的学术决策氛围、学术—行政部门的非正式关系和学术氛围，会通过教师的工作投入时间、工作偏好和职业归属感的调节作用发挥影响。

二、研究工具

本节中，研究者将采用多层线性模型对高校组织氛围对教师科研生产力

的影响进行检验。多层线性模型主要是运用在多层（嵌套）数据的研究处理之中，以解决传统回归分析在处理嵌套数据时个体间随机误差独立性假设难以满足的情况。该方法优于传统线性回归分析方法之处在于它充分考虑了数据的分层特点，通过建立多层回归方程组，将误差按层次分解为层一之中个体间的差异和层二的院校间差异。这样就可以假设层一个体间的测量误差相互独立，层二间的误差在不同学校间相互独立，化解了误差在不同院校间的独立性问题。① 此外，多层线性模型分析不仅改进了对个体效应的估计，还可以讨论不同层面自变量对因变量的影响和各层次之间的效应，并分析多种调节效应。② 目前国内对于多层线性模型的运用多出现在心理学、教育学和经济学等社会科学研究中，运用的软件一般为 Stata、SPSS、SAS、HLM、MLwin 等，其中采用 HLM 软件进行分析的研究相对较多。本研究也采用 HLM 7.0 对院校层面的组织氛围对高校教师科研生产力进行分析和讨论。

（1）零模型检验。在进行 HLM 分析之前，需要采用 ICC（intraclass correlation coefficient）检验零模型是否适合做多水平分析，通常情况下是采用 ICC（1）进行检验，即确认因变量的总变异数中能够被组间变异解释的百分比，本研究中因变量教师科研生产力在院校间的跨级相关系数 ICC（1）为 0.05，且 p 值为 0.000，表明跨级之间存在显著差异。一般情况下，认为 ICC（1）指数大于 0.05 可以进行 HLM 分析，而大于 0.06 的情况下必须进行多层次分析③。本研究的 ICC（1）指数表明可以进行 HLM 分析。

（2）样本量要求。通常情况下，HLM 分析所需样本数如果满足 30/30 法则，则认为样本量充足。所谓 30/30 是指每组样本量不少于 30 个，二层样本量不少于 30 组。本研究抽取了 28 所院校，略低于 30 组的要求。温福星（2009）认为，若更关心回归系数的无偏性时，二层样本大于 10 组，一层样本量大于 5 人即可。本研究层一水平下每个组的有效样本量在 95 人左右，故基本满足回归系数无偏性的检验要求。但若要关心跨级交互作用的验证，则二层样本量最好超过 50 组，一层样本量达到 20 人以上。本研究虽然尝试验证交互或调解效应，但鉴于抽样不满足跨级验证的要求，故验证结果的检验力受到了限制。

（3）中心化处理。HLM 在进行分析时，可以对层一变量进行对中处理。

① 方杰，邱皓政，张敏强，等. 我国近十年来心理学研究中 HLM 方法的应用述评［J］. 心理科学，2013（5）：1 194 - 1 200.

② 李晓鹏，方杰，张敏强. 社会科学研究中多层线性模型方法应用的文献分析［J］. 统计与决策，2011，23：72 - 76.

③ 温福星. 阶层线性模型的原理与应用［M］. 北京：中国轻工业出版社，2009.

所谓中心化是指将某一个自变量减去平均数，这个平均数可以是该自变量的总体均值（grand mean centering），也可以进行组内均值对中处理（group mean centering）。当然也可以不进行对中处理①。但进行对中处理能够提高参数估计的稳定性，而且能够减少多重共线性。本研究采取组内均值中心化处理方式。

情境变量及检验。多层线性模型分析中，对于一些难以通过直接测量获得的数据变量，需要通过求组均值的方法将个体层面变量聚合得到二次变量，这种变量即为情境变量（contextual variable）。本研究中选取组织氛围作为自变量，这是一种典型的情境变量，因此需要进行聚合处理，并检验是否满足聚合要求，即 Rwg 和 ICC(1) 和 ICC(2) 标准。本书第三章已经介绍了聚合检验的情况，证明本研究中的自变量基本满足层次聚合要求，在此不再赘述。

三、研究模型及结果

本研究采取了逐步多层线性模型的做法，分为四步进行 HLM 分析，从而分别检验零模型、层一模型、层二模型的直接效应及层二模型的交互效应。因此，分别有四个研究模型对应四个研究结果。研究中使用到的变量及说明见表 5-4 所示。

表 5-4　变量定义及说明

指标		指标说明
因变量		—
教师科研生产力		年均发表的所有成果总和，其中对国际发表赋予 3 倍权重
自变量		
层二 （院校层级 组织氛围）	学术决策氛围	虚拟变量，0 = 行政主导型决策氛围
	学术—行政部门 非正式关系	虚拟变量，专业化—支持性 = 1，普遍化—融合性 = 0
	学术氛围	学术氛围与学术共同体感知加总取平均值后进行院校均值计算

---

① 何晓群，闵素芹. 分层线性模型层-1 自变量中心化问题研究综述 [J]. 统计与信息论坛，2009，24（9）：48-52.

（续上表）

指标		指标说明
层一 （教师层级）	职业归属感	对学科归属感、学院归属感和学校归属感三个题项得分加总取平均值
	科研工作投入	有教学任务时周工作时数中教师科研投入时间的百分比
	周工作时间	有教学任务时周工作时数

（一）零模型

层一模型：$NJKYSCL_{ij} = \beta_{0j} + r_{ij}$

层二模型：$\beta_{0j} = \gamma_{00} + u_{0j}$

混合模型：$NJKYSCL_{ij} = \gamma_{00} + u_{0j} + r_{ij}$

$NJKYSCL$ 代表教师的年均科研生产力；i 代表第一层的单元；j 代表第一层的个体所隶属的第二层的单位；γ_{00} 为 β_{0j} 的平均值，是 β_{0j} 的固定成分；μ_{0j} 是 β_{0j} 的随机成分；γ_{ij} 为第一层的残差。经检验，模型的信度为 0.824，信度可以接受。固定效应估计和方差检验的 p 值均在 0.001 的水平之下，说明存在显著的层级影响和差异。

（二）层一模型

层一模型将个体层面的变量放在模型中，不放置任何层二变量，从而单独检验层一自变量是否与因变量显著相关。模型中 $WORKTIME$ 代表每周工作时数，$RESEARCHPR$ 代表研究时间占总工作时间的百分比，$AFFILIATION$ 代表职业归属感。具体模型为：

层一模型：

$NJKYSCL_{ij} = \beta_{0j} + \beta_{1j} \times （WORKTIME_{ij}） + \beta_{2j} \times （RESEARCHPR_{ij}） + \beta_{3j} \times （AFFILIATION_{ij}） + r_{ij}$[①]

层二模型：

$\beta_{0j} = \gamma_{00} + u_{0j}$

$\beta_{1j} = \gamma_{10}$

$\beta_{2j} = \gamma_{20}$

$\beta_{3j} = \gamma_{30}$

混合模型：

---

① 已对所有自变量进行了组内均值对中处理。

$$NJKYSCL_{ij} = \gamma_{00} + \gamma_{10} \times (WORKTIME_{ij}) + \gamma_{20} \times (RESEARCHPR_{ij}) + \gamma_{30} \times (AFFILIATION_{ij}) + u_{0j} + r_{ij}$$

根据表 5-5 层一的统计分析结果[①]，教师的周工作量、研究时间占周工作时间的百分比和职业归属感对科研生产力有显著正向影响。教师每周比同校平均情况多增加一小时的工作时间，年均多产出 0.01 篇；对科研投入时间每增加 10%，年均科研产出提升 0.11 篇；职业归属感越高，其科研产出也相应提升。模型的显著性水平为 0.000，信度系数为 0.828。鉴于系数均为正值，因此以上个体层面的自变量与教师科研生产力之间存在显著正相关关系。由此，假设 6.1 得到完全验证。

表 5-5　教师科研生产力的个体层面影响因素

	固定效应	系数	标准误差	T 值	自由度	显著性
层1	周工作时间	0.009****	0.002	4.764	2631	<0.001
层1	科研工作投入	1.108****	0.248	4.461	2631	<0.001
层1	职业归属感	0.169**	0.073	2.303	2631	0.021

注：显著性水平为 *10%，**5%，***1%，****0.1%。

（三）层二模型：院校组织氛围的直接效应

层二模型的直接效应检验在层一模型基础上，在截距部分增加层二影响变量，以观察院校层面的影响。模型中，$ACADEMICCLI$ 代表院校的学术氛围，$RELATION$ 代表学术—行政部门非正式关系，$ACADEDECI1$ 代表学术主导型学术决策氛围，$ACADEDECI2$ 代表混合型学术决策氛围。

层一模型：

$$NJKYSCL_{ij} = \beta_{0j} + \beta_{1j} \times (WORKTIME_{ij}) + \beta_{2j} \times (RESEARCHPR_{ij}) + \beta_{3j} \times (AFFILIATION_{ij}) + r_{ij}$$

层二模型：

$$\beta_{0j} = \gamma_{00} + \gamma_{01} \times (ACADEMICCLI_j) + \gamma_{02} \times (RELATION_j) + \gamma_{03} \times (ACADEDECI1_j) + \gamma_{04} \times (ACADEDECI2_j) + u_{0j}$$

$$\beta_{1j} = \gamma_{10}$$

$$\beta_{2j} = \gamma_{20}$$

$$\beta_{3j} = \gamma_{30}$$

混合模型：

---

① 层一模型的信度值为 0.828。

$$NJKYSCL_{ij} = \gamma_{00} + \gamma_{01} \times (ACADEMICCLI_j) + \gamma_{02} \times (RELATION_j) + \gamma_{03} \times (ACADEDECI_j) + \gamma_{04} \times (ACADEDECI2_j) + \gamma_{10} \times (WORKTIME_{ij}) + \gamma_{20} \times (RESEARCHPR_{ij}) + \gamma_{30} \times (AFFILIATION_{ij}) + u_{0j} + r_{ij}$$

层二直接效应模型的信度为 0.611，模型在 0.001 的显著性水平下显著。统计检验发现，院校组织氛围三个变量中，学术主导型学术决策氛围对教师科研生产力具有显著正向影响，而学术—行政部门非正式关系和学术氛围对教师科研生产力的影响效果未得到显著性检验（见表 5-6）。

表 5-6　层二模型院校组织氛围影响的直接效应检验

	固定效应	系数	标准误差	T 值	自由度	显著性
层 2	学术氛围	0.435	0.288	1.507	23	0.145
层 2	专业化—支持性关系氛围	0.215	0.197	1.087	23	0.288
层 2	混合型学术决策氛围	-0.028	0.114	-0.249	23	0.805
层 2	学术主导型决策氛围	0.670**	0.271	2.474	23	0.021
层 1	周工作时间	0.009****	0.002	4.764	2631	<0.001
层 1	科研工作投入	1.108****	0.248	4.461	2631	<0.001
层 1	职业归属感	0.169**	0.073	2.303	2631	0.021

注：显著性水平为 *10%，**5%，***1%，****0.1%。

考虑到学术—行政非正式关系与学术氛围之间在 0.05 的显著性水平上存在显著相关关系，且相关系数为 0.618，相对较高，因此同时放在多层线性模型中可能会有很大的共线性问题，导致两个变量均不显著。基于以上考虑，研究者将分别放置学术—行政部门非正式关系和学术氛围于不同方程之中，从而验证这两个自变量对因变量的影响。

带有学术氛围变量的层二直接效应模型如下：

层一模型：

$$NJKYSCL_{ij} = \beta_{0j} + \beta_{1j} \times (WORKTIME_{ij}) + \beta_{2j} \times (RESEARCHPR_{ij}) + \beta_{3j} \times (AFFILIATION_{ij}) + r_{ij}$$

层二模型：

$$\beta_{0j} = \gamma_{00} + \gamma_{01} \times (ACADEMICCLI_j) + \gamma_{02} \times (ACADEDECI2_j) + \gamma_{03} \times (ACADEDECI1_j) + u_{0j}$$

$$\beta_{1j} = \gamma_{10}$$

$$\beta_{2j} = \gamma_{20}$$

$$\beta_{3j} = \gamma_{30}$$

混合模型：

$NJKYSCL_{ij} = \gamma_{00} + \gamma_{01} \times （ACADEMICCLI_j） + \gamma_{02} \times （ACADEDECI2_j） + \gamma_{03} \times （ACADEDECI1_j） + \gamma_{10} \times （WORKTIME_{ij}） + \gamma_{20} \times （RESEARCHPR_{ij}） + \gamma_3 \times （AFFILIATION_{ij}） + u_{0j} + r_{ij}$

表 5 - 7 显示，学术氛围对教师科研生产力产生显著正向影响，其影响系数略低于学术主导型决策氛围，但高于个体层面的周工作时间和职业归属感对教师科研生产力的影响系数值。模型的信度为 0.608，在 0.001 的显著性水平下显著，表明学术氛围评价较好的院校，其教师的科研生产力亦相对较高。

表 5 - 7　层二模型院校组织氛围影响的直接效应检验（学术氛围）

	固定效应	系数	标准误差	T 值	自由度	显著性
层 2	学术氛围	0.568**	0.230	2.471	24	0.021
层 2	混合型学术决策氛围	-0.020	0.116	-0.170	24	0.866
层 2	学术主导型决策氛围	0.710**	0.272	2.609	24	0.015
层 1	周工作时间	0.009****	0.002	4.764	2631	<0.001
层 1	科研工作投入	1.108****	0.248	4.461	2631	<0.001
层 1	职业归属感	0.169**	0.073	2.303	2631	0.021

注：显著性水平为 *10%，**5%，***1%，****0.1%。

带有学术—行政部门非正式关系氛围变量的层二直接效应模型如下：

层一模型：

$NJKYSCL_{ij} = \beta_{0j} + \beta_{1j} \times （WORKTIME_{ij}） + \beta_{2j} \times （RESEARCHPR_{ij}） + \beta_{3j} \times （AFFILIATION_{ij}） + r_{ij}$

层二模型：

$\beta_{0j} = \gamma_{00} + \gamma_{01} \times （RELATION_j） + \gamma_{02} \times （ACADEDECI2_j） + \gamma_{03} \times （ACADEDECI1_j） + u_{0j}$

$\beta_{1j} = \gamma_{10}$

$\beta_{2j} = \gamma_{20}$

$\beta_{3j} = \gamma_{30}$

混合模型：

$NJKYSCL_{ij} = \gamma_{00} + \gamma_{01} \times （RELATION_j） + \gamma_{02} \times （ACADEDECI2_j） + \gamma_{03} \times （ACADEDECI1_j） + \gamma_{10} \times （WORKTIME_{ij}） + \gamma_{20} \times （RESEARCHPR_{ij}） + \gamma_3 \times （AFFILIATION_{ij}） + u_{0j} + r_{ij}$

由表 5 - 8 可以看出，学术—行政部门非正式关系氛围对教师科研生产力产生显著正向影响，专业化—支持性的学术—行政部门关系对教师科研生产力有促进作用。学术主导型的学术决策氛围依然对教师科研生产力影响系数最高。模型的信度为 0.628，显著性水平为 0.001 以下。比较表 5 - 7 和表 5 - 8 可以看出，院校组织氛围的三个维度中，学术决策氛围对教师科研生产力影响力最强，其次是学术氛围，最后是学术—行政部门非正式关系氛围。假设 6.2 得到验证。

表 5 - 8　层二模型院校组织氛围影响的直接效应检验（学术—行政部门非正式关系氛围）

	固定效应	系数	标准误差	T 值	自由度	显著性
层 2	专业化—支持性关系氛围	0.391 **	0.152	2.574	24	0.017
层 2	混合型学术决策氛围	0.003	0.111	0.028	24	0.978
层 2	学术主导型决策氛围	0.820 ****	0.203	4.039	24	<0.001
层 1	周工作时间	0.009 ****	0.002	4.764	2631	<0.001
层 1	科研工作投入	1.108 ****	0.248	4.461	2631	<0.001
层 1	职业归属感	0.169 **	0.073	2.303	2631	0.021

注：显著性水平为 *10%，**5%，***1%，****0.1%。

（四）层二模型：院校组织氛围的调节效应

学术决策氛围、学术—行政部门非正式关系氛围和学术氛围对教师科研生产力产生直接影响已在层二直接效应模型中得到检验。组织氛围是否会通过个体感知和行为的调节作用进而影响教师的科研生产力需要进行调节效应或交互效应的检验。基于直接效应模型，调节效应依然对学术氛围和学术—行政部门非正式关系氛围进行分别检验，学术氛围的调节效应层二模型如下：

层一模型：

$$NJKYSCL_{ij} = \beta_{0j} + \beta_{1j} \times (WORKTIME_{ij}) + \beta_{2j} \times (RESEARCHPR_{ij}) + \beta_{3j} \times (AFFILIATION_{ij}) + r_{ij}$$

层二模型：

$$\beta_{0j} = \gamma_{00} + \gamma_{01} \times (ACADEMICCLI_{j}) + \gamma_{02} \times (ACADEDECI2_{j}) + \gamma_{03} \times (ACADEDECI1_{j}) + u_{0j}$$

$$\beta_{1j} = \gamma_{10} + \gamma_{11} \times (ACADEMICCLI_{j}) + \gamma_{12} \times (ACADEDECI2_{j}) + \gamma_{13} \times (ACADEDECI1_{j})$$

$$\beta_{2j} = \gamma_{20} + \gamma_{21} \times (ACADEMICCLI_{j}) + \gamma_{22} \times (ACADEDECI2_{j}) + \gamma_{23} \times (ACADEDECI1_{j})$$

$$\beta_{3j} = \gamma_{30} + \gamma_{31} \times (ACADEMICCLI_j) + \gamma_{32} \times (ACADEDECI2_j) + \gamma_{33} \times (ACADEDECI1_j)$$

混合模型：

$$NJKYSCL_{ij} = \gamma_{00} + \gamma_{01} \times (ACADEMICCLI_j) + \gamma_{02} \times (ACADEDECI2_j) + \gamma_{03} \times (ACADEDECI1_j) + \gamma_{10} \times (WORKTIME_{ij}) + \gamma_{11} \times (ACADEMICCLI_j) \times (WORKTIME_{ij}) + \gamma_{12} \times (ACADEDECI2_j) \times (WORKTIME_{ij}) + \gamma_{13} \times (ACADEDECI1_j) \times (WORKTIME_{ij}) + \gamma_{20} \times (RESEARCHPR_{ij}) + \gamma_{21} \times (ACADEDECI_j) \times (RESEARCHPR_{ij}) + \gamma_{22} \times (ACADEDECI2_j) \times (RESEARCHPR_{ij}) + \gamma_{23} \times (ACADEDECI1_j) \times (RESEARCHPR_{ij}) + \gamma_{30} \times (AFFILIATION_{ij}) + \gamma_{31} \times (ACADEDECI_j) \times (AFFILIATION_{ij}) + \gamma_{32} \times (ACADEDECI2_j) \times (AFFILIATION_{ij}) + \gamma_{33} \times (ACADEDECI1_j) \times (AFFILIATION_{ij}) + u_{0j} + r_{ij}$$

学术氛围调节效应模型的信度为 0.607，模型在 0.001 的显著性水平下显著。学术氛围和学术决策氛围对教师科研生产力产生直接影响，良好的学术氛围和学术主导型决策氛围对教师科研生产力具有促进作用。学术主导型决策氛围通过职业归属感发挥调节作用，在学术主导型决策氛围中的职业归属感高的教师，科研生产力相对较低。受到职业归属感调节后的学术主导决策氛围对教师科研生产力的影响系数在 0.610 左右，与学术氛围对教师科研生产力的影响水平近似。对于学术主导型学术决策氛围中，职业归属感对教师科研生产力的负向调节作用，一种可能的解释是，具备学术主导型学术决策氛围的院校基本为精英大学，精英大学中的教师，其科研生产力越高，越具有职业流动性和流通价值。相应地，教师的职业归属感越低。鉴于这个职业归属感是来源于教师院校归属感、院系归属感和学科归属感的均值，其中有较强的组织归属感成分，因此也就不难理解高科研生产力教师组织归属感相对较弱的情况。此外，学术主导型院校中组织归属感较弱的教师通常表现出明显的开放性、流动性和跨组织科研合作的特征，具备较强的科研管理整合能力和科研水准，由此，其科研生产力可能会相对较高。假设 6.3 的间接效应在本研究中得到部分验证（见表 5-9）。

表 5-9　层二模型院校组织氛围影响的间接效应检验（学术氛围）

	固定效应	系数	标准误差	T 值	自由度	显著性
层 2	学术氛围	0.568 **	0.230	2.471	24	0.021
层 2	混合型学术决策氛围	-0.020	0.116	-0.170	24	0.866

（续上表）

固定效应		系数	标准误差	T 值	自由度	显著性
层2	学术主导型决策氛围	0.710 **	0.272	2.609	24	0.015
周工作时间的调节效应学术氛围		−0.001	0.006	−0.210	2622	0.833
混合型学术决策氛围		−0.003	0.005	−0.473	2622	0.636
学术主导型决策氛围		0.006	0.006	0.939	2622	0.348
科研工作投入的调节效应学术氛围		−0.407	0.616	−0.661	2622	0.509
混合型学术决策氛围		−0.240	0.519	−0.463	2622	0.644
学术主导型决策氛围		0.650	0.678	0.959	2622	0.338
职业归属感的调节效应						
学术氛围		0.296	0.244	1.209	2622	0.227
混合型学术决策氛围		−0.052	0.153	−0.342	2622	0.732
学术主导型决策氛围		−0.597 ***	0.214	−2.784	2622	0.005

注：显著性水平为 * 10%，** 5%，*** 1%，**** 0.1%。

　　学术—行政部门关系氛围的层二调节模型显示，专业化—支持性的学术
行政部门关系氛围对教师科研生产力产生正向影响。学术主导型的决策氛围
对教师科研生产力具有显著的正向影响。职业归属感依然在调节机制中发挥
负向作用。该模型的显著性为 0.000，模型信度为 0.628。假设 6.3 的间接效
应得到部分验证（见表 5 – 10）。

表 5 – 10　层二模型院校组织氛围影响的间接效应检验（学术—行政部门关系氛围）

固定效应		系数	标准误差	T 值	自由度	显著性
层2	学术—行政部门关系氛围	0.391 *	0.218	1.792	24	0.086
层2	混合型学术决策氛围	0.003	0.176	0.018	24	0.986
层2	学术主导型决策氛围	0.820 ***	0.222	3.682	24	0.001
周工作时间的调节效应学术—行政部门关系氛围		0.000	0.007	0.071	2622	0.943
混合型学术决策氛围		−0.003	0.005	−0.601	2622	0.548
学术主导型决策氛围		0.005	0.007	0.691	2622	0.490

（续上表）

固定效应	系数	标准误差	T 值	自由度	显著性
科研工作投入的调节效应学术—行政部门关系氛围	−0.550	0.717	−0.767	2622	0.443
混合型学术决策氛围	−0.208	0.562	−0.371	2622	0.711
学术主导型决策氛围	0.714	0.703	1.016	2622	0.310
职业归属感的调节效应学术—行政部门关系氛围	0.126	0.255	0.493	2622	0.622
混合型学术决策氛围	−0.024	0.185	−0.129	2622	0.897
学术主导型决策氛围	−0.501**	0.248	−2.015	2622	0.044

注：显著性水平为*10%，**5%，***1%，****0.1%。

四、研究结论及讨论

综上所述，教师个体层面的职业归属感、工作时间和科研投入时间百分比对其科研生产力产生显著正向影响。院校组织氛围中的学术决策氛围、学术—行政部门非正式关系和学术氛围对高校教师科研生产力有显著的积极促进作用，职业归属感通过学术主导型决策氛围对高校教师的科研生产力发挥负向调节作用。假设 6.1 和 6.2 得到完全验证，假设 6.3 得到部分验证。

然而，正如前文对 HLM 分析样本量要求的阐述，若要很好地检验交互效应，需要分组达到 50 组以上，每个组内的样本在 20 人以上，而本研究 28 组的情况显然并不十分满足交互检验的样本量要求。组织氛围影响另外一种选择——中介机制可以在后文结构方程模型的分析中做进一步的检验。

本书第四章中，对组织氛围的"场域位置"契合的分析所呈现的情况是组织氛围与院校所在的场域位置和组织自身的制度选择密切相关。换言之，组织内部的学术决策权力分配的制度安排和外部制度环境存在互动关系。事实上，既有研究已证实了院校声誉和排名对科研生产力的影响（Baird，1991），即场域位置本身会影响科研生产力，而组织氛围又与场域位置和科研生产力显著相关，也影响教师的科研生产力。究竟是组织氛围本身的作用在影响科研生产力，还是组织氛围中吸收到场域位置的部分影响了科研生产力？

为了回答这一问题，研究者将 HLM 分析层二模型中的学术决策氛围变量替换为院校层级变量进行比较，看两者结论的差异。以学术—行政部门非

正式关系的层二直接效应模型为例，研究者发现采用院校层级变量替代后，模型的信度略升，为0.703，但是影响系数却下降了，学术主导型学术决策氛围的影响系数为0.820，而"985工程"院校层级的影响系数为0.747；与此同时，学术行政部门关系的系数由原来的0.391上升为后来的0.543。由此可见，学术决策氛围这一变量所包含的内容更多，既涵盖了外部场域位置的院校层级属性，也反映了一定程度的学术—行政部门非正式关系。而信度系数的变化，可能是由于学术决策模式与学术—行政部门非正式关系存在相关性，采用院校层级变量降低了多重共线性的原因。同时，结合第四章场域位置分析部分偏相关的结论，在控制了院校层级和所在区域的前提下，组织氛围本身与教师科研生产力仍然显著正相关，所以组织氛围可以更好地反映组织的外部场域位置优势和自身制度设计的贡献。从另外一个角度来说，也提供了院校层级或场域位置影响科研生产力的一个解释视角或路径。

此外，院校组织氛围的三个子维度对教师科研生产力的作用均得到了显著性检验。由此可见，院校学术管理的治理结构设计、学术—行政部门非正式关系与学术氛围三种不同的学术运作层面均对教师科研生产力发挥显著正向影响。三者均体现了一个统一的逻辑——学术自主性逻辑，这也是院校组织氛围环境的精神内核。无论是教育研究者还是教育管理者，均意识到学术自主性对大学及学者发展的重要性，这也是支撑大学存在与发展的根本理念。

本 章 小 结

本章第一节基于科研生产力的实证研究基础，构建了组织氛围对教师科研生产力的影响的多元线性回归模型，通过逐步回归分析，发现高校教师科研生产力受到院校组织氛围的显著影响。影响教师科研生产力的组织氛围要素主要有学术主导型的学术决策氛围、专业化—支持性的学术—行政部门非正式关系和院校学术氛围。以上三个变量比院校场域位置对教师科研生产力更具解释力。假设5在不考虑院校组织氛围的层级影响差异的前提下，通过多元线性回归的统计检验得到了验证。第一节还验证了院校组织氛围对教师科研生产力的影响强度从强到弱依次是学术决策氛围、学术氛围和学术—行政部门非正式关系。

之所以院校组织氛围中的学术决策氛围、学术—行政部门非正式关系与学术氛围对教师科研生产力的影响显著，且比院校组织场域位置的解释度更好，是因为以上三个变量更为综合、全面且深入地展示了院校内部学术自主性、学术工作的关系支持和气氛的情况。将以上三个方面——治理结构、关系系统和文化氛围——结合在一起所形成的组织氛围，是能够全面勾勒一个"有血有肉""形神合一"的学术组织的内在组织属性的。它们共同构成了三位一体的教师科研生产和工作的组织情境，与教师的科研生产活动密切相关。

学术决策氛围、学术—行政部门非正式关系与学术氛围三者之间存在内在逻辑的层次性。通常情况下，我们能够观察到行动者受到结构、关系和文化氛围的影响程度有所差异，即文化层面的影响往往是深远的，关系层面的渗透力位于其次，最后是组织结构层面，其原因在于学术治理结构是实现学术逻辑外化的规制性手段，关系系统是实现学术逻辑客观化的规范性途径，而学术氛围是实现学术逻辑深入认知层面的文化土壤。

第二节检验了院校组织氛围对教师科研生产力的层级效应，发现教师个体层面的职业归属感、工作时间和科研投入时间百分比对其科研生产力产生显著正向影响。院校组织氛围中的学术决策氛围、学术—行政部门非正式关系和学术氛围对高校教师科研生产力有显著的积极促进作用，职业归属感通过学术主导型决策氛围对高校教师的科研生产力发挥负向调节作用。假设6.1和6.2得到完全验证，假设6.3得到部分验证。

场域位置本身会影响科研生产力，而组织氛围又与场域位置和科研生产力显著相关，也影响教师的科研生产力。究竟是组织氛围本身的作用在影响科研生产力，还是组织氛围中吸收到场域位置的部分影响了科研生产力？研究者将 HLM 分析层二模型中的学术决策模式变量替换为院校层级变量进行比较，看两者结论的差异，发现学术决策氛围这一变量所包含的内容更多，既涵盖了外部场域位置的院校层级属性，也反映了一定程度的学术—行政部门非正式关系。组织氛围可以更好地反映组织的外部场域位置优势和自身制度设计的贡献。由此，院校组织氛围的三个子维度对教师科研生产力的作用均得到了显著性检验。

第六章　组织氛围感知对科研生产力的机制分析

　　本章研究者将探讨高校教师对组织氛围的感知如何影响其科研生产力的表现，考察组织氛围感知的影响机制及作用路径，检验它是否通过职业归属感的社会情感变量和科研工作时间投入的学术行为变量的中介作用影响最终的科研生产力。

第一节　研究假设

　　第五章讨论了教师科研生产力是否受到组织层面的组织氛围的影响，验证了组织氛围对教师科研生产力的直接影响。本章在第四章分层线性模型分析的基础上，采用结构方程模型探讨个体层面教师组织氛围感知对科研生产力是否通过职业归属感和科研工作投入产生中介影响，来回答组织氛围是否对教师科研生产力有间接影响及影响机制的问题。

　　既有文献已经验证了组织氛围通过影响工作满意感或工作态度来影响工作行为，最后作用于知识生产或组织绩效的作用路径。例如，帕克（Parker）和巴尔特斯（Baltes）（2003）的个体组织氛围感知与工作绩效的综合模型认为，工作、角色、领导、团队和组织等组织氛围影响要素通过影响员工的工作满意度、工作态度、组织承诺和工作投入，进而影响个体成员的成就动机，从而作用于工作绩效[①]。韦斯特（West）（1998）和朱瑜（2004）的研究发现组织氛围与组织绩效的相互作用，组织氛围中的职业发展与工作自主性有助于工作任务的完成。

　　基于文献综述和研究假设7，本研究中个体组织氛围感知对教师科研生产力作用机制的研究子假设如下：

---

　　① PARKER C P, BALTES B B, YOUNG S A, et al. Relationships between psychological climate perceptions and work outcomes: a meta - analytic review [J]. Journal of Organizational Behavior, 2003, 24 (4): 389 - 416.

假设7.1：教师个体科研生产力受到组织氛围感知的直接影响和间接影响。

假设7.2：间接影响的路径是个体组织氛围感知通过影响教师的职业归属感，进而作用于教师的科研投入，最后影响教师的科研生产力。

第二节　研究工具

影响机制分析部分采用结构方程模型（structural equation modeling，简称 SEM）进行。结构方程模型是一种多元统计技术，主要用于验证一个或多个自变量与一个或多个因变量之间相互关系的多元分析程式，自变量和因变量既可以是连续变量也可以是离散变量①。另外，结构方程模型也考虑到现实研究中可能存在不可直接观测的变量（潜变量），通过验证表达潜变量的若干个显变量（可直接观测的变量）之间的协方差，估计出线性回归模型系数，之后研究由潜变量或构成的模型是否适合，来验证研究假设中各变量之间的关系是否合理②。

结构方程模型的优势在于综合因子分析、回归分析和路径分析等多种方法，克服了传统回归分析自变量没有测量误差的强假设限制，考虑当自变量和因变量均无法准确测量时，通过处理测量误差并分析潜变量之间的结构关系来降低测量误差的影响。SEM 可以在处理多变量相互关系的同时，以验证性分析而非探索性分析的方式检验变量关系，放松了自变量和因变量的测量误差要求。

SEM 模型对数据拟合程度的评价测量指标较多，通常情况下使用拟合优度的卡方检验，但卡方检验的问题在于该指标与样本量有关，因此学者进一步发展了一系列其他指数辅助验证模型适配度，如拟合优度的绝对适配系数 GFI、修正拟合优度系数 AGFI、近似误差平方根 RMSEA，一系列增值适配系数（如 NFI、RFI 等）以及简约适配系数 PGFI、PNFI 等。

---

① 程开明. 结构方程模型的特点及应用 [J]. 统计与决策, 2006 (10)：22 - 25.

② 周涛, 鲁耀斌. 结构方程模型及其在实证分析中的应用 [J]. 工业工程与管理, 2006, 11 (5)：99 - 102.

第三节 模型构建及研究结果

基于以上研究假设，本部分构建了教师组织氛围感知作用于个体科研生产力的影响路径框架，即组织氛围感知会直接影响教师的职业归属感和科研工作投入，职业归属感会影响科研工作投入，而科研工作投入会影响教师科研生产力。对教师科研生产力影响机制的分析将从整体和职称两方面分别进行讨论。

一、整体情况

通过运用 Amos 17.0 进行结构方程模型的统计检验，研究者得到如下结论：以上假设构建的模型整体显著，卡方值为 162.224，卡方检验的显著性水平 p 值为 0.000，N 值（样本量）为 2 662。以上假设所包含的四条影响线路均得到显著检验。标准化系数和显著性水平如表 6-1 所示。

表 6-1 组织氛围感知对教师科研生产力的影响路径分析结果

变量			标准化系数	标准误差	P 值
职业归属感	←	组织氛围感知	0.346****	0.017	0.000
科研工作投入	←	组织氛围	0.249****	0.006	0.000
科研工作投入	←	职业归属感	0.093**	0.012	0.021
科研生产力	←	科研工作投入	0.452****	3.811	0.000

注：显著性水平，*10%，**5%，***1%，****0.1%。

表 6-2 展示了组织氛围感知对教师科研生产力影响的标准化后总效应，组织氛围感知整体可以解释科研生产力的 12.7%，影响显著，并且组织氛围感知对教师科研生产力的影响完全是间接效应，不存在直接效应①，进而部分验证了假设 6。总体而言，科研工作投入能够解释教师科研生产力的 45.2%，职业归属感解释 4.2%，三者总体解释教师科研生产力的 62.1%，说明组织氛围确实对教师科研生产力有显著影响。

---

① 研究者在结构方程模型框架中尝试建立组织氛围感知与科研生产力的直接影响关系，但数据分析后发现该路径作用不显著，因此最终形成的路径分析模型中取消了两个变量之间的直接影响关联，提升了模型的拟合优度。

表 6-2　标准化后的组织氛围对科研生产力影响的总效应

变量	组织氛围感知	职业归属感	科研工作投入	科研生产力
职业归属感	0.346****	0	0	0
科研工作投入	0.281****	0.093**	0	0
科研生产力	0.127	0.042	0.452****	0

注：显著性水平，*10%，**5%，***1%，****0.1%。

结构方程模型（如图 6-1 所示）中显示，组织氛围中学术氛围被抽取的比例最高，其次是学术—行政部门关系，最后是学术决策氛围，与第五章多元线性回归的小结部分的分析相呼应，可以明确教师科研生产力的间接影

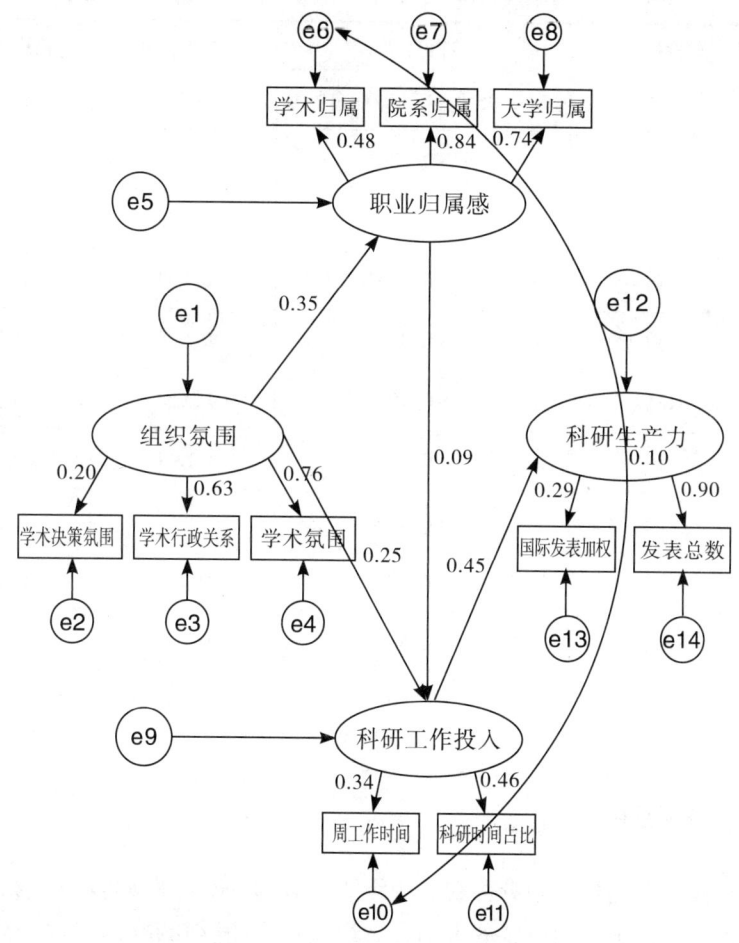

图 6-1　组织氛围感知对科研生产力影响机制的结构方程模型

响路径中，组织氛围的文化认知层面对教师科研生产力的影响力比关系结构中的学术—行政部门非正式关系和学术治理结构的学术决策氛围更大。专业化—支持性的学术—行政部门非正式关系感知实际上反映了学术部门免受行政部门干预的组织氛围较之学术主导型决策氛围对教师科研生产力影响作用更为显著，从另一个侧面凸显了教师科研生产力对日常科研情境的依赖。学术氛围与学术—行政部门非正式关系更具有"氛围"的色彩，强调组织的学术生产环境，以及内部人与人之间的沟通和互动情境，也反映了学术自主性在组织层面所表达的更为成熟的状态。

结构方程模型的拟合度较好，绝对适配系数、增值适配系数和简约适配系数均达到适配检验要求（见表6-3）。

表6-3　组织氛围感知对教师科研生产力影响混合路径分析模型适配度检验结果摘要

	统计检验量	适配标准	检验结果	适配判断
绝对适配系数	RMSEA	<0.05 优良，0.08 良好	0.041	优良
	GFI	>0.90	0.988	优良
	AGFI	>0.90	0.978	优良
增值适配系数	NFI	>0.90	0.953	优良
	RFI	>0.90	0.929	优良
	IFI	>0.90	0.961	优良
	TLI	>0.90	0.941	优良
	CFI	>0.90	0.961	优良
简约适配系数	PGFI	>0.50	0.539	优良
	PNFI	>0.50	0.635	优良
	PCFI	>0.50	0.641	优良

二、分职称的情况

这部分将教师样本划分为初、中级职称教师和高级职称教师，来看在学术科层体系中处于不同位置的教师，对组织氛围的感知和科研生产力的影响机制是否会存在差异。

（一）初、中级职称

初、中级职称检验所采用的模型依旧是间接效应模型，样本量为 1 301。经统计检验，模型显著，卡方值为 76.629，p 值为 0.000（见表 6 - 4）。

表 6 - 4　组织氛围感知对教师科研生产力的影响路径分析结果（初、中级职称）

变量			标准化系数	标准误差	p 值
职业归属感	←	组织氛围感知	0.313****	0.025	0.000
科研工作投入	←	组织氛围感知	0.390****	0.01	0.000
科研工作投入	←	职业归属感	0.127**	0.014	0.034
科研生产力	←	科研工作投入	0.394****	5.305	0.000

注：显著性水平，*10%，**5%，***1%，****0.1%。

该模型的四对关系均得到显著性验证。组织氛围感知会显著影响教师的职业归属感和科研工作投入，职业归属感也会显著促进教师的科研工作投入，进而影响教师科研生产力（见表 6 - 5）。

表 6 - 5　标准化后的组织氛围对科研生产力影响的总效应（初、中级职称）

变量	组织氛围感知	职业归属感	科研工作投入	科研生产力
职业归属感	0.313****	0	0	0
科研工作投入	0.390****	0.127**	0	0
科研生产力	0.153	0.05	0.394****	0

注：显著性水平，*10%，**5%，***1%，****0.1%。

初、中级职称教师的影响机制与样本整体的情况类似，假设的路径作用均得到了验证。但是组织氛围感知对科研生产力的影响的总效应比整体样本得到的结果更高，组织氛围感知解释了教师科研生产力的 15.3%，而科研工作投入对科研生产力影响的效益水平下降，说明初、中级职称的教师对组织氛围感知更为敏感，其科研生产力更容易受到组织氛围的影响。

图 6 - 2 中显示，初、中级职称教师对组织氛围中的学术行政关系感知更为敏感，且职业归属感中对院系的归属感更强。因此，对初、中级职称教师而言，院系层面的组织氛围建设，以及强化学术部门与行政部门的专业化发展和支持性关系，避免初、中级职称的中青年教师受到过多的行政力量干预，是提升初、中级职称所对应的中青年教师科研生产力的对策。模型总体的适配度良好（见表 6 - 6）。

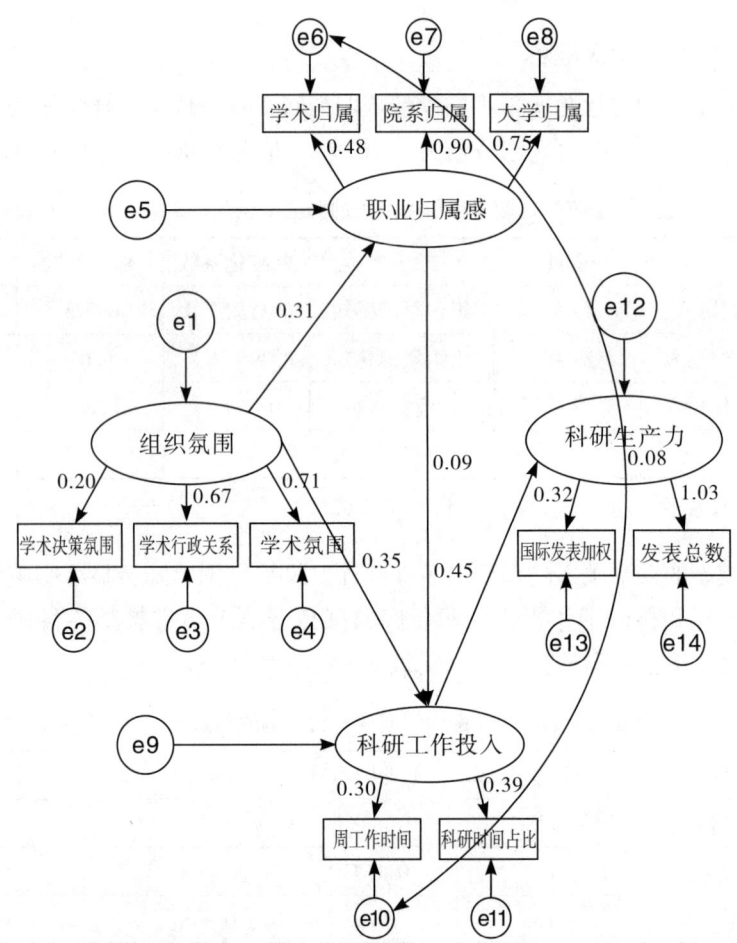

图 6-2　组织氛围感知对科研生产力影响机制的结构方程模型（初、中级职称）

表 6-6　组织氛围感知对教师科研生产力影响 SEM 分析模型适配度检验（初、中级职称）

	统计检验量	适配标准	检验结果	适配判断
绝对适配系数	RMSEA	<0.05 优良，0.08 良好	0.035	优良
	GFI	>0.90	0.988	优良
	AGFI	>0.90	0.979	优良
增值适配系数	NFI	>0.90	0.959	优良
	RFI	>0.90	0.938	优良
	IFI	>0.90	0.974	优良
	TLI	>0.90	0.961	优良
	CFI	>0.90	0.974	优良

（续上表）

统计检验量		适配标准	检验结果	适配判断
约适配系数	PGFI	>0.50	0.539	优良
	PNFI	>0.50	0.639	优良
	PCFI	>0.50	0.650	优良

（二）高级职称

高级职称的样本量为 1 283 人，模型在 0.1% 的显著性水平下显著，卡方值为 111.446（见表 6 – 7）。

表 6 – 7　组织氛围感知对教师科研生产力的影响路径分析结果（高级职称）

变量			标准化系数	标准误差	P 值
职业归属感	←	组织氛围感知	0.389****	0.022	0.000
科研工作投入	←	组织氛围感知	0.265****	0.01	0.000
科研工作投入	←	职业归属感	0.03	0.02	0.612
科研生产力	←	科研工作投入	0.486****	5.23	0.000

注：显著性水平，*10%，**5%，***1%，****0.1%。

统计结果显示，高级职称教师的职业归属感对科研工作投入的影响不显著，组织氛围感知对科研工作投入影响的标准化系数明显降低。但组织氛围感知对职业归属感的影响和科研工作投入对科研生产力的影响依然非常显著（见表 6 – 8）。

表 6 – 8　标准化后的组织氛围对科研生产力影响的总效应（高级职称）

变量	组织氛围感知	职业归属感	科研工作投入	科研生产力
职业归属感	0.389****	0	0	0
科研工作投入	0.277****	0.03	0	0
科研生产力	0.135	0.015	0.486****	0

注：显著性水平，*10%，**5%，***1%，****0.1%。

从系数变化上看，高级职称教师的科研工作投入受到组织氛围或职业归属感激励的样本整体比初、中级职称教师低，组织氛围感知最终对高级职称教师的科研生产力影响系数为 0.135，但是科研投入对科研生产力的贡献百分比高于样本整体。由此可见，高级职称教师的科研工作投入和科研生产力较少受到外界组织或制度环境的影响，教授或副教授们已经形成了自身的科研模式，不易在外部组织或制度环境的刺激下发生改变（见图 6 – 3 和表 6 – 9）。

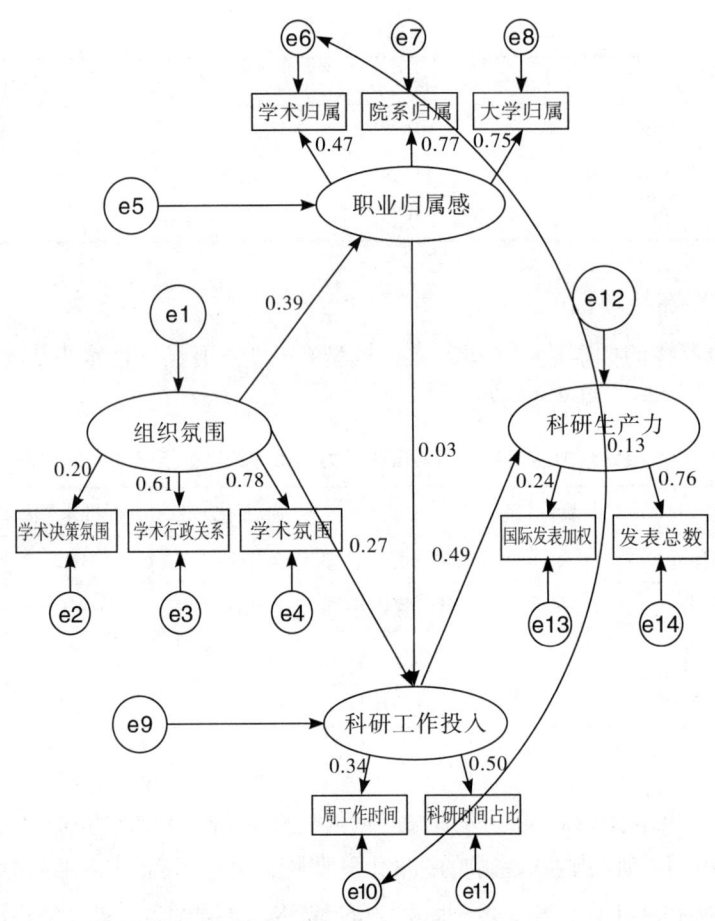

图 6-3　组织氛围感知对科研生产力影响机制的结构方程模型（高级职称）

表 6-9　组织氛围感知对教师科研生产力影响 SEM 分析模型适配度检验（高级职称）

	统计检验量	适配标准	检验结果	适配判断
绝对适配系数	RMSEA	<0.05 优良，0.08 良好	0.046	优良
	GFI	>0.90	0.983	优良
	AGFI	>0.90	0.969	优良
增值适配系数	NFI	>0.90	0.927	优良
	RFI	>0.90	0.891	否
	IFI	>0.90	0.946	优良
	TLI	>0.90	0.918	优良
	CFI	>0.90	0.945	优良

续上表

统计检验量		适配标准	检验结果	适配判断
简约适配系数	PGFI	>0.50	0.536	优良
	PNFI	>0.50	0.618	优良
	PCFI	>0.50	0.630	优良

本 章 小 结

综上所述，高校教师科研生产力受到组织氛围感知的间接影响，其影响路径是组织氛围感知通过职业归属感影响科研工作投入，进而作用于科研生产力，组织氛围也可以通过影响科研工作投入进而影响科研生产力。组织氛围感知对科研生产力影响的总体贡献度为12.7%，间接影响路径中主要通过影响教师科研工作投入对科研生产力发挥作用。假设7得到验证。

具体而言，组织氛围感知中的学术氛围对组织氛围感知的贡献度最高，对教师科研生产力的影响较学术—行政部门非正式关系和学术决策氛围更大，体现出教师科研生产力对日常科研学术情境的依赖，学术氛围和学术—行政部门非正式关系更具有"氛围"的色彩，强调组织内部人与人之间沟通和互动的情境，表现为实际的交往情境中更为成熟的学术自主性状态。

分职称情况讨论之后发现，初、中级职称的教师对组织氛围感知更为敏感，其科研生产力更容易受到组织氛围的影响。初、中级职称教师对组织氛围中的学术氛围感知更为敏感，且其职业归属感中对院系的归属感更强。高级职称教师的科研工作投入受到组织氛围或职业归属感激励的样本整体比初、中级职称教师低，但是科研投入对科研生产力的贡献百分比高于样本整体。由此可见，高级职称教师的科研工作投入和科研生产力较少受到外界组织或制度环境的影响，教授或副教授们已形成了自身的科研模式，不易在外部组织或制度环境的刺激下发生改变。

本研究中的组织氛围勾勒的是院校学术自治的制度化程度，包括学术权力在学术决策中的地位、学术部门与行政部门关系的专业化和支持性程度，以及院校资源分配基于科研或学术表现。因此，提升院校学术领域的学术自治，强化学术部门的专业化发展，行政管理部门提供信任和支持环境，对教师科研生产力具有促进效应。

第七章 院校组织氛围与教师科研生产的多样格局

第一节 研究背景及问题

本书的前六章通过文献研究和定量研究的方法，检验了高校组织场域中的组织氛围对教师科研生产力的影响机制，发现了组织氛围中学术主导型的学术决策氛围、专业化—支持性的学术—行政部门非正式关系以及良性的院校学术氛围评价通过教师的职业归属感和科研工作投入对教师科研生产力产生正向影响。

然而，受测量工具的限制，定量研究部分对科研生产力的测量存在重数量化和单一的局限性，因此使得研究结论显现出一定的侧重科研量化绩效指标和以研究型大学科研评价为标准的价值取向，虽然这不是研究者的本意。

这样的感受可能会带来科研评价二元化和片面化的危险。一方面，科研作为高等教育的功能之一，其在不同院校层次、学科领域之间存在多元化的评价标准，因此对教学应用型大学和研究型大学的科研成果评价标准应当相应地区分，既应当存在国际学术话语体系中对科研发表质量和数量的评价标准，也应当存在本土话语体系中教学型科研和应用型科研对人才培养和社会服务的价值肯定；另一方面，唯数量论的一刀切指标容易使得科研产出的排序格局固化，其原因在于与教学应用型大学相比，研究型大学在科研产出的量化评价体系中有先天优势，以科研成果发表数量的标准评价教学应用型大学，未免有"强人所难""削足适履"之感。

而且在本书的第四章第五节对高校组织氛围的场域位置异位与科研生产力的分析中，也强调了需要考虑不同场域层级之间的院校科研生产的独特性和差异性（例如位于高校组织场域顶端的院校多进行纵向委托、基础性较强的学术研究，而地方性应用型院校往往会与企业或产业结合紧密，形成产学研合作式研究），在不同的科研模式下，高校组织氛围中适宜的学术决策氛围类型或非正式关系氛围类型可能会存在较大的差别。是否一定都采取学术主导或专业化—支持性的方式来组织科研工作，需要审慎地进行具体情况甄别之后再做出选择。

基于这样的考虑，研究者选择了两所处于不同高校场域的、不同类型的院校进行了质性研究，通过访谈的方法了解研究型大学和教学应用型大学的组织氛围与科研生产模式的差异，放宽对科研产出单一、量化的评价标准，关注在不同场域位置上的院校，其组织氛围的差异，以及如何营造适合自身定位的组织氛围或采取何种组织策略以优化符合院校科研发展定位的教师的学术科研产出这一问题。在质性研究的过程中，院校内部各院系之间的团体氛围差异会相应地显现出来。如此一来，可以更为丰富、细致地了解在"大同"院校氛围中切实存在的"小异"。

第二节　抽样院校的选择及受访者构成

结合本书第四章第五节高校组织氛围的场域位置异位的分布情况，研究者发现，"985 工程"院校和一般本科院校的层内同质性较高，而"211 工程"院校的层内差异化较高。具体而言，3 所"985 工程"院校学术决策组织氛围均为学术权力主导型，北京大学和清华大学这两所国内顶尖且师均科研生产力最高的研究型大学，其组织氛围中学术—行政部门非正式关系维度均表现为专业化—支持性。与之相对的是，样本中的一般本科院校的组织氛围大部分表现为行政权力主导型学术决策模式和普遍化—融合性的学术—行政部门非正式关系，且相对而言，师均科研生产力较低。"211 工程"院校之间的组织氛围模式差异化较大，组织氛围与师均生产力之间的关系较为复杂，不便于选择，因此研究者在呈现出最大差异化的学术权力主导型和专业化—支持性关系的"985 工程"院校与呈现行政权力主导型和普遍化—融合性关系的一般本科院校中，各选择 1 所院校作为质性研究的研究对象，分别探讨两种异质性的院校组织氛围模式的差异及科研生产方式的多样。

院校 A 为"985 工程"研究型大学，院校 B 为教学应用型一般本科院校，两所院校均从样本院校中选取，以确定质性研究抽样院校的层级与组织氛围与量化研究是相互对应的。考虑到访谈的方便性，两所院校均位于北京。定量研究中，两校教师在各学科中的有效样本分布情况如表 7 - 1 和表 7 - 2 所示。

表 7 - 1 中，A 校样本教师有 39.4% 分布在理学，9.6% 分布在工学，1.0% 分布在农学，即 50.0% 的样本教师所在学科为理工等自然科学类，社

会科学专业（经济学和法学）的样本教师比例为 26.0%，人文学科（文学和历史学）样本教师比例是 21.2%。整体而言，理工类教师占据 A 校抽样教师半壁江山。

表 7-1　定量研究中 A 校样本教师在各学科的分布情况

学科	次数	有效的百分比	累积百分比
经济学	13	12.5	12.5
法学	14	13.5	26.0
文学	13	12.5	38.5
历史学	9	8.7	47.2
理学	41	39.4	86.6
工学	10	9.6	96.2
农学	1	1.0	97.2
其他	3	2.9	100.1
总计	104	100.1	—

表 7-2 显示了 B 校样本教师的学科分布情况，其中理工类专业教师占 51%，社会科学类（管理学、教育学、经济学和法学）教师比例为 35.6%，人文学科教师比例为 11.1%。B 校理工类教师仍然是样本教师的主体，其次是社会科学类。

表 7-2　定量研究中 B 校样本教师在各学科的分布情况

学科	次数	有效的百分比	累积百分比
哲学	1	1.1	1.1
经济学	6	6.7	7.8
法学	1	1.1	8.9
文学	9	10.0	18.9
教育学	11	12.2	31.1
理学	1	1.1	32.2
工学	45	50.0	82.2
管理学	14	15.6	97.8
其他	2	2.2	100.0
总计	90	100.0	—

定量研究中，两所院校的样本教师分布均以理工类学科教师为主体。因此，为了令质性研究与定量研究的对象更好地匹配，也为了避免学科差异带来的问题复杂化，研究者选取理工类教师作为质性研究的抽样群体。

鉴于 A 校样本教师较高比例分布在理学，A 校理学部分别设有数学科学学院、物理学院、化学与分子工程学院、生命科学学院、城市与环境学院、地球与空间科学学院、心理学系、建筑与景观设计学院，以上学院除心理学系和建筑与景观设计学院师资队伍规模相对较小以外，其他学院的专职教师规模近似，均在 150 人左右浮动。如何能够以有针对性的方式从 A 校理学若干不同学科中抽取到最能够反映组织氛围特性和科研生产策略的教师作为资料来源，成为研究者关注和思考的问题。因此，研究初期，研究者通过对 A 校发展规划部门和学科发展部门相关管理人员的访谈，了解到该校自 1993 年起，一直在学校层面推动学术组织体制机制变革，理工学科院系和机构成为组织改革重镇，改革方式主要有两种，第一种是新体制机构的设立，即新增组织单位，变革组织模式；第二种是在原有院系结构的框架内，采用新体制管理办法（"百人计划"①），通过吸纳海外高层次人才并采用单独的管理办法，改善学校的师资队伍结构和科研生产模式。该校理工类两种方式均得以施行，大部分学科成立了新的研究中心或机构，同时学科内部也在进行组织管理机制调整，以适应越来越多的国际人才的涌入，与国际学术生产组织方式靠近。因此，研究者进一步聚焦 A 校在理学部实行的新体制改革中的教师群体。为了更全面地了解 A 校新体制组织模式和理学部中新体制教师的科研生产模式，研究者将访谈对象的范围确定为院校发展规划部门管理者、学科建设部门管理者、财务行政管理人员，以及以平台形式整合理学部各学科教师的跨校联合中心 C 与最早建立的新体制机构 D 中的教师群体，抽样人员情况见表 7 - 3。

---

① "百人计划"（"A 校优秀青年人才引进计划"）是 A 校从 2005 年底开始实施的以优秀青年人才引进为核心的重要人才计划。该计划面向全校所有院系，旨在招聘一批符合创建世界一流大学要求、有潜力成为 A 校未来学术带头人的优秀青年学者。截至 2012 年 11 月，A 校 "百人计划" 引进人才已达到 101 人，引进时平均年龄 33 岁，90% 的人具有海外学术工作经历。"百人计划" 人员获得 "国家杰出青年科学基金" 时平均年龄 36 岁，获 "长江学者特聘教授" 时平均年龄 38 岁，比 A 校过去五年获得这些称号的教师平均年龄小 5 岁左右。资料来源：http://www.edu.cn/gao_jiao_news_367/20121129/t20121129_874350.shtml。

表 7 - 3　A 校访谈人员情况表

访谈人员①	所属部门	岗位类别	学科	性别
A1	学科建设	管理人员	—	男
A2	发展规划	管理人员	—	男
A3	财务管理	管理人员	—	女
A4	跨校联合中心 C	教授、负责人	物理学	男
A5	跨校联合中心 C	PI②	神经生物学	男
A6	新体制机构 D 所	教授、负责人	生理学	男
A7	新体制机构 D 所	教授	生物化学	男

　　B 校教师样本主要分布在工学和管理学。通过对 B 校曾经在科研处和人事处工作过的管理者的访谈，研究者了解到 B 校的自动化学院是属于院校传统和重点发展的工学类学科，信息学院属于院校近年来支持力度较大的工学类学科，旅游学院为院校新兴的大力扶植的管理学科，应用文理学院为拥有北京市重点建设学科——食品科学学科和北京市重点实验室的龙头理学类学院（见表 7 - 4）。B 校与 A 校不同，其 1985 年之前是分校办学，2002 年之前各学院均有自己的传统，学院控制大于学校控制，直到 2003、2004 年期间，才相继进行了教学管理和后来人事管理和财务管理的统一，2006 年开始有研究生招生权限，即 B 校是先有学院再有学校行政部门统筹的历史发展背景。时至今日，该校各学院之间的情况差异仍然相对较大，并未进行类似于 A 校的全校范围的组织体制机制变革，仍然以传统的学校—院系二级管理的模式运行，但是学校领导基于学科发展需要，对不同学科的发展采取了多元化的组织策略。因此，研究者选择了人事管理人员以及以上提及的四个学院的教师作为访谈对象，从而了解院校传统学科、新兴学科和重点发展学科的组织氛围和科研生产组织策略的多样情况。

表 7 - 4　B 校访谈人员情况表

访谈人员③	所属部门	岗位类别	学科	性别
B1	人事管理	管理人员	—	女
B2	自动化学院	系主任	建筑电气工程	男
B3	自动化学院	系主任	自动化工程	男

①③　接受访谈人员姓名用序号代替。

②　PI（principal investigator），称为实验室主任或实验室负责人。

（续上表）

访谈人员	所属部门	岗位类别	学科	性别
B4	自动化学院	讲师	电气与控制工程	女
B5	旅游学院	系主任	会展经济与管理	男
B6	旅游学院	教授	统计	女
B7	信息学院	系主任	软件工程	女
B8	信息学院	讲师	软件工程	男
B9	应用文理学院	副教授	食品科学与工程	男
B10	应用文理学院	副教授、副书记	环境化学	男
B11	应用文理学院	副研究员	无机化学	女

第三节　研究者的身份及研究关系

考虑到质性研究的研究工具是研究者本人，因此必须反思自己的个人因素或身份对研究产生的影响，以及自身与被研究者之间的关系如何影响研究的问题。

一、研究者的身份对研究的影响

研究者作为一名社会学科中教育经济与管理专业的博士研究生，研究的对象是理工类、管理类学科的教师群体，访谈对象包括理工学科和管理学科不同职称和学术职务的教师以及院校管理人员。

通常情况下，研究者个体的性别、年龄、文化背景与种族、社会地位与受教育程度、个性特点与形象等个体特征会对研究过程产生影响。研究者作为一名未满 30 周岁的未婚社会学科女性博士研究生，调研的对象大部分是已婚中青年男性理工类教师及管理者，因此在以上各个方面均与被研究者存在差异。例如，研究者与被研究者的性别差异和学科差异有可能造成沟通过程中的谈话逻辑差异和学科研究范式的理解障碍；年龄及家庭角色和教师社会角色的差异也会使研究者缺失对已婚教师群体家庭影响和教师工作状态的"感同身受"；社会地位与受教育程度方面，由于研究者所在院校与 A 校的天然联结及院校的良好声誉，而且访谈者和被访者均是受过高等教育的从事学术研究的群体，因此，这样较为对等的受教育水平似乎为访谈的开展降低

了阻力，然而由于研究者进入两所院校的方式不尽相同（A 校是借助于学院教师开展纵向课题研究的契机，进行合作访谈；B 校是借助该校管理人员作为校友和同窗的关系进行共同研究），这种相对不平等的研究关系可能对研究开展有一些不利影响（例如，对 A 校的研究会使受访者顾虑纵向委托课题的背景而无法知无不言言无不尽，而对 B 校的研究中受访者同样会顾虑合作访谈者管理人员的身份，而对一些负面问题的交代有所保留，这些均与访谈者进入现场的方式有关，这将在下一部分进行详细介绍），不过借助合作研究者的教师身份和管理人员身份，也能够一定程度上弥补研究者作为学生身份的不平等关系，故利弊参半；研究者的个性较为开朗，形象端正，思维较为变通敏捷，有共情能力和倾听意愿，之前曾经有过质性研究的访谈经验，所以无形之中减少了访谈开展的沟通障碍。

此外，研究者的个人倾向和经历对研究也会产生影响。例如，研究者在研究过程中对自我形象的界定，是基于建构主义的"学习者"、遵从批判理论的"鼓动者"还是推崇后实证主义的"研究者"，对研究方式影响较大。作者将研究者的身份界定为对"研究者"身份有所保留的"学习者"。原因在于，在进行质性研究之前，研究者已经对相关文献进行了系统梳理，也对数据资料建立了研究假设和基本验证，有了一定的理论框架，然而，在进行质性研究的过程中，研究者仍然希望对定量研究测量工具和研究思路的局限性予以突破，因此怀有开放的心态，不做过多的研究假设限定，而是以描述性研究和半结构访谈的方式来获取质性研究资料并进行分析。同时，研究者的"学生"身份确实使得自身对研究问题和研究对象没有"指点江山"建立"强假设"的自信和勇气，故以"学习者"的心态，在访谈过程中逐步接近教师群体对院校组织氛围和科研生产方式的认知情境。个人经历方面，研究者虽然目前是学生身份，但曾经在本科毕业之后，在一所"211 工程"院校研究生院担任过 2 年的全职教务管理工作，硕士和博士研究生阶段也在院校人事部、教务部和研究生院等多个部门实习，因此对教师们的教学活动和院校组织管理具有一定的了解。而且研究者的跨学科学术训练（医学、法学、教育学、管理学和经济学）和高中阶段理科生的基本逻辑训练为研究者快速进入被访者的学术话语情境提供了一定的认知基础。

二、"局内人"还是"局外人"？

质性研究不仅受到研究者个人作为研究工具的一系列特质或属性的影响，也受到研究者与被研究者之间关系的影响。一般情况下，质性研究的研究关系主要从"局内人"或"局外人"的角度进行讨论。"局内人"是指那些与研究对象属于同一个文化群体的人，彼此共享类似的文化理念，生活经历或习惯，以及行为模式等；"局外人"的含义是与被研究群体没有从属关系，处于该文化群体之外的研究者。正如上文所述，研究者在个体特征方面与被访者之间的关系似乎是"局外人"的关系，而在个人倾向和经历方面又具备"局内人"的色彩，因此属于具有"双重身份"的研究关系。

"局内人"和"局外人"对研究的影响各有优劣。"局内人"的关系帮助研究者更好地理解被研究者的思维、行为、习惯和话语的意义及情感，对本土概念的理解也更为深刻，能够敏锐感知被访者的潜台词，但也可能由于对一些用语或行为的习以为常，而失去对核心概念关系的敏感，文化主位的身份可能会带来对一些重要现象的视而不见，所谓"不识庐山真面目，只缘身在此山中"。"局外人"的优势在于"横看成岭侧成峰，远近高低各不同"，文化客体的身份带来了研究关系一定程度上的距离感，而距离感一方面会使研究者关注到一些"局内人"视为理所当然的重要现象或关系，不同的学术背景和异文化体质带来对同一现象或关系的不同理解，另一方面能够维持相对"客观"的审视心态和研究的"中立"立场。当然，这种"局外人"的距离感也会使研究者难以真正进入研究对象的话语情境，难以准确深刻地理解研究者的思路和话语行为的深层意义。因此，保持这种"双重身份"实际上能够维持一种恰当的研究距离而不致疏远，亲近而不致丧失客观，并且借助合作研究者的身份，可以适当弥补研究者与被研究者之间的身份距离和沟通理解障碍。

第四节　进入研究现场

进入研究现场的方式主要有两种，一是研究者与被研究者取得联系，在获得对方加入研究的同意后开展质性研究工作；二是研究者直接置身于研究现场，与被研究者共同生活和行动，在此过程中与对方商议开展研究的可能性，获得肯定后展开研究。鉴于本研究采用个别访谈的形式，故研究者选择第一种方式进入现场。

一般情况下，进入研究现场之前需要提前了解研究现场的权力结构、人员关系及行为规范等。因此，研究者借助 A 校某部门管理者是校友和同门的关系，事先了解了研究群体所在情境的相关管理部门和具备代表性且较容易接洽的相关机构负责人，通过 A 校同门的联络，提前取得了被访对象的同意后，再单独联络、预约了访谈时间、地点，并提供了电子版的访谈提纲，以

便被访者提前了解访谈结构和研究计划，提前做好相应的准备。研究者通过同样的方式联络到 B 校管理部门的校友，恰好她也在准备博士研究生学位论文的质性访谈，研究的同样是教师群体，只是研究的是教师群体的教学问题，因此，研究者通过与该校友的沟通，共同确定了适合彼此的研究群体的抽样院系范围，并通过她的工作和私人关系联络到相应的院系负责人和教师，预约了访谈地点和时间，两位研究者在同一现场分别进行了访谈，提高了研究效率并节约了研究成本。

进入现场的方式有多种，研究者采用了逐步暴露式，向被访者提供了研究者身份信息、研究目的、研究计划、访谈提纲以及研究结果的取向等内容，并承诺保护被访者的个人隐私及信息，参与研究基于自愿原则，便于被访者放下戒心和防备，更好地参与到访谈中。

第五节　资料收集工作

一、访谈提纲的设计

在进入现场后，便是访谈的资料收集工作。在访谈开展之前，半结构式访谈需要有访谈提纲作为资料收集工具。鉴于本研究涉及了两所不同层次和类别的院校，也包含教师和管理人员两种不同岗位类别，因此对不同院校的管理人员和教师分别设计了不同的访谈提纲，提纲简洁明了，是粗线条的问题设计，以便访谈时能够开放性地根据教师的描述追问。具体资料见附录。

二、协商访谈事宜

研究者确认访谈提纲后，通过电子邮件和电话预约确定了与被访者访谈的时间和地点，所有的访谈都是研究者在被访者工作现场进行的，以受访者方便为第一原则，同时，处在自身习惯的环境之中也有利于被访者访谈感觉的安全和轻松，访谈时间一般在 1 小时之内。

在访谈开始之前，研究者通过口头介绍方式再次向被访者披露研究问题和目的、研究用途，同时许诺志愿原则和保密原则，并征询对方意见是否同意录音，所有被访者均同意录音，由此保证了资料收集的完整性，使研究者在访谈过程中不必投入过度精力在笔记记录方面，能够更好地倾听被访者的阐述并适时追问。

三、访谈记录方式

访谈现场记录的方式有内容型记录、观察型记录、方法型记录和内省型记录四种。研究者主要采用内容型记录的方式记录受访者在访谈中所说的内容，结合了电子记录和笔记记录的方式（在合作访谈时采用电子记录的方式，全面地收集资料；在独立访谈时采用笔记记录的方式，以便更好地观察被访者的阐述，并灵活地与之互动和追问）。

四、访谈中的提问、倾听与回应

本研究中的访谈问题多数为开放型问题，开放型问题没有固定答案，为被访者描述和表达留有充分的余地。访谈过程中，由于被访者的性格和表述方式存在差异，有的教师较为健谈，有的教师属于一问一答式回应，因此对于较为健谈的教师，研究者在保持不脱离访谈问题结构的前提下，多采用倾听方式获取更多资料；对于表达相对含蓄的老师，研究者会在合适的访谈节奏下适时追问，以鼓励受访者就问题多谈论一些，提供更多的信息和资料，但也允许被访者适度地沉默和思考。当被访者对问题面露难色时，研究者会结合对被访者的表情动作观察，转换提问方式，以便被访者能够更为清楚地理解问题内涵，搁置对解答访谈问题的顾虑。对于已获得充分信息的问题，研究者会采用认可行为或语言推动访谈继续进展；对仍有疑虑或觉得需要更多信息补充的问题，研究者会采用重复问题或总结的方式来表达希望继续倾听的意愿或验证自己的理解是否正确。当被访者对自己访谈内容的阐述产生疑问时，研究者通过鼓励或自我暴露的方式来激励被访者按照自己的思路进行表达。

第六节　质性资料分析及结论

质性研究的资料分析往往会从阅读原始资料开始，采取悬置原始假设或理论前设的态度，让资料自己说话，在阅读的过程中，通过不断地反思和理解，寻找关键概念、命题，并建立核心概念之间的联系，寻找话语意义。而建构理解和意义的过程，是在编码（coding）或曰登录的工作中逐步完成的。编码时，一些在文本中重复出现的说法便成为核心概念，还有一些特有说法便成为本土概念。在编码进行时，一些具体的概念可以被不断地归纳概括为

更上位或抽象的概念，这一过程一直持续到最上位的概念无法继续整合为止，由此便逐步建立了质性研究的概念关系也就是初步的理论框架。基于以上资料分析方法，本研究对质性访谈资料进行了类属分析。

一、A 校"学术特区""纵横捭阖"式科研生产组织氛围

通过对 A 校管理机构负责人、科研机构负责人及教师访谈资料的归纳编码，研究者发现了 A 校整体呈现出"学术特区"式的科研生产模式。具体表现为两种科研生产组织模式，分别为初期的"投石问路"和后期的"学术联姻"。

（一）自下而上的科研生产机制创新：投石问路

在 20 世纪 90 年代初期，为实现创建世界一流大学的发展目标，努力在国家学术创新、人才培养中发挥引领作用，作为学科体系建设与高校管理体制机制创新的重要组成部分，A 校已先后在前沿和交叉学科等领域设置了 20 所新体制单位。这类机构采用新的管理与运作机制，在学术研究、科研队伍建设、人才培养方面均做出了卓越的贡献。

在"985 工程"二期（2004—2009 年）中，A 校按照"以队伍建设为核心，以交叉学科为重点，以体制机制改革为动力"的思路，开始进行新体制单位试点。当初 A 校的考虑是学科发展的前沿方向及交叉性：

> 从学科角度来讲，首先是前沿方向，（该方向）一定是未来科学发展（中）一些新的重要方向。其次就是交叉性，在这些常规的院系（里），（一些方向是）做不了的，但前提是，这（个方向）里面得有人，因为在这个方向上有比较强的科学家。如果有好的方向，但是没有人（研究），是没法建立（起来的）。
>
> ……
>
> 实际上，我想至少通过投石问路的方式带来了一些变化。
>
> ——A6 的访谈资料①

2004 年开始，A 校先后在传统院系中引入新体制改革，生命科学学院、合并力学系后的工学院处于新老体制并轨的阶段，目前工学院已开始酝酿实施新老体制并轨。A 校在新建立的新体制机构 D 所等单位中实施新的管理体制。近两年，A 校实施新体制的单位迅速增加，访谈机构跨校联合中心 C 也是按照新体制的模式建立的。新体制机构 D 所作为较早一批作为"学术特区"的单位，

---

① 本节所有访谈对象的访谈资料均经过整理和修改。

在探索科研生产组织模式的体制机制改革方面是作为"投石问路"的试验田的角色筹建设立并开始运行的，该机构以多学科综合交叉、研究与应用并重为特色。至 2012 年底，新体制机构 D 所已建成具有国际水准的 12 个研究室和研究中心、3 个大型公共科研平台，目前已发表和接受论文 174 篇，平均影响因子 7.9。

当初新体制机构 D 所的设立背景是，基于世界科学发展的新思路，NIH 高级研究员，已在国内兼任教授 3 年之久的 X 教授意识到，有必要将转化医学（translational medicine）的概念引入中国，以适应国家对人类与健康的重大需要，并与世界科学发展接轨。她和同事们提出了在 A 校筹建机构 D 所的设想，计划从世界范围内挑选、组建一个高水平的研究团队，利用中国丰富的人口资源和临床医学资源，建立广泛的国内外合作与交流，通过确定多种心血管疾病相关的分子机制来发展遗传诊断和特定信号能成为靶标的新药物。A 校领导顺应学科发展的新潮流，同意并支持在该校创建机构 D 所。于是，A 校于 2004 年 3 月批准建立分子医学研究所，任命 X 教授为所长。当时设立的初衷是将其作为一个新老体制过渡的"学术特区"，具备相对独立的人事权、财政权和内部管理权力。

（以）一个独立的机构做试点，这个试点是可控制住的，（试点）失败了就撤销，（试点成功了）就发扬光大……当时的情况，（试点机构）是要相对独立的人（事）权、财（政）权和内部管理的一些权力。现在人（事）权、财（政）权都已经（被学校）收走了。（我觉得）这个是对的，（试点机构）是一个新老体制过渡的产物，（机构）的一些使命已经完成了，（撤销一部分权力）我们没有什么意见。等将来（机构）正规化，学校管理的任务就简单了。正规化（的体制）有的是拷贝（西方发达国家的），有的（体制）是自己的，由多种体制混合而成。（独立机构既）不是高校体制，也不是科学院体系，这个模式有很大程度上是借鉴的中国科学院神经科学研究所。

2003 年，准备在医学部做（试点），那时候（医学部）H 老师也挺支持的，当年已经取好，并拜访七八个部委，教育部、科技部和基金委员会都拜访过。后来真正成立是 2004 年在 A 校这边做（试点），经费是 2004 年 12 月 31 号到账的，所以我们所运行应该是 2005 年……以一个团队的形式，发展生命科学。

——A6 的访谈记录

根据访谈资料可以发现，D 所建立的路径是，由在国外享有一定声誉的中国学者向 A 校提议，A 校结合自身的学科发展需求达成初步意向，D 所再与国家各部委和基金委员会沟通经费资源问题，经费资源有相应的来源后，在 A 校正式设立，获得国家经费支持。由此可见，在全过程中，知名学者及其团队的主动争取与积极联系起到了主导性和关键性的作用，凸显了学术力量在推动 A 校科研生产组织模式变革中的重要影响，其设立过程路径如图 7-1 所示。

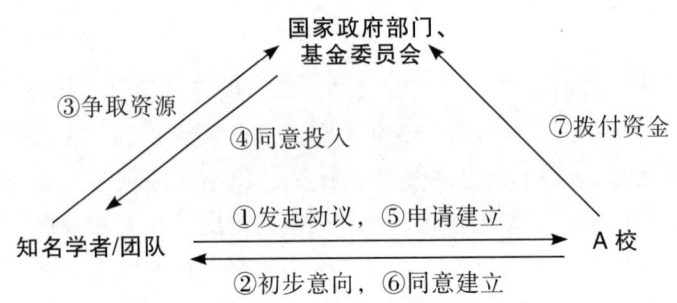

图 7-1　机构 D 所设立过程路径图

为了使 D 所得到快速发展，A 校确定 D 所为独立的科研、教学单位。作为 A 校体制改革的首个试点和重点单位之一，D 所得到 A 校各级领导的支持，实行所长负责制，按照新理念和建所方案进行建设。建立之初的一期经费是 5 年总计 8 000 万元，当时经费投入的背景是考虑到在政府财政科研没有投入的前提下，能够保障机构的科研队伍 PI 稳定地开展科研活动。

3 000 万是机械，8 000 万基本包干的……当时设计的目的是，等 PI 来了，5 年之内（不需要）国家（投入）一分钱，（科研队伍就）能（继续做下去）。

——A6 的访谈记录

机构 D 所在设立之后，的确采取了与传统院系不同的科研组织管理模式，总结归纳为以下几方面：

1. 所长负责制

所长由 A 校招聘、遴选和任命，任期 5 年。所长具有相对独立的用人权、财务权和学术管理权。重大事项决策并不是所长独立决定，而是由学术委员会和 PI 会议共同决策，所长拍板。学术决策风格民主，信息交流顺畅，教师参与决策意见，体现出学术权力主导型学术决策以及民主协商的决策机制的特征。

重大事项的决策，比如经费或用人，是所长征求学术委员会和（经过）PI 会议讨论，并综合各方面意见，最后形成一个方案。很多事情（决策后）拍板的权力是所长的。所长是一个很民主的所长和领导者，他让大家知情，让大家参与（并提出）意见，（这个）机制运作非常有效。

——A7 的访谈记录

2. 委员会制度

D 所设立了顾问委员会和学术委员会。所长就重大学术、人事管理问题不定期向顾问委员会咨询；顾问委员不领取薪金或津贴；学术评审委员会负责研究人员的学术评审工作。

> 学术委员会和顾问委员会是两个层次，顾问委员会是从很多评估专家里面（选）出，他们在建所时提了很多意见。在国际评估的时候，（顾问委员会）意见最多，（态度）非常友好，非常支持（我们）。
>
> ——A7 的访谈资料

3. 实验室主任（PI）负责制度

PI 负责制是：

> 采用一个实验室由一位首席科学家负责，研究团队可以根据项目需求及经费的许可，分配研究助理（Co-PI）、博士后、研究生、实验技术人员。PI 负责实验室的科研项目经费管理、设备采购、人员招聘等实验室建设工作，有经费、人事、科研项目管理方面的自主权。
>
> ——A6 访谈资料

此外，D 所还建立了学术年会制度。学术年会每年举行一次，全所人员参加；建立了定期所务会议制度，一般每月召开一次，由各 PI 或 Co-PI 参加，办公室主任列席。

4. 科研生产评价的国际接轨与同行评议导向

在建所的第一个建设期，A 校对科研产出并没有提出严格的数量要求，为 D 所在起步阶段提供一个宽松的学术环境。

> 你要发表多少文章，不是文章数量问题。因为那时候科学发现不是工程，你只能要求（研究人员）好好做，一般（来说）做的不是那么差。这一年 A 校没坚持（要求发表文章的数量），（管理）还是很宽松。
>
> ——A6 访谈资料

但是进入稳定期之后，实行科研评估管理。D 所的评估模式是中期评估与国际评估相结合的模式，国际评估设有专门的评估委员会。

> 我们有评审，有 5 年国际评审，第一个 5 年国际评审已经做过了，在报告里也有，国际评估也做过。第二个 5 年国际评审，我们去年自己也做了，（接着）明年又是国际评估，（明年的国际评估）可能会出现淘汰。
>
> ——A6 访谈资料

3 年中期评估，5 年国际评估。再过 3 年又是中期评估，再过 5 年又是国际评估。2013 年，（所里）做了第二个中期评估，2015 年做了第二个国际评估。这是所里整体聘请国际（机构）或国际和国内的（机构），（总体）权衡的委员会，1~2 天的时间 7 个人听讲（评估），给学校一个评估报告。

——A7 访谈资料

评估委员会中包括国际学者，委员会的构成不一，根据各个学科的性质，如科研为主还是国家或社会服务为主，相应区分。对科研的评价不能"用一个尺子量"，一刀切。

评估委员会（人员构成），（由）我们报到学校，（经）学校批准。（人员）构成包括海外华人，比如王晓东等人，我们希望权威一点。

——A6 访谈资料

作为一个学术评估，只要请的人得当，还是能发挥作用的。从另一个方面看，不同单位的研究目的不同，有些单位（的目的）就是围绕科研，有些应用型的研究单位或实验室，目标就是为国家和社会服务。有时候在国际评估里，需要做一些区分，（比如）在考量的维度上做一些区分。我们所自己在对专家建议的消化上，是有考量的。例如在做制度的推广上，这种考量也要（体现）在里面，要不然大家都做热点（课题），国家整个科研体系就不成体系了。我们（所的研究）从基础到应用本身是有分工，都用一个尺子衡量是不对。

——A7 访谈资料

5. 学术决策的学术权力主导及"学术共同体"氛围

具体而言，学术决策人事自主权表现在人才聘用及职称晋升方面的相对自主决策权。D 所实行聘用制，公开招聘，经校长授权，由所长代表学校与受聘人员签订聘用合同，根据合同进行管理。PI 聘用实行 tenure-track（预聘）制度，由研究所组织招聘委员会评审、面试和投票推荐，报学校批准，所长聘任。招聘委员会由 7~9 名校内外知名科学家、管理专家、所长、高级研究员和部分研究员等共同组成。对于招聘委员会推荐的杰出资深科学家，经学校批准，也可由所长直接聘为高级研究员。兼职研究人员由所长提议，招聘委员会评审、面试通过后聘用。可聘请客座研究人员，由研究组提名，经所长在所务会议讨论通过，每两年续聘一次。正教授、副教授、讲师和助教职称的认定由研究所上报 A 校学术委员会审批[①]。

---

① 参考 D 所内部管理资料。

（招聘方案）是整体设计的，我们是团队招聘的，既看个人，也看是否符合团队方向，（两者）必须有所选择。（条件）确实好而且和我们（团队的方向）相关的，这些人招进来，和团队既有的人员相互补和契合。（招聘）基本按照结构招人，有一个前期设计，当时的方案花了 1~2 年时间来设计。

……

我们所的晋升当时是自己说了算，现在是（和学校）统一了。我们所是一揽子编制，当时给了我们 50 个编制，30 个是 A 校 A 类编制，20 个是所内编制（同于 A 校的编制），所里用了 30 多个编制，后来跟学校人事部商量，一共是 50 个编制。

——A6 访谈资料

但近年来，随着 D 所的发展成熟，趋于稳定，学校层面的人事制度也在进行相应的改革与新体制匹配，因此出现了人事权收归学校统一管理的趋势。

在一期建设时，所里有人事权，近两年（政策）有变化，学校收回了人事权。在（各种体制转换）的过程中，（学校）有一个整体部署，各院系要服从整体部署，以前我们（的人事）需要报学校备案，现在（人事方面）全部都在学校层面（整体考虑）。

——A7 访谈资料

学术资源分配的学术主导体现在人员待遇、研究经费、空间资源及研究生资源分配的所长决定制度。研究人员的岗位津贴及实验室启动经费、运行经费与空间资源、研究生资源分配等由所长在与学校商定的原则基础上决定。人员薪酬实行协议年薪制。正式人员的薪酬分解为四部分：国家基本工资、北京大学职务补贴、岗位津贴及业绩津贴。D 所 PI 的薪酬标准为：高级研究员 20 万 ~ 25 万元/年；研究员 15 万 ~ 20 万元/年；副研究员 10 万 ~ 15 万元/年。其他人员的薪酬标准由研究所提出建议，报校人事部批准。

在待遇和生活（方面），海外华人问题不大。至于国际化的团队，下一个五年，（所里）走国际化路线的话，例如我的一个好朋友，他们夫妇要做计划，12 万 ~ 15 万/年，是没办法养家糊口的。开始几年，所里会有一些支持，但长期的支持可能不行。（所里）开始有些国际化（团队），但是大环境的工资水平低，和美国比有吸引力就可以，不要和其他地方比。个别国际人才的待遇很好，对海外华人科学家还是有吸引力，而对国内学生生源也有一定的吸引力。

——A6 访谈资料

吸引（力）可能更多的是（靠）A 校的影响力，从大家的交流来看，A 校的薪酬待遇在全国来说相对不在高的行列。

——A7 访谈资料

当前，D 所的人员薪资待遇采取协议年薪制，其参考标准是国际化平台上其他国家的相应机构所给的待遇标准，并不按照北大传统的工资结构和薪资标准决定，这方面可以反映出该所在资源配置模式方面的国际化和学术共同体标准的取向。此外，A 校的一大优势在于其"牌子"和"影响力"，也就是"符号化"的文化资本，因此包括在建所之初和运行过程中，文化资本的作用在吸引外部政府资金支持和优质人才方面发挥了重要的作用。

不论是所长负责制、委员会制度还是 PI 负责制度，被访者 A6 在访谈结束时提到了前期设计和组织领导人选择对建立组织文化的重要性。A7 提到研究所建立之初的理念与西方研究单位接近，现在也像西方的学术单位，传统保存下来了，D 所的团体氛围是"平等""民主""很多交流""没有障碍""共享"，体现了组织氛围的"学术共同体"特征。

（新体制机构的设立需要）有一些前期设计，上马需要慎重，要选择好带头人。（新机构的）带头人非常重要，他奠定了（机构的）文化。（同时，新机构）需要不同的文化，有的张扬，有的不张扬。

——A6 访谈资料

（D 所的建立在）当时是概况和理念比较接近，（它）更像西方的一个研究单位。（至今 D 所）也是很像西方（的研究单位），在这个团体里面很平等和民主，（各自有）很多交流，没有（设置）很多障碍，（相互）共享的东西很多。（D 所的）这个传统保存了下来，从这个角度讲，（也是一种）新体制。

——A7 访谈资料

（二）自上而下的科研生产场域消解：学术联姻

1. 机构设立"自上而下"的"学术联姻"

与初期"投石问路"的"试点式"科研生产组织的学术特区化不同，跨校联合中心 C 采用了"学术联姻"组织协作的策略，在国家支持下，由教育部、科技部、财政部设计、组织，A 校与 T 校密切配合，按照"统一领导、顶层设计、强强联合、务实发展、动态调整"的原则于 2011 年组建了中心 C，并同时开展科学研究与人才培养改革试点。A 校一方面通过与另一所顶尖的"985 工程"院校 T 合作建立跨校联合中心，在两所院校分别设置研究平台，向两校各相关学科或院系的教师开放申请职位，定期组织两校 PI 交流，从而促进跨校、跨学科交叉的科研合作；另一方面，通过两校相关学科课程共享和学分互认，建立人才培养合作机制，实现科学研究和人才培养的体制机制创新。

因为国家给了经费支持，A校也给了很多支持，结果我们成为了"特区"，我们的任务就是要探索一条（新的）道路，包括体制机制改革、教学科研的改革、人才培养的改革和管理制度的改革等，（希望）可以为大家提供一些经验教训。因此，国家和A校给我们的自主权很大。

——A4访谈记录

2. "三部两校一中心" 共建机制

C中心作为生命科学研究与人才培养改革试点执行主体，以人员聘用与考评机制、资源聚集与支持方式、科研组织模式、人才培养与教学模式以及运行管理体制为突破口，着重建立更有利于科研创新和拔尖人才培养的环境氛围。C中心采取"三部两校一中心"共同支持的方式，集聚各方的资源和力量，通过人才、经费、机制三位一体的自上而下系统改革的模式，保障改革试点的成功实施（见表7-5）。

国家自上而下提出来，他们是由"三部两校"，即科技部、财政部、教育部、A校和T校组成，并让A校和T校做改革的试点。

——A4访谈记录

表7-5 "三部两校一中心" 共建机制

部门	经费支持			政策支持
	初步建设期	试点运行期	稳定发展期	
教育部	—	—	—	• 给予两校C中心适量的本科保送生、一定数量的博士研究生和开放的博士后招生名额，每年计划单列 • 允许两校C中心制定灵活的本科生和研究生课程设置、培养方案、毕业标准及学制规定 • 在人才引进和聘用、考评等方面给予政策支持

高校组织氛围与教师科研生产力

部门	经费支持			政策支持
	初步 建设期	试点 运行期	稳定 发展期	
财政部	1.5亿元/年·中心		1.7亿元/ 年·中心	• 鼓励中心探索以人才为核心的经费管理新模式，实行财政经费计划单列，由所在学校财务部门统一管理。中心编制基本预算，根据实际需求客观支出 • 经费主要用于实验室改建、仪器设备购置与更新改造、基本科研、人才培养、日常运行及维护等费用
科技部	—	—	—	• 将两校生命科学中心列入国家级基地范畴 • 在国家科技项目立项等方面给予有力支持 • 积极鼓励中心在科研组织方式、管理模式等方面的各项改革与探索。
两校	5 000万/年·中心		1亿/年· 中心	• 把中心作为跨院系的实体，给予科研、教学、人才招聘和考核等方面的自主权，包括人员聘用条件及方式、薪酬待遇及发放、考核评价标准及办法等 • 协调解决中心与生命学院、相关院系及职能部门的关系和问题，提供PI和博士后及研究生的常规标准工资和生活补贴及其他福利待遇，保证中心规划的流动性事业编制名额 • 经费主要用于人才聘用及人员津贴、平台建设及运行等

3. 主任负责制

C中心实行主任负责制，主任任期五年，由建设指导小组提名，教育部任命，学校聘任，报协调领导小组备案。在改革试点初步建设期间，由建设指导小组提名生命中心负责人，两校聘任。C中心主任（负责人）的主要职责是：全面负责生命中心的发展规划、人员聘任与运行管理等工作；规划实验室研究方向及规模、支撑部门设置及人员配置，公开招聘和任免PI；提出改革试点年度工作计划、财务预算方案，每年向执行委员会和协调领导小组提交年度工作报告和财务决算报告；根据有关章程制定改革试点内部规章制度及管理办法，组织对相关人员的评估与考核。

4. 教学科研组织的 PI 全责制

独立实验室是生命中心从事科研与研究生培养的基本单位，独立实验室负责人（PI）根据改革试点规章制度行使职权并承担相应责任，生命中心聘任专职管理人员负责日常行政事务，生命学院办公室为生命中心提供必要的服务支撑，科研平台（生物医学测试中心）为生命中心的科研与人才培养提供技术支撑。

5. 委员会制度

C 中心设立了学术委员会、招生委员会、课程改革委员会、博士后委员会、学位委员会、学术交流委员会，负责机构教学、科研和服务等不同方面的学术事务。行政支持人员有效配合各委员会执行工作安排。由此可见，该中心的学术人员与行政人员之间的关系是进行了专业化的区分和界定的，行政人员的功能就是配合学术事务，进行服务。

（中心）设立各种不同的委员会，（委员会）主要由 PI 和教授参加。中心有学术委员会，学术委员会负责学术的事情，也包括招聘的事情；有研究生招生委员会，因为招生也是一个改革，所以有很多事要做；有课程改革委员会，（中心的）课程要自己重新设计的，（很少）用原来的课程，（大部分课程）在不断地摸索怎么重新做设计；有博士后委员会，因为博士后是一个很重要的因素。同时还有学位委员会和学术交流委员会，因为要看怎么安排交流和邀请国际上的专家访问、做报告。（中心）一般学术上的（大部分）事情都是由这些委员会来制订方针和政策，并具体去执行。在这个基础上，（中心）有一个非常有效的行政支持人员，他们（的工作）就是配合中心和这些委员会。

——A4 访谈资料

6. 科研组织运行的学术自主管理和"学术联姻"

（1）C 中心实行全员聘用制和合同制，不设永久职位；所有人员公平竞争、优胜劣汰、有序流动，打破只进不出、永久性事业编制定终身的僵化局面。

（旧体制的弊端）是吃大锅饭，就是人才流动性小，进来了以后就出不去了。整个招聘也比较局部，（没有站在）一个全球视野（去招聘）高端人才。

——A4 访谈资料

（2）C 中心作为独立的交叉性研究与教育实体机构具有人事权的自主性和"学术联姻"属性。

人事权自主方面，C 中心的招聘采用国际招聘形式，招聘委员会审核，初审通过后是国际评估，之后才进入面试环节，最终结果通过集体投票决定。

（中心）招聘完全采用国际上标准的招聘形式，也就是国际招聘。国际招聘具体的程序是很严格的，（其中）包括申请推荐信。（中心）有一个初审委员会，（通过初审后）有国际评审和国际评估，（通过）国际评估后再筛选，（最后）邀请面试。面试报告是跟大家谈，再由大家讨论投票，整个招聘程序很严格。

——A4 访谈资料

校内招聘是中心与院系合作，体现了中心与院系的"联姻"。由院系提供编制，中心提供平台支持，克服了院系既有研究平台和待遇资源方面的局限性，形成了一定的合作"溢出效应"，不仅扩充了学校的师资力量，而且间接带动传统院系提升招聘标准，优化教师队伍的质量。

（中心）是没有编制的，也不需要编制。（中心的）要求是，（应聘者）必须由 A 校的相关院系招聘，编制（由相关院系）解决。（中心）不是一个院系，而是属于一个平台。在人事方面，（中心）某种程度上和学院是合作的，用这个方式来解决这种体制上的一些局限性。因此，院系很愿意参与到我们中间来，这样给他们招聘带来很多很好的机会。（由于中心得到的）支持很好，（中心的）整个平台在 A 校是最好的，所以像 D 所和相关的院系，基本上都以（中心）的平台为参考。如果达不到（中心）这个平台的要求，他们就不招，也间接促进了 A 校整体水平（的提高）。

——A4 访谈资料

"学术联姻"还体现在可以进行跨校联合招聘。

比如（中心进行）招聘，如果（应聘者）同时申请 A 校和 T 校，那么（中心和相关学校就）是联合招聘、联合面试，大家一起讨论（应聘者是否符合条件）。

——A4 访谈资料

（3）财政自主性体现在独立账号、自主管理和相对粗线条的预算管理。

改革试点预算由两校中心预算汇总形成。在改革试点经费概算的基础上，生命中心根据日常运行、事业发展和改革任务的需要与经费收入的可能，编制下一年度的经费预算。C 中心预算包括收入预算和支出预算。预算编制坚持"量入为出、收支平衡"的基本原则，参考以前年度预算执行情况，结合预算年度工作计划和任务与财力状况进行编制。收入预算包括学校和中央财政稳定拨款。支出预算要统筹兼顾，重点保证人员聘用与人才培养、科学研究与平台建设以及中心基本运行所需经费。PI 通过竞争取得的来自于其他渠道的科研项目经费和其他资助作为专项资金管理。在预算年度开始前，生命中心提出预算建议方案，经中心主任批准、学校财务部门报学校批准后执行。

（中心）有自己单独的账号，（账号是）完全独立的。（经费预算方面，中心）也在改，（刚开始的）时候，包括财政部、教育部（在这方面）也不是特别配套。（开始时，）要求预算做得很细致，最后结算却很麻烦。从一开始做（预算），（中心方面）就讨论说这样（做）不行，因此到现在（经费预算）已经基本上是粗线条的。（相关部门）拨款是粗线条的，在最后也可以（做相应的）调整，很有弹性，并且弹性空间相对来说比传统的研究机构要大。

（经费预算）其实已经很灵活了，比如（中心）明年向国家申请预算，（中心的需求只需要列明）科研的费用、人才培养费用、人员费用、设备费用、装修费用等的一个大框架，同时将可能用到的一些比较大的仪器列出来，不用说针对哪些科研题目。

——A4 访谈资料

（4）科研自主权体现在跨校、校内及产学研之间的"学术联姻"

① 跨校学术交流。通过定期组织 A 校和 T 校的联合学术活动，促进 PI 之间的学术交流合作，探讨前沿学术问题，并寻找科研创新合作契机。

（中心）每两个月有一次和北京大学、清华大学针对一个主题展开的联合学术活动。同时，（中心）每年有一次大的年会，让大家都聚在一起。

——A4 访谈资料

② 校内科研合作。中心通过定期举办联合会议，将分散在各个学院或机构的中心成员聚集起来，每次针对某一个议题进行跨学科、跨机构的研讨，促进学科之间相互了解，取长补短。

中心（和学院、机构）的联合会议，我每回都参加，出席率很高。（这种会议是）很好的了解和取长补短的机会，我也想跟学院或机构合作。对一些智库中心或平台，中心也有召开联合会议，效果也可以，但出席率不是特别高。可以采用专门的激励方式，比如种子基金，让两校合起来一起做。同时，以市场或经济为导向的，可以加强这方面的合作。现在的开展还是自发式的，通过 PI 之间碰到一起，并不是通过激励强强联合，没有那种实验室间的刺激。

——A5 访谈资料

还有一个很大的特点，（中心）和医院医学部合作很多。（中心）的 PI 也有医学部的 PI，而且（中心）有临床 PI，这些医生是很好的医生，科研也做得很好。（中心现在）已经招聘了 7 个临床 PI，即临床研究员。

——A4 访谈资料

作为校级学术平台，资源共享促进教学科研合作。

（中心）是一个类似于资源共享的机构，相关学科如果有需要，也可以利用中心的一些人才和实验室。实验设施的使用，中心前期也负责建设一个平台，（这个平台是）国家的平台，是一个很大的设施平台。同时，（中心）也有一些公共平台，因此设施的使用是资源共享的。

（中心的）PI 有生物科学的、物理的，化学学院的、工学院的、医院的、医学部的、分子医学所的，等等，因此，（中心的）PI 是面向全校的。

——A4 访谈资料

③ 产学研合作。学校层面建立了产业研究院，从而研究联结科研和产业开发的机制，促进学术成果的快速转化，与此同时进一步探讨如何规范学术人员创业的管理制度。中心层面通过跟医学部的合作，促进生命科学研究与临床医学应用的结合。此外，中心鼓励学术人员创业，以实现科技成果转化为经济生产力。

A 校反而是没有教师开设公司这方面的限制，也是因为 A 校这种情况不多见。现在学校做两个事情：一方面做一些规定，避免有些教师只在公司方面做工作，他不上课也不上班，却照样有编制和领工资非常。另一方面是鼓励教授去创办公司，要产学研结合起来，（中心）现在做得比较多的就是和医学的结合，因此中心是把医学部的医院给包括进来。

学校最近刚成立产业研究院，××刚从美国回来的，就是主持（产业研究院)。一个对的观点,教授不知道怎么做,公司方面也不知道怎么弄,中间就需要有一个桥梁。(桥梁的作用是)告诉(相关方面)应该怎么做,甚至帮助(相关方面)找资金和牵线。中心最近有几个PI在办公司,这也是得到中心鼓励的。

——A4访谈资料

总体而言,A校的两种不同的科研生产组织机制——自下而上的"投石问路"和自上而下的"学术联姻",均体现出了学术力量"纵横捭阖"的强大的协调学校与外部政府组织资源,创新学术主导式的科研生产环境的特征,两者均作为"学术特区"的组织形态,在科研生产模式方面起到引领和溢出效应。前者以学术权力在学术决策中的主导地位和民主、平等、共享、协作的"学术共同体"组织氛围为外化形态,后者以跨校、校内及产学研之间的学术合作与"联姻"为典型表征,消解了既有的传统的学校各院系之间及院校之间的科研生产场域的围墙,创造了更多的融合及合作机会。两者均在人事权、财权和学术事务内部管理权方面具有较高的自主性,学术机构的专业化水平也相对较高,学校行政部门并没有过多参与或干预学术组织的科研管理,很大程度上尊重并在科研资金及政策方面支持学术组织自我管理的运作模式。

二、B校"计划学术""统筹协调"式科研生产组织氛围

B校作为一所教学应用型大学,其科研模式与A校差异较大,A校强大的文化资本和在组织场域中的优势位置,使其在获取外部政府资源支持和政策倾斜方面具备得天独厚的优势,不论是自下而上的"资源募集"与还是自上而下的"项目授权",无不反映出组织场域位置优势带来的经济资本、社会资本和人力资本的聚集。

B校并没有A校在学术金字塔之中的卓越位置,因此,其科研更多地面向教学需求和社会需求,有更多的教学科研和技术改良或创新的倾向。鉴于其学术场域位置难以吸纳如A校庞大的外部资金支持,因此B校需要将有限的资源合理统筹协调,有计划地分配到需要重点发展或优先发展的学科中。根据质性访谈资料收集,研究者将B校科研生产组织特征归纳为基本模式"教研结合"、重点学科"院士拔高"和产学研结合"口碑效应"。

(一)基本模式"教研结合"

首先,无论在B校的哪个学院,受访者均强调该校作为教学应用型大学的角色定位和科研反哺教学的功能定位,表现出"教研结合"的基本科研

模式。

比如，B3 在访谈中提到科研与教学的相互促进作用。

科研做不好，（教学也不可能好，）如果光做科研，不能反哺教学的话，也没有意思，教师要明确自己的地位。

因为 B 校本身是一个应用型学校，（需要）学以致用，（也需要培养）应用型学生，所以（学校对）科研都很重视，有些项目的一些前期的工作都会带着学生去做。

应用型的（学校），（也应该以）教学为主，虽然是以学科建设为龙头，但是学科也是为教学服务和支撑教学的。

——B3 访谈资料

B2 认为科研是应当引领教学和专业发展的，因此当科研成果有一定的超前性时，应当及时将其运用于教学中，传授给学生，学生在毕业后就能够利用最前沿的知识到工作中。

（科研应该）以市场为导向，适当考虑到行业发展。人才培养都有一定的滞后性，我们想通过科研引领教学，引领专业建设，让我们的毕业生适应行业的需要。比如我们开设的一些课程，例如建筑信息模型（building information modeling，BIM）课程，（这个课程）实际上还没有普遍应用，国家还没有发布最后的指令。但是我们预测，（普遍应用）也就两三年的事，正好是学生毕业（的时期）。因此，我们在讲课的时候，灌输给（学生有关）BIM 的知识，教学就可以适当超前。

——B2 访谈资料

不仅如此，B2 认为教师除了需要给学生传授前沿知识，还需要传授如何科研的方法，即授之以渔。

比如说科研这块，要教给学生，毕竟学生以后也要搞研究的，该如何去研究，这个过程非常重要。就结果来讲，有些课题在申报前，已经有结果了。真要细致分析，需要按照国家科研的哪个研究过程，如何去思考，如何去制定研究成果的目标，这些研究过程对学生来讲很重要。（教师）不搞科研，怎么能（将这些知识）转移到学生那去，也没法（将这些知识）迁移到学生的大脑里。

——B2 访谈资料

科研与教学相结合的研究多是应用型研究，这与院校应用服务地方经济社会发展的定位有关。

因为我们学校是应用（型）文理学院，B校从根本上跟北京大学和清华大学不一样，我们学校更多是服务于北京市或海淀区，主要是利用市场服务性的课题作为我们的特色，要是（所有类型的课题）都做就没法做了。如果要做基础学科，那么跟别的学校没法竞争，在资源上和科研力量上，没法比。

——B10 访谈资料

B3 结合自身智能控制专业的学科背景和专业属性，认为应用研究是主体，基础研究是基础。

（研究偏好）当然是应用型（课题），毕竟是搞专业内的，当然是倾向于应用型的（课题），但是基础（课题）也搞，基础（课题）是本钱，基础（课题）搞不好怎么搞应用型（课题）。

……

把学生知识转化为能力，学生必须有这个能力，才有（从事）这个工作的可能性。如果一个学生光说懂这个知识，高分低能（是没有用的），所以科研这块就是学生转化能力的（体现）。对教师来说，教学讲的（内容是）有血有肉的；而对学生来说，它是一个知识向能力迁移（的过程）。

——B3 访谈资料

具体研究实施过程中，有相应的周会等例会制度，因为应用型研究具备很强的实践可行性要求。

是有这个（例会）制度，尤其是做科研的，有时候两个星期（做一次例会），汇报一下有些东西做得怎么样，（质量）得把住关。尤其是给企业做的（产品设计），不像做纵向的时候，发个文章或申请个专利就可以，给企业做（产品），（产品）出不来，生产设备转不起来，就得（承担）十倍的赔偿。

——B3 访谈资料

如果学生科研获奖，学校会给予教师相应的激励，以鼓励教师将科研与学生指导更好地结合，比如教师指导学生参与科研获奖会获得学校在评职称方面的认可和相应的奖励。

像参加学科竞赛、获得国家级奖励等，评职称的时候也会考虑，出台了这个政策。

奖励是双向的，特别是给学校的奖励，比如说获得国家级重大奖励的学生，学校都给校长特别奖；也有给指导教师奖励，毕竟指导教师很辛苦，整个假期有时候就回家一次，甚至不回家，就住在学校里。

——B3 访谈资料

然而，教学成果等级与科研成果等级的平起平坐令以科研为主的教师心理不平衡，以教学为主型教师又对编教材不算科研成果及对科研重视高于对教研重视表示不满，凸显了教学应用型院校对科研成果评价取向的张力。

评职称时，有些人发表教学文章也算做科研，或者获得教学成果奖和国家级的科技成果奖，（这两者）差别太大了，但是（评职称时）都算一样，所以政策（的制定）还是有一些问题。项目（的界定）应该是有区别的，科研的项目和教研的项目（要分开），尤其是重要的大型科研项目，有的人是做不了的，因此（政策）还有很多不公平的地方。

——B3 访谈资料

需要明确的是，科研和教研工作应该一视同仁，都（适用同）一个标准。以前教研的项目，（评职称时）都是不计算的，比如编写教材这类教研项目现在还是不计算的，但是编教材却很辛苦。因此，应该有项目分类，教师做了工作都有相应激励。（现在的情况是，）由于学校不给奖励，教师有能力编教材却不去做。整体上来看，应该教研和科研一视同仁……评职称时，科研的教师评上了，而教研的教师虽然基点够了，依然评不上。要减少出现这种情况，当基点都达到某个水平时，就应该一视同仁。

——B5 访谈资料

此外，在教学应用型院校，由于教学及教学管理任务繁重，因此常常会挤占科研时间，使教师更容易感受到科研压力和晋升压力。

从目前的情况看，（学校）教师总量少，（教师）放在教学管理方面的时间长。学校不要求我坐班，但是我基本上每天都来（学校）。（学校）教学的事情比较杂，有教学会、教研会等，（其他）教师和学生的事情也会找到我这，因此每天花在教学管理方面的时间都很多。从（总体）比例上来说，60%~70% 的时间是教学管理工作，20%~30% 的时间是教学和科研工作，每天晚上 12 点之前（基本）没休息。在学校的时间上来说，除了

20%～30%的时间在上课，其他基本上是教学管理工作，大部分是在晚上写东西，因此花在科研上的时间就是每天晚上几个小时……时间（分配）上，教学时间是固定的，科研时间有时候就会被挤占，项目申请下来后，（时间）紧张，必须经常熬夜在晚上做（项目方面的工作），所以就会出现压缩科研时间的情况。

——B5 访谈资料

（科研与晋升职称之间）互相抢时间，经常是哪个最急的先处理。个人评职称前申请项目和写论文是最急迫的，评完（职称）后就可以分散精力到其他事情上，像实验室的工作，在评职称之前是没精力（完成的）。

——B7 访谈资料

（二）重点学科"院士拔高"

学校对重点学科非常支持，专门聘请了院士作为学科带头人，参与学科建设。

（学校）还是很支持的，副校长参与到平台建设中。（团队的）智能车项目获得二等奖，当时中央有一个领导去看了，对这个（项目）评价挺高。我们聘用李院士后，就搞项目，（得到的）政策非常好。像自然科学基金重大项目，学校很难拿到，但是学校很重视学科建设。学科建设也慢慢受到了教师的重视，是我们的龙头，支撑起我们专业的发展。

——B7 访谈资料

院校教师对于学校聘请院士或专家帮助提高学科发展持肯定态度，认为"院士拔高"的模式是可持续发展的，通过把握学科发展方向，带领科研团队，帮助科研团队中的教师成长，避免"闭门造车"，有助于学校的教师团队建设。

请李院士来了后，取得的效果非常显著。李院士自己说，别的学校不像我们学校有这么多团队，团队中都是年轻的教授和博士，所以最后取得的效果非常显著，竞赛也能获奖，相比较 L 校也没有取得这样的成果。因此，其他学院也在请院士。我们学院小，请不到院士，但是我们有请一些学科在国家层面比较好的来做兼职专家。比如聘任一年，开一些（专业会议）。像今年请了两个专家来做讲座，同时 K 大的（专家）也来开讲座，这样能帮（学院）把科研水平提高一些。我个人非常认可这种模式。院士对方向把握得准，又有能力带领团队，团队也因此受益匪浅，是可持续发展的。从这方

面来说，这种模式对整个学校的团队建设是有意义的。

——B3 访谈资料

我觉得一个团队有水平高的教授带领着年轻人一块做，会比较好。

——B4 访谈资料

B9 提到改变食品卫生学科下滑颓势的应对方法——

引进高水平人才，才能有影响力。我们已经有一批老专家了，但是老专家退休之后，后面没人能跟上，就扶不起来了，这样学科就弱化了。

——B9 访谈资料

不仅如此，学校建立与院士或高级专家的联系后，可以在科研项目申报方面获得更多的信息与指点，有助于提升课题申请命中率。

成功申报自然科学基金的经验，对我们年轻的教师是很有帮助的。在建立了关系以后，年轻的教师申报完了，送过去（让专家）帮忙审核修改一下，成功率就提高了。

——B9 访谈资料

然而，置身于"院士拔高"所在院系的 B7 谈到信息学院的学科发展时，认为"院士拔高"政策往往是领导意愿的结果，领导占据决策核心地位，而且申请项目比较容易，因此院士团队支撑也是建立在领导意愿和投入（担任主任）的基础上。

学校支持方向主要是科研方面，（目前）学科是学校重点支持的五个学科之一，我在平台处于核心位置。我们是学校一流的学科团队，有院士团队支撑，（申请的）国家大项目很多。负责科研的副校长直接任主任，对（团队成员的）要求很高。老牌的优势学科，现在慢慢找到了一个增长点。我感觉，这个平台是领导的平台，而不是给普通教师真正的平台，是为了领导达成愿望而设立的平台。有这么想的原因是，搭建这个平台领导的想法是有好的科研平台，方便领导做事，年轻教师在这个平台都是做领导的（申请的）项目。（领导本身申请项目比较容易，然后他们有权力支配下面的团队成员。）我现在都快成受益者了，以前是做别人申请的（项目），现在慢慢转变了，有些项目到一定级别才能申请，年轻人没有这个机会，而我感觉现在申请项目方面有一定的优势。

——B7 访谈资料

而且，并不是所有院系均具备这样引进"院士"进行团队建设的条件，一方面院士不一定愿意"屈尊"到学校支持，另一方面学科发展的成熟度差异也决定了不一定有相应的合适人选存在。

我们有个城市系，他们就成立了一个院士工作站，而我们早就考虑这么做了，只是一直没找到合适的人选，没人愿意帮你做这个事。我们也知道这是一个比较好的捷径，但是（做起来）挺不容易。最近国家也特别重视食品科学，所以这方面人才才会冒出来，以前要找食品科学方面的人才太难了。

——B10 访谈资料

（三）产学研结合"口碑效应"

B3 谈到，B 校产学研结合的研究比较多，与企业合作广泛，需要依托"口碑效应"稳定合作关系并拓展科研合作联系，是由院校本身的学术层次决定的，与北大、清华等顶尖大学不同。

比如清华大学和北京大学，他们不用去找企业做（项目），国家直接拨款让他们去做研究，而我们不可能有那个条件。我们（做项目）就要把网撒出去，要找企业，再跟企业接项目。

……

产学研合作的比较多一些，当你做第一个项目的时候，没有人会了解 B 大学，但是做完（项目）后，和别人的一比，我们这个（项目做得）好，第二、第三次（做项目的时候，）别人就来找你了，而且还帮你推荐。再加上我们现在建立企业校外实践教学基地，就有关系比较好的公司，他们要有些技术问题，会请我们去（做技术支持）。

——B3 访谈资料

B10 在应用文理学院有一些经验。

一般的话，（项目）做到一定程度后，人家会（来找你），也有自己出去联系（合作的）。（这里面有）各种各样的机会，毕竟市场需求很大，而且高校的诚信度还是很高的，外面的（一些机构），人家还是不放心。我（原来）是室内环境关系的主任，我们和人家合作，也去人家那里参加会议和讨论，留下人家的名录和联系方式，回头就能建立联系。也有一些教师做出比较好的产品，外面主动找过来。我们学院不是特别多，别的学院有不少，比如自动化学院，跟北京现代和韩国的一些公司有合作。

——B10 访谈资料

B10 认为有必要推广产学研合作的社会服务功能，强调社会服务功能适合 B 校自身定位，效率比较高。

高校三大任务：教学、科研和服务社会。其中，教学是本行，科研能做一些，但是要想做大项目或高级项目很难，而服务社会是适合高校自身发展的途径。

——B10 访谈资料

在食品卫生科学学科中，跟企业合作比较多，但是以纵向课题的形式，因为科技部的项目要求教师科研与企业合作，以技术转化为目标。

（课题）里面有一部分是和企业一起申报的，因为科技部的一些项目是和企业结合，研究出来后要进行转化。这是国家的要求，转化的过程中做了一些基础性的工作。

……

和企业合作，每个人都有自己的一个领域和方向，在这个圈子里，企业会主动来找你，我们有好的产品也会找企业去转化。

——B9 访谈资料

（四）科研生产的行政化与学术—行政部门的张力

最重要的问题是行政化问题，访谈显示越是地方性院校，行政力量的影响越大。

我们现在的行政管理体制，并不是适合现代教育发展的模式。越是地方性院校，这种行政管理的影响就越大。我们内部就说我们学校是北京市教育委员会的一个政府行政部门，像这种事情太多了……北京市教育委员会的这种高校（管理）模式，也是没办法的办法，（北京市教育委员会）得听教育部的，谁都不敢越雷池一步。

——B10 访谈资料

B 校的学术管理基本是行政、党委负责。虽然存在学术委员会，但职位大部分被党委人员把持，最终有话语权的大部分是行政人员。

国外办大学，都是一个教授体系，（教授）底下有副教授、助教、研究生去完成各个项目。（国内）不一样，（国内是）行政负责一个系，党委负责另一个。

……

学术的事情靠学术委员会去评定，但是党委最后基本上占了非常大的话语权，真正有话语权的，五分之四是行政岗，比如校长和副校长。

——B10 访谈资料

从学校层面上，行政部门仍然希望整合院系管理，然而院系却对此持不同意见，认为学校的行政整合无疑使院校对口行政部门又多了一层，这与国家的由上到下的行政体制有关

现在 B 校要整合，即行政管理统一，但是那么多学科怎么可能按同一个模式去做，因此一种模式肯定会带来很多问题。

……

学校要全部划归（管理），原来学校底下有 14 个学院，7 个二级法人独立学院，最早我们学院是直接和北京市教育委员会对接，现在北京市教育委员会完全没有话语权了，全都得通过 B 校这道关口，所以不可能（再把权力下放回去）。从 B 校角度考虑，这样做是为了方便管理，但是从学院角度来说，又多了一层（管理）。这个还是跟国家体制有关，（体制）基本都是从上往下，顶层设计，但是应该知道基层面的基本情况。

——B10 访谈资料

具体表现在学科建设人不能有效参与工作量和核心决策，该量化的不给量化，教师没有决策话语权，评职称时关系比成果重要。

教师参与不了（决策），比如去年评聘工作量，（这个工作）要经过教材（委员）会，里面纯粹是教师的人数不多，（学校）领导层全都（是评委），先（形成结果）再做工作，最后开会。（结果的）反面意见基本没有，只是走个过场，（流于）形式化。这种状况，在某种程度上消磨了一般教师的意志。……根本上是行政化的问题，在我理解的行政化，只是坚持党的领导这一条，不是什么事都要行政化。可以说现在没有一件事的决定不是行政化造成的，弄得什么事情都是行政化，所以教师一点招都没有。……现在的情况是量化归量化，考评归考评，最后得到的利益绝对是和付出不成正比的。（程序）不公正，没有客观程序，也没有违规的一票否决（制度）。……普通教师在关键的学术性决策时，没有话语权，甚至教授和专业负责人也没有（话语权），一切都给排除在外了。不过这样也好，我们就省心了，也就不管了。……比如在学院里，最关键的关系是院长和书记，只要跟这两人关系好，虽然

其他方面（有所欠缺），心里还就踏实。副高（职称）是学院评职称的天花板，人多粥少，每年就 1 个名额，有七八个人争，（这种情况成为了）高校的一个普遍现象。学校里面教师教学受重视，科研也会有所上升。

——B10 访谈资料

外部科研管理要求与院校自身要求矛盾也会给教师科研带来阻碍。

北京市教育委员会给我们申报的时候，专门有一项叫科研激励费，即这个经费必须给参与课题的个人，而且必须给到位。但是（经费下拨）到 B 校，B 校不认可，（课题组）一点办法都没有。北京市教育委员会和学校政策不一致，以后怎么跟 B 校合作呢？

——B10 访谈资料

（五）科研生产组织自身的团队及场域位置问题

科研团队协作意识淡漠是突出问题。

高水平科研团队的协作多，但是团队合作研究的意识非常淡漠，这和教师这个团体多年来形成的单兵作战习惯有关，不像在企业里面。

——B2 访谈资料

以前大家都号称在搞科研，可是真正做事的核心动力只有一两个人，其他好多人都是在吆喝。

——B7 访谈资料

（科研）基本上是单打独斗，名义上是团队，实则是各干各的。还有一条，就是很难申请科技部或自然科学基金的重大课题。（学校）现在讨论的是怎么样在系里面找到一个能够形成合力的研究领域或方向，集中力量，做个大项目。同时，这也是系里发展的下一步工作重点，希望能达到有效整合。

——B10 访谈资料

科研成果上升的瓶颈在于外部评审机构对 B 校的把关和自身积累有限。

B 校科研不太好弄，真要想上水平、上规模挺难的。这方面，院校层次是一个因素，上面一看是 B 校（申报的项目），就（另有想法）。（其中原因）还是学校的长期积累不够，还需要一个过程。B 校长时间的定位是在职业教育，也跟这个方面有关系。但是，现在的观念变了，高等职业教育也是一个系列了，也有科研创新的要求。

——B10 访谈资料

综上，高校场域方面的有色眼镜，学校层面学术管理的行政主导，学术权力与行政权力的普遍化—融合性关系，教师职业归属感和团队协作意识的淡漠和消磨等都是位于高校场域位置底层的 B 校所面临的科研生产发展的现实体制制约，表现出"计划学术"和"统筹协调"的科研生产组织氛围。

本 章 小 结

研究者选择了两所处于不同高校场域的、不同类型的院校进行了质性研究，通过访谈的方法，了解研究型大学和教学应用型大学的组织氛围与科研生产模式的差异，放宽对科研产出单一、量化的评价标准，关注在不同场域位置上的院校，其组织氛围的差异，以及如何营造适合自身定位的组织氛围或采取何种组织策略以优化符合院校科研发展定位的教师的学术科研产出这一问题。

通过对 A 校管理机构负责人、科研机构负责人及教师访谈资料的归纳编码，研究者发现了 A 校整体呈现出"学术特区"式的科研生产模式。具体表现为两种科研生产组织模式，分别为初期的"投石问路"和后期的"学术联姻"。两者均体现出了学术力量"纵横捭阖"的强大的协调学校与外部政府组织资源，创新学术主导式的科研生产环境的特征，两者均作为"学术特区"的组织形态，在科研生产模式方面起到引领和溢出效应。前者以学术权力在学术决策中的主导地位和民主、平等、共享、协作的"学术共同体"组织氛围为外化形态，后者以跨校、校内及产学研之间的学术合作及"联姻"为典型表征，消解了既有的传统的学校各院系之间及院校之间的科研生产场域的围墙，创造了更多的融合及合作机会。两者均在人事权、财权和学术事务内部管理权方面具有较高的自主性，学术机构的专业化水平也相对较高，学校行政部门并没有过多参与或干预学术组织的科研管理，很大程度上尊重并在科研资金及政策方面支持学术组织自我管理的运作模式。

B 校作为一所教学应用型大学，其科研模式与 A 校差异较大。A 校强大的文化资本和在组织场域中的优势位置，使其在获取外部政府资源支持和政策倾斜方面具备得天独厚的优势，不论是自下而上的"资源募集"还是自上而下的"项目授权"，无不反映出组织场域位置优势带来的经济资本、社会资本和人力资本的聚集。高校场域方面的有色眼镜，学校层面学术管理的行政主导，学术权力与行政权力的普遍化—融合性关系，教师职业归属感和团队协作意识的淡漠和消磨等，都是位于高校场域位置底层的 B 校所面临的科

研生产发展的现实体制制约，表现出"计划学术"和"统筹协调"的科研生产组织氛围。B 校并没有 A 校在学术金字塔之中的卓越位置，因此，其科研更多地面向教学需求和社会需求，有更多的教学科研和技术改良或创新的倾向。鉴于其学术场域位置难以吸纳如 A 校庞大的外部资金支持，B 校需要将有限的资源合理统筹协调，有计划地分配到需要重点发展或优先发展的学科中。根据质性访谈资料收集，研究者将 B 校科研生产组织特征归纳为基本模式"教研结合"、重点学科"院士拔高"和产学研结合"口碑效应"。

第八章 研究结论及讨论

作为对整体研究的系统总结，本章将集中呈现研究结论，重申整篇文章的分析思路。在讨论部分，研究者将结合本研究的分析成果与研究结论，分析不同层次下的政策或实践改良策略，最后讨论研究的创新性、局限性及未来的研究方向。

第一节 研究结论

本书关注高校组织氛围对教师科研生产力的影响机制这一研究问题，考察组织氛围中高校学术—行政权力在学术管理决策中的配置格局、学术与行政部门非正式关系及学术氛围对教师科研生产力的影响。研究目的在于通过建立组织场域与高校组织氛围之间的逻辑联系，以组织氛围联结宏观层面的场域环境与微观层面的教师科研生产力，完成高校组织氛围对教师科研生产力的影响机制分析。

之所以选择这一主题作为研究问题，是基于现实观照、理论创新和人文关怀的综合考量。随着科学研究于国家经济社会发展中的地位愈加重要，高校作为科技创新体系中的"基础和生力军"和科技期刊产出的贡献主体，受到更多的科研创新方面的期待和压力，教师作为科研生产的核心人力资本要素，承担着艰巨的责任和使命。然而，当前中国的现实情况是科研经费和人力资源投入不足及论文产出经费效率高，人员产出效率较低，存在资源短缺与产量提升及经费高效与人员低效的双重张力，使得研究者关注制约人员效应发挥的因素，探寻提升科研生产力的路径。

教师的科研生产并不是孤立于社会或组织的个人行为，而是由政府主导治理、高校组织管理和以教师构成的学术共同体实施执行的多层次学术活动。教师作为知识的创造者和生产者，院校作为知识创生的组织环境，院校和教师嵌套在高等教育的场域结构之中，受到外界制度环境的渗透。因此，研究教师科研生产活动和科研生产力，不能脱离学术生产的组织情境，需要

考量组织环境、院校所在的场域位置以及外部政策环境的综合影响。这便成为本书研究视角的逻辑基础。

基于环境影响的、开放系统下的研究视角，研究者在研究理论依据的考量时，结合中层理论对教育研究的理论和实践结合的独特优势，组织场域研究在建构中层理论方面的适切性，以及教师科研工作本身的外部性，认为运用组织场域理论研究高校教师科研生产力问题具有合理性。

鉴于组织场域理论的理论基点在组织理论和制度理论，因此，研究者系统梳理了组织研究的理论进展与新制度主义理论和制度研究兴盛的发展趋势，探讨了制度理论的四种视角、制度与组织的关系、制度对组织结构的影响、组织作为一种制度形态的内部权力来源与权力配置，并总结了组织与制度研究的新近趋势：研究层次从组织作为研究中心上升至组织场域作为研究中心，强调组织的环境嵌入性；研究逻辑从制度决定论走向制度组织互构论，愈发强调制度与组织互动、结构与行为互动的社会机制，突出互动过程中的组织能动性力量；研究方法出现从理论推演到实证检验的导向。基于理论梳理，研究者确立了本文的研究视角和研究逻辑，考量组织场域层次中组织与外部环境互动形塑的组织氛围对教师科研生产力的影响，并尝试采用实证研究方法对研究问题进行探究。

如何将组织氛围作为中层概念，有效地联结组织内部教师科研生产活动与组织外部的制度环境成为一个核心问题。因此，需要一个合理有效的理论框架贯通对外部组织环境的分析及内部组织环境的探讨。组织氛围作为勾勒组织环境的重要概念，与组织氛围研究的理论来源场动力理论和组织场域理论内涵不谋而合，使得本研究利用组织氛围构建中层研究具备了可行性及合理性。场动力理论和组织场域理论均关注环境的个体或组织影响，组织氛围作为一种基于个体对组织的认知判断所形成的心理性感受的组织环境，成为外部制度环境或组织场域对组织及组织参与者影响的桥梁，故既要考虑来自于外部制度环境中科研管理体制的特征的同形性影响，也要兼顾教师的生存载体——高校的层次属性——研究型、综合型和应用型院校的定位和层次带来的合法性和运作模式的差异，又要观照高校组织内部行政和学术权力配置模式对以上两种场域关系的回应。

因此，与其说研究者在研究组织氛围对教师科研生产力的影响，不如说是研究组织氛围作为组织在外部制度和组织场域中位置与结构的缩影，在组织层面对教师科研生产力发挥什么作用。在文献综述和理论分析的基础上，研究者提出了组织场域视角下高校组织氛围对教师科研生产力影响的理论框架，逻辑思路为：外部制度环境会形塑高校组织场域中的组织氛围。高校场域位置分化及其合法性是基于学术水平，顶层院校表现出学术权力主导的组织氛围，与行政化的制度环境形成张力。场域位置底层院校的组织氛围模式易受外部行政化制度环境的影响，表现出行政主导的特征。高校组织氛围受组织场域位置的影响，表现出层间异质性和层内同质性。高校组织场域位置优势可以影响院校的组织氛围类型，进而影响院校师均科研生产力。在控制个体、组织及科研工作状况等其他变量的前提下，高校组织氛围对教师科研生产力产生显著影响。院校组织氛围会直接影响教师个体的科研生产力。组织氛围可以通过影响教师的情感和行为，进而影响教师科研生产力。

在理论框架的基础上，研究者建立了较为直观的研究假设，分别为：①外部行政化的制度环境与高校组织场域的主流组织氛围形态契合；②高校场域位置分化及其合法性是基于学术性水平，顶层院校表现出学术权力主导的组织氛围，与行政化的制度环境形成张力。场域位置底层院校的组织氛围模式易受到高校场域中外部行政化制度环境的影响，表现行政主导的特征；③高校组织氛围受组织场域位置的影响，表现出层间异质性和层内同质性；④高校组织场域位置优势可以影响院校的组织氛围类型，进而影响院校师均科研生产力；⑤在控制个体、组织及科研工作状况等其他变量的前提下，高校组织氛围对教师科研生产力产生显著影响；⑥院校组织氛围对教师个体的科研生产力存在层级效应；⑦组织氛围感知可以通过影响教师的情感和行为，进而影响教师科研生产力。

研究者在分析了我国高校教师科研生产的外部场域概貌后，展开对组织氛围如何影响教师科研生产力的机制分析：首先完成了高校组织氛围与场域位置关系的分析，其次探究了院校层面组织氛围对师均生产力的影响，再次研究院校层面组织氛围对教师个体科研生产力的影响，最后分析组织氛围感知对科研生产力的影响。最后的研究结论如下：

一、组织场域中高校组织氛围对师均科研生产力的影响

主要结论为，外部制度环境会影响高校组织场域中底层主体的组织氛围，高校组织氛围受到组织场域位置和组织能动性选择的双重作用，呈现与场域位置契合或异位的不同形态。组织氛围的不同形态下，院校师均科研生产力表现不尽相同。但师均科研生产力受到组织氛围本身的显著影响。

具体而言，研究者通过高校组织氛围的场域位置契合分析，探讨了高校组织氛围与学术标准的"场域位置"的相关性，发现高校组织氛围与其场域位置显著相关。高校组织氛围在组织场域中存在层间差异性和层内一致性，高校组织氛围在不同场域层级之间存在显著差异，但在同一场域层级内具有

一致性。高校场域位置带来的外部科研资源对组织氛围和师均科研生产力的影响机制分析发现，样本高校外部科研资源依赖性显著作用于组织氛围，组织氛围进而影响师均科研生产力，验证了组织氛围不仅是一个内源性的组织变量或者组织要素，而且与外界场域环境密切相关，是相互交换的桥梁和中介。不同院校的组织氛围在高校场域这个层次表达出同一场域位置的结构相似性和不同场域位置的结构异质性。

高校组织氛围的异位分析比对了院校组织氛围中学术决策氛围、学术—行政部门非正式关系与院校层级变量之间的一致性与否，分别讨论各种异位的情况与师均科研生产力的关系及可能性机制。研究发现，一般本科院校在面临制度转换时也存在效率损失的风险。"211工程"院校中超越组织场域位置的强化学术权力的决策氛围或专业化—支持性的学术—行政部门非正式关系的制度安排会带来师均科研生产力的提升；但同时，"211工程"院校也存在组织氛围的场域位置异位对科研生产力带来的消极影响。不同组织场域的层级之间，适合科研生产的组织氛围和制度机制可能存在差异。

二、院校组织氛围对教师科研生产力的直接正向影响

研究者采用多层线性模型分析后发现，院校组织氛围中体现学术自主性的学术决策模式（学术—行政权力在学术管理决策中的配置格局）、学术—行政部门非正式关系和学术氛围会直接影响教师的科研生产力。

无论是学术主导型的学术决策模式还是专业化—支持性的学术—行政部门非正式关系，均体现了一个统一的制度逻辑——学术自主性，这也是院校组织氛围环境的精神内核。无论是教育研究者还是教育管理者，均意识到学术自主性对大学及学者发展的重要性，这也是支撑大学存在与发展的根本理念。学术决策氛围反映了院校学术管理中的学术与行政权力配置情况，这是院校的学术内部治理结构，它对教师科研生产力的影响可以看作是基于结构功能主义或理性系统的假设，合理科学、符合学术生产规律的组织治理结构有助于提高产出效率。在结构的基础上，存在着关系——学术部门与行政部门的非正式关系及互动，部门间关系及沟通是否顺畅有效，是否相互支持并互不干涉，会影响学术生产的交易成本及组织参与者的组织感知与态度，进而影响其行为，这符合组织理论自然系统中人际关系理论和组织协作理论的假设，即组织内部的非正式关系和结构对组织生产率具有重要的影响，需要关注组织参与者在组织内部的协作和依赖情况，因为这些要素对组织的生产运作以及个体需要和激励具有重要影响。学术氛围作为关系系统之上的、具有文化色彩的组织氛围感知，是教师对高校作为学术组织的学术属性及特质

的认知和感受，它反映了高校学术认知性和规范性的要素，是在学术治理结构和学术—行政部门非正式关系之上的、反映组织学术气质和组织学术"人格"的深层次维度，符合开放系统对文化认知要素的解读与关注。

三、院校组织氛围通过个体情感和行为作用于教师科研生产力

结构方程模型分析支持了教师对组织氛围的感知通过教师的认知情感因素和科研投入行为间接影响科研生产力的研究假设。其影响路径是组织氛围感知通过职业归属感影响科研工作投入，作用于科研生产力，组织氛围也可以影响科研工作投入，进而影响科研生产力。组织氛围感知对科研生产力影响的总体贡献度为12.7%，间接影响路径中主要通过影响教师科研工作投入对科研生产力发挥作用。具体而言，组织氛围感知中的学术氛围对组织氛围感知的贡献度最高，对教师科研生产力的影响力较之学术决策模式和学术—行政部门非正式关系的影响更高，体现出学术组织的学术文化、关系系统和治理结构影响的层次性。

研究者分职称情况讨论之后发现，初、中级职称的教师对组织氛围感知更为敏感，其科研生产力更容易受到组织氛围的影响。初、中级职称教师对组织氛围中的学术—行政部门非正式关系感知更为敏感，且其职业归属感中对学院的归属感更强。高级职称教师的科研工作投入受到组织氛围或职业归属感激励的整体样本比初、中级职称教师低，但是科研投入对科研生产力的贡献百分比高于样本整体。由此可见，高级职称教师的科研工作投入和科研生产力较少受到外界组织或制度环境的影响，教授或副教授们已经形成了自身的科研模式，不易在外部组织或制度环境的刺激下发生改变。

四、高校场域位置两端的院校存在科研生产组织的多样化

通过对两所处于不同高校场域的、不同类型的院校进行的质性研究，研究者了解了研究型大学和教学应用型大学的组织氛围与科研生产模式的差异，放宽对科研产出单一、量化的评价标准，关注在不同场域位置上的院校，其组织氛围的差异，以及如何营造适合自身定位的组织氛围或采取何种组织策略以优化符合院校科研发展定位的教师的学术科研产出这一问题。

研究发现 A 校整体呈现出"学术特区"式的科研生产模式。具体表现为两种科研生产组织模式，分别为初期的"投石问路"和后期的"学术联姻"。两者均体现出了学术力量"纵横捭阖"的强大的协调学校与外部政府组织资源，创新学术主导式的科研生产环境的特征，两者均作为"学术特

区"的组织形态，在科研生产模式方面起到引领和溢出效应。前者以学术权力在学术决策中的主导地位和民主、平等、共享、协作的"学术共同体"组织氛围为外化形态，后者以跨校、校内及产学研之间的学术合作与"联姻"为典型表征，消解了既有的传统的学校各院系之间及院校之间的科研生产场域的围墙，创造了更多的融合及合作机会。两者均在人事权、财权和学术事务内部管理权方面具有较高的自主性，学术机构的专业化水平也相对较高，学校行政部门并没有过多参与或干预学术组织的科研管理，很大程度上尊重并在科研资金及政策方面支持学术组织自我管理的运作模式。

B 校并没有 A 校在学术金字塔之中的卓越位置，因此，其科研更多地面向教学需求和社会需求，有更多的教学科研和技术改良或创新的倾向。鉴于其学术场域位置难以如 A 校般吸纳庞大的外部资金支持，学校需要将有限的资源合理统筹协调，有计划地分配到需要重点发展或优先发展的学科中。根据质性访谈资料收集，研究者将 B 校科研生产组织特征归纳为基本模式"教研结合"、重点学科"院士拔高"和产学研结合"口碑效应"。高校场域方面的有色眼镜，学校层面学术管理的行政主导，学术权力与行政权力的普遍化—融合性关系，教师职业归属感和团队协作意识的淡漠和消磨等，都是位于高校场域位置底层的 B 校所面临的科研生产发展的现实体制制约，表现出"计划学术"和"统筹协调"的科研生产组织氛围。

第二节　讨论

研究者建议从外部制度革新、组织场域松动、高校制度适应和教师管理转化四个方面营造更适宜教师学术发展和科研创新的组织氛围和制度环境。

一、外部制度革新：行政逻辑的让渡与学术逻辑的培育

本书在组织场域位置的分析过程中，发现样本高校中较高比例的院校采取了行政权力主导的学术决策模式。实际上，这与我国科研和教育管理体制中行政干预泛化的制度环境密不可分。第四章高校组织场域与组织氛围，从科研支持政策、科研资源分配及科研奖励评价三方面描绘了科研管理制度的行政色彩。研究证明，与学术自主决策和专业化发展的模式相比，行政化管理模式下教师科研生产力较低。究其原因，在于科学研究活动强调独立自主性和自我调节的特点。正如波兰尼在《科学共和国——它的政治和经济理论》一文中的观点"科学是完全自主的事业，科学系统是自我调节的共同

体，自主性是科学产生和应用的必要条件，只有保证自由和自治，才能指望科学对长远的社会目标做出贡献"。若行政权力过多地干涉科研活动，则会影响科学自治的环境，从而得到科学绩效降低的意图之外的结果。科学生产与商品生产的效率逻辑不同，对于科学研究活动而言，提升"效率"的有效手段便是自由自主的环境。当然，自由并不等于完全放任，适度的自由是建立在学术共同体、政府、市场和社会共同创造的相对松散、弱化计件式绩效逻辑的学术氛围之中，科学研究需要外部环境的资源支持和长期规划，需要满足人类社会发展的现实需要和长远愿景。而政府在科学规划中的角色不可替代。

然而，科学规划不等于行政控制，也不等于"计划内竞争"的有限的市场调节。政府正确的角色定位和合理的权力行使在于如何处理大学学术自主和社会科学需求之间的平衡。在目前的状态下，政府对科研管理及奖励评价方面过多的介入影响了学术共同体自身的发展，以及学术逻辑成长的空间。2016 年 1 月，国务院办公厅发布了《关于优化学术环境的指导意见》（以下简称《意见》），文件中任务要求部分的第一条即要求要落实扩大科研机构自主权。《意见》强调政府应当减少对科研创新和学术活动的直接干预，不以行政决策代替学术决策，调整政府角色由研发管理者向创新服务者转变。政策的制定说明政府已经充分意识到目前学术管理中存在的行政管理过度介入的问题。而放权于校如何做到政策落地，真正将科研立项和资源配置等方面的权力让渡给学校及其他科研机构，需要科研管理体制及科研评价机制的共同完善。

在科研管理体制方面，首先可以通过强化依法决策机制，将科研项目管理体制规范化、法制化，从而减少行政权力介入科研管理过程的随意性，强化对科研项目管理的全过程监督。其次，提升科研管理的针对性和适切性，通过建立大规模专家咨询库，采纳专业领域学术人员对不同学科科研发展规律及模式的认识，对科学和技术领域、社会科学和自然科学领域、基础研究、应用研究和产业开发等不同领域的科研生产机制深入调研，从而设计系统、科学、规范、适切的多元化科研管理模式。最后，在项目化管理的不同阶段，强化社会公共监督及信息公开，扩大项目申报、评审、运行及结题过程中的第三方监督和学者参与，依托大范围专家库随机抽取专家参与评审及评估，降低人情关系及学术资源垄断现象的发生概率。

在科研评价机制方面，政府可以培植具备良好学术声誉及公信力的学术团体在学术评价及奖励体系中的重要角色，逐渐淡化科研评价与奖励的行政级别划分和物质激励色彩，突出学术贡献在科研评价中的核心地位；扩大科

研奖励及评价的参与度，允许不同职称级别的学者广泛参与评价，以提升科研评价与奖励的公平性。同时，不能忽视目前学术评价体系中学术权威垄断和内部利益再生产的不良现象，应当建立学术荣誉的弹性调整机制，进而避免因学术资源与学术声誉勾连的马太效应带来的学术腐败和利益固化的学术内部行政化问题。

二、组织场域松动：多元标准的共存与资源配置的开放

在高等教育组织场域之中，由于目前各类项目工程固化的院校层级分化局面会对院校自身的组织制度设计和组织氛围产生影响，而组织氛围形塑了教师科研生产的环境，会影响教师的科研行为及科研产出；因此，发展多样化的组织生态场域，允许不同类型的院校在高等教育组织场域中获得特色化发展的空间，对教育生态环境及高校组织制度建设的良性发展具有重要意义。

目前，既已固化的高校场域位置及结构难以松动，是因为场域位置与资源配置的耦合，进而呈现强者更强、弱者更弱的分化局面。若要走出组织场域固化的困局，激发高校组织场域的竞争发展和内部生机，需要以高等教育管理体制和科研管理体制的评价标准多元化作为突破口。均衡考量和尊重科研产出形式，鼓励和包容教育产品的多样化并建立配套的资源支持与奖励机制是一种激励策略。比如，对于应用型大学与研究型大学采取不同的评价标准和激励机制，进而逐步分化高等教育场域为若干基于不同评价标准的子场域，形成多类型、多层次共存的场域格局，在院校评价、人才配置及招生模式方面均体现多样化，这样有助于松动单一的、固化的、基于学术评价标准的场域位置结构，进而发展出特色化的组织制度形态和组织氛围类型，在多元化组织氛围类型的影响下，教师的科研发展也会呈现不同的形态，并产生新的学术活力。

三、高校制度适应：组织能动性激发与制度环境的契合

本书研究显示，处于高等教育场域不同位置的院校的组织氛围可能会存在不同的形态，其教师科研生产力的表现也存在差异，既存在院校组织氛围对同场域位置院校组织氛围模式的超越，也存在滞后或异位的情况，当然，如样本所显示，大部分院校是在组织场域位置中安然存在的。

值得注意的是，院校采用何种组织形态，如何配置学术与行政权力、对学术和行政部门的关系作何处理，受到组织及外部环境的双重影响。一方

面，组织氛围呈现与组织场域位置契合的组织，往往达到了组织内部结构与外部制度环境要求的平衡状态，无论这种平衡状态是否会带来教师科研生产力的提升。组织氛围所反映的权力配置模式的形成并不是一蹴而就的，而是存在历史传承性和组织惰性的影响，往往不容易改变，这种贯穿组织发展变迁过程的内在力量既有组织文化——组织氛围的"内在人格"在认知方面的影响，也有组织治理模式本身的稳定性方面的原因。另一方面，组织进行制度调整或呈现场域位置异位的诱因可能是多方面的，既可能是基于组织内部效率提升的要求进行理性的创新变革，也可能是受到外部制度环境挑战或压力而被动地进行应对及调整，还有可能是组织内部不同利益集团相互博弈的结果。而最终呈现的组织氛围，是组织能动性发挥与外部制度环境影响的混合作用。

目前来看，组织氛围的自主性特质会对教师科研生产力发挥影响。但是组织氛围又是与外部场域位置高度相关的。当组织氛围与外部场域位置不契合时，可能会对教师科研生产力带来组织氛围影响因素之外的其他影响。比如样本高校中6所"211工程"院校的超越、异位或滞后所带来的不同师均生产力情况，实则反映的是其组织氛围的自主性水平对教师科研生产力的影响。但是，混合式决策模式中一般本科院校表现学术决策自主性较高的组织氛围并没有带来师均科研生产力提升反而是低于一般本科院校平均值这一点，就体现了组织氛围对应场域位置异位的影响。因此，对于高校制度匹配问题需要结合校情审慎地处理，不同类型院校的学术运行逻辑可能存在差异。对于一般本科院校而言，其科研生产模式及逻辑可能与"211工程"及"985工程"院校不同，所以不见得按照学术自主性标准的制度提升会带来科研生产力的正向影响。

四、教师管理转化：管理部门的支持与学术部门的自主

本研究组织氛围感知中的学术氛围、学术—行政部门非正式关系及学术决策氛围对教师科研生产力具有显著影响。其影响的机制是通过教师的职业归属感和科研投入行为作用于科研生产力。

高校行政管理部门作为外部行政管理机构与高校内部学术生产部门的连结，与学术部门的关系可能存在普遍化—融合性或者专业化—支持性两种不同的组织模式。本书证实了专业化—支持性的学术—行政部门非正式关系对教师科研生产力的积极影响。专业化—支持性的学术—行政部门非正式关系实际上反映了学术单位的自主性水平及管理部门对学术自主的态度。呈现专业化—支持性的学术—行政部门非正式关系之所以会对教师科研生产力有积

极影响，是因为它的专业化维度表明教师科研活动能够免受校内行政部门的干预，能够相对独立地进行研究工作，而支持性维度表明管理部门对学术自主的价值认同及行为匹配，这种情况下，组织氛围实际达到了高度的内部逻辑一致性。教师的科研生产所受到的内部干扰较小，管理成本和交易成本较低，这样一种信任合作的氛围有利于教师在宽松、理解的组织环境中开展学术工作，从而有助于教师的归属感和科研投入度的提高。

反之，普遍化—融合性的组织氛围将管理工作与学术工作"铰链"，"双肩挑"现象反映出学术权力与行政权力的高度聚集和人员附属性，教师的科研学术工作难以避免行政干预，在学术共同体内部难以剥离行政力量的影响，学术自主的环境无法保障，会间接作用于科研生产力的表现。

因此，虽然高校整体的组织氛围受到外部场域的影响，高校仍然有一定的自主性处理内部行政部门与学术部门关系的问题。尽管学术部门与行政部门的关系与学术决策权力配置密切相关，是体现组织内部学术管理价值一致性的指标但若从科研生产和发展的角度进行制度改良，则应当尊重教师的学术自主性，从组织管理结构和职责岗位划分方面，剥离行政力量对学术事务的影响，明确划分学术岗位与行政管理岗位的轨道，以管理体制改革促进职业专业化发展，营造学术生产及科研发展的组织氛围。

最后需要特别指出，本书虽然验证了高校组织氛围对教师科研生产力的显著影响，并分析了组织氛围对教师科研生产力的影响机制，然而其影响力十分有限，组织氛围感知对科研生产力影响的总体贡献度为12.7%。结合既有学者的研究结论，起到主体性影响的因素，依然是教师个体层面的学术能力、职称及资源等。

第三节　行政干预泛化与"体制迷墙"

在国家科技政策支持力度持续加大、科研投入经费和人员不断增加、高校科研经费作为重要的经费来源和能力主义学术产出绩效考核机制的背景下，高校对政府和市场的资源依赖性不断增强，对学术科研产出的重视程度显著提升，外部教育政策和资源分配导向的调整也强化了高校的分权和分层，形成了一定程度的科研生产的市场分割。在以上诸多因素的综合影响下，高校教师的学术行为和产出均发生了相应的变化，对科研时间的倾斜和科研产出数量的迅速扩增，使得学术人员的生存角色随之转变，传统的知识分子逐步被赋予"专家""学者"和"学术职业"等身份标签，穿梭在高等教育系统、学术共同体以及背后的组织制度和学术制度之间，并置身于复杂的社会环境洪流之中。

无论是科研支持政策单一的"政府主导"向多元化的政府主导、多元主体参与治理的转变，还是科研资源投入结构的计划性项目管理体制，抑或是国家和高校"默契十足"的学术奖励与晋升评价的科研绩效和成果导向，均体现出"自上而下""由外而内"的行政干预泛化和"体制迷墙"印记。正如熊丙奇先生对"体制迷墙"的论述，"在当前大学办学体制中，生存在大学中的教师、学生、职工，实际上已经严重体制化，习惯了体制化生存。所谓体制化生存，即如何依附于体制谋求自己最大的利益。在这里，利弊是至高无上的行事标准，而是非标准已经旁置。"①大学也是一个无法免于官僚化的相对刚性的准科层组织。正如博格斯所言，现代大学的悲哀之处，在于其知识生产为官僚程序所控制，从而成为"国家—公司教育管理"所在地②。我们可以从教师科研管理的政策、资源、激励与评价等方方面面看到"计划经济"和"行政逻辑"的无孔不入，也足以感受到"文章驱动"和"量化考核"的强大力量和去人性化意味。在教师科研生产和科研管理体制的面具背后，实则是影响深远的行政权力。

这并不是说我们没有专业化的学术体制，高校教师和科研人员的学术活动也有自发的组织传统和专业化的制度基础，如学术共同体组织、学术委员会制度、同行评议制度、专业期刊制度和"要么发表、要么出局"（publish-or-perish）的内部淘汰制度等。然而，以上这些学术制度在我国萌芽和发展的过程经历了一个"学术自主"逻辑不断衰微和"外部行政"权力不断放大的过程。在这一过程中，由于学术内部逻辑的"先天不足"和"后发劣势"，行政权力或国家意志深入影响学术科研体制，并被内化为学术科研体制的运作逻辑。当高校在行政权力的规制改造和柔性控制下，以"单位制度"的形态包裹着"学术承包"的心态时，是在以"学术机器"的运转，置换追求"大学自治"理念的资本；当教师在体制化生存的环境下，披着"学术工匠"的外衣生产着"类型知识"时，是在以"知识合成"的工作，置换追求"学术自由"风骨的资格。

---

① 熊丙奇. 体制迷墙：大学问题高端访问［M］. 成都：天地出版社，2005：94－118.
② 博格斯. 知识分子与现代性的危机［M］. 李俊，蔡海榕，译. 南京：江苏人民出版社，2002：139－140.

第四节　跨越"体制迷墙"与学术解绑

当然，也不必过度悲观，科学研究本身有其独到的学术逻辑和内在规律，大学与教师存在的合法性与合理性均依赖于此。大学组织和教师肩负真理探索、知识生产、传承和应用的使命，知识生产探寻的是未知的知识，这一面向要求大学具备"无条件自由"的学术氛围，即不同意见可以被无条件地提出，学者可以免于世俗惯例、偏见和商业压力等不良环境①。

仅 2015 年，我国就有百余篇文章因学术造假和不端行为被国际期刊论文撤稿，引发了政府和社会对高校学术良心的拷问和高校学术管理人员的反思。当前，政府和不少高水平大学开始弱化"科研指挥棒"的作用和行政色彩，强调从高校内部改革科研评价制度和学术氛围环境。2015 年 3 月出台的《中共中央国务院关于深化体制机制改革加快实施创新驱动发展战略的若干意见》要求改革高校科研评价制度，"强化对高等学校和科研院所研究活动的分类考核。对基础和前沿技术研究实行同行评价，突出中长期目标导向，评价重点从研究成果数量转向研究质量、原创价值和实际贡献"。作者通过对国内部分"985 工程"院校教师招聘及职位晋升的制度文本分析后发现，北京大学、复旦大学、上海交通大学和山东大学等"985 工程"院校已经采用论文代表作作为考核指标，强化对学术产出质量的要求，开始为学术逻辑松绑。

2016 年 1 月，国务院办公厅公布了《关于优化学术环境的指导意见》，要求政府职能从研发管理向创新服务转变，争取做到创新导向、学术自主、自律为本、依法治校和宽松包容，尊重学术规律和科研机构自主权，消除"行政化"和"官本位"的直接行政干预，避免学术评价结果与利益分配过度关联，强化高校的保障作用，把"优化学术环境作为高校事业发展和管理创新的重要内容，……建立健全内部治理体系，构建科学合理的激励约束和评价机制"。该文件还提出"到 2020 年，要在影响学术创新的科技体制改革关键环节和重点领域取得突破性进展，学术生态环境明显改善"这一政策目标。高校教师的科研工作还是以院校作为职业平台，那么院校学术组织氛围也成为教师学术生态环境的重要组成部分。本研究通过探讨组织场域视角下

---

① 德里达. 教授志业的未来或无条件大学（人文学科也许能使之他日成真）［M］//《大学学术讲演录》丛书编委会. 中国大学学术讲演录. 桂林：广西师范大学出版社，2002：18.

的组织氛围对教师科研生产力的影响，一定程度上揭开了教师科研生产活动的箱子，对完善我国高校学术组织氛围具有一定的借鉴意义。

第五节　研究创新性

本书的创新性体现在分析视角、理论建构和方法运用三方面。

首先，研究者在原本较少的组织氛围与科研生产关系的讨论中，改变了组织氛围作为内源性变量的研究视角，从组织场域的视角将组织氛围作为中层概念，研究者进而探讨了组织场域中的组织氛围对教师科研产出的影响。

其次，研究者强调对组织氛围中影响科研生产力的自主性、信任与支持等环境要素的逻辑整合及深化，从学术—行政权力在学术决策中的配置、学术—行政部门非正式关系和学术氛围等反映组织中学术管理制度设计的维度，研究对教师科研生产力的影响，加强了组织氛围影响教师科研生产力的逻辑纵深度及解释力。

再次，研究者从组织场域的视角综合反映组织场域与组织氛围的互构性，讨论了组织氛围的层内同质与层间异质及其对应的师均科研生产力情况，强化了组织氛围及教师科研生产力研究的理论性。

最后，研究者分别研究了组织氛围对教师科研生产力的影响及机制，在控制了个体层面和组织特征变量后，仍然发现了组织氛围的显著影响，考虑了组织氛围影响的多元路径。

第六节　研究局限及未来的研究方向

本书仍存在以下研究不足：

（1）高校教师科研生产力的测量指标相对较为简单，研究者采用的是不考虑各类研究产出形式的差别，只是通过国际产出加权反映科研质量的要素进行加总处理。若要准确地测量教师的科研生产力，较为先进的指标会采用科研发表的期刊级别、影响因子、被引频率等指标或综合指标如 H 指数等，鉴于本研究的调查工具没有包含以上要素，无法进行测量指标的优化，因此对科研生产力的反映可能不够准确，教师科研生产力测量指标数量有余，质量兼顾不足。

（2）组织氛围的测量在组织研究领域有成熟的量表，本研究是基于教育

领域的研究调查，在设计问卷之初并没有考虑从组织氛围的维度进行科学研究。因此，研究者选取的衡量教师学术生产环境的组织氛围是基于因子分析的提取。组织氛围本身是一个组织环境的综合要素聚集体，本研究只关注了其中的三个要素。此外，这三个要素之间在个体层面上存在显著相关，难以厘清究竟哪个要素是最为核心的要素。尽管结构方程模型可以显示组织氛围中各子维度的提取度，但仍然难以呈现三个要素中究竟哪个要素起决定性作用。未来将在本研究基础上专门设计符合高校教师这一群体的组织氛围量表，对科研生产力的测量也会更为系统全面。

（3）研究方法的运用方面，若考虑到研究的一致性和逻辑关系的连续性，本研究最适用的实证研究方法是多层结构方程模型，如此便可以展示由组织外部制度环境或组织场域要素，到组织氛围，再到教师个体的影响机制关系。然而，由于研究者自身研究方法训练有限，多层结构方程模型尚在学习之中，因此综合采用多层线性模型和结构方程模型，来分析本文的研究问题。

（4）师均科研生产力的影响因素可能很多，本书发现不同层级院校的组织氛围不同，科研生产力不同（存在结构方程模型样本量过少的问题），但组织氛围与科研生产力之间是否存在因果关系，还需控制更多的诸如研究者人力资本、社会资本以及其他学术资源如研究经费等因素。目前研究者仅通过选择职称作为人力资本、社会资本及其他学术资源的代理变量，分别讨论了不同职称群体的影响路径，未来仍有待改进。

本研究采用的调查工具并非专门针对本研究所设计，未来需要针对研究问题设计专门的调查工具，将组织氛围与科研生产力的测量指标进一步细化和丰富。鉴于篇幅的限制和研究者个人能力与精力的限制，本研究未能对组织场域对组织氛围的影响机制及其对教师科研生产力的影响机制做案例研究的细致讨论，对核心概念的文献和研究也有待深入，未来可以进一步采用质性研究方法对组织氛围的场域分析以及组织氛围对教师科研生产力的复杂影响机制做深入探讨。

附　　录

附录一　亚洲学术职业变革调查问卷

尊敬的老师：

　　您好，本次调查的主要目的是了解我国高等学校教师工作和职业发展状况，就有关教师发展问题进行深入的研究，在亚洲范围内进行比较研究，为制定相关政策提供参考依据。问卷采取匿名方式填写，请根据您的实际情况填写，或在答案选项上画"√"，我们将对您个人的回答予以保密。填写本问卷大约需要 30 分钟时间。感谢您对我们工作的支持！

北京大学教育学院
2012 年 1 月

　　您所在学校的名称：＿＿＿＿＿＿＿＿＿＿＿＿＿＿＿＿

A. 职业和专业情况

A1. 请根据您的情况，填写附表 1 – 1 各受教育阶段的有关信息。

附表 1 – 1　各受教育阶段有关信息

问题	学士或相当学历	硕士或相当学历	博士或相当学历
1. 获得学位的年份			
2. 学位所属学科（在"注"选项中任选一项）			
3. 获得学位的国家/地区			
4. 获得学位的高校或机构名称			

　　注：①哲学；②经济学；③法学；④文学；⑤历史学；⑥教育学；⑦理学；⑧工学；⑨农学；⑩医学；⑪管理学；⑫军事学；⑬其他（请注明）。

A2. 您接受的最高研究生学位阶段的教育或培养情况如何（若您没有博士和硕士学位，请直接跳至 A3）？（多选）

　　①需要修规定的课程

　　②需要撰写学位论文

　　③您的研究受到导师的悉心指导

　　④您自主选择论文研究题目

　　⑤您在学期间曾经收到过教学或科研机构的聘用接受通知

　　⑥您曾受到过教学技能方面的指导或曾学习过教学法

　　⑦您曾经参与过导师或其他教师的研究课题

A3. 您如何评价作为教学人员和研究人员两个角色您所受到的研究生教育的质量（在附表 1-2 中选择，没有接受过研究生教育者跳答 A3）？（每行单选）

附表 1-2　评价所受研究生教育质量

问题	非常好	比较好	一般	比较差	非常差	不适用
1. 作为教学人员角色所受到的训练	5	4	3	2	1	9
2. 作为研究人员角色所受到的训练	5	4	3	2	1	9

A4. 您在现工作高校的聘用状况是？（单选）

　　①全职人员　　　　　　②兼职人员　　　　　　③其他（请注明）

A5. 您在现工作高校的聘用合同性质为？（单选）

　　事业单位聘用制：①长期聘用　　②期限聘用　　③无聘用合同

　　劳动合同制：①无固定期限合同　②固定期限合同

　　　　　　　　③非全日制劳动用工合同

　　　　　　　　④以完成一定工作任务为期限的劳动合同

　　　　　　　　⑤劳务派遣　⑥无劳动合同

A6. 在本学年中，您为所在学校之外的单位兼职工作或做其他有偿的工作吗？（多选）

　　①没有

　　②除了您现在的工作单位，您还为其他研究机构或高校工作

③除了您现在的工作单位，您还为学术领域外的商业组织工作

④除了您现在的工作单位，您还为学术领域之外的非营利组织或政府部门工作

⑤除了您现在的工作单位，您还自主创业

⑥其他（请注明）＿＿＿＿＿＿＿＿＿＿＿＿＿＿＿＿＿＿＿

A7. 您去年从以下来源处获得的年均税后收入（包含补贴）。

①总收入 ＿＿＿＿＿＿＿＿＿＿＿＿＿＿＿万元

②其中：国家基本工资＿＿＿＿＿＿＿＿＿＿＿＿＿＿万元

③其中：现工作的高校＿＿＿＿＿＿＿＿＿＿＿＿＿＿万元

④其中：现工作高校之外的所有其他收入＿＿＿＿＿＿＿＿万元

A8. 最近三年，您是否有过以下经历？（多选）

①作为国内或国际学术团体的成员

②作为同行评议人（例如为期刊、研究项目评估等）

③作为期刊或系列丛书的主编或编委

④被选举担当专业/行业/学术协会或组织的负责人

⑤参与地方、国家或国际机构的政策制定

⑥其他（请注明）＿＿＿＿＿＿＿＿＿＿＿＿＿＿＿＿＿＿

A9－1. 请根据您的情况，填写各阶段职称的有关信息（填入附表1－3中，如果无相关信息请填"无"）。

附表1－3　各阶段职称有关信息

问题	助教	讲师/助理研究员	副教授/副研究员	教授/研究员
1. 获得该职称的年份				
2. 从事工作的学科类型（在"注"选项中任选一项）				
3. 获得该职称的学校或机构名称				

注：①哲学；②经济学；③法学；④文学；⑤历史学；⑥教育学；⑦理学；⑧工学；⑨农学；⑩医学；⑪管理学；⑫军事学；⑬其他（请注明）。

A9-2. 根据您的情况，请填写附表1-4中职业转换的有关信息（如果无职业转换经历请跳至A10）。

附表1-4　职业转换有关信息

序号	其他高校或研究机构	政府部门与非营利组织	商业组织	其他组织
1. 在其他单位转换工作的次数（次）				
2. 在其他单位工作的时间（年）				

A10. 请根据您的情况，填写各阶段管理职务的有关信息（填入附表1-5中，无管理职务者跳答A11-1）。

附表1-5　各阶段管理职务有关信息

序号	系主任/副系主任	院长/副院长	校长/副校长/校长助理
1. 获得该职务的年份			
2. 获得该职务的院系名称			
3. 获得该职务的学校或机构名称			
4. 担任该职务的时间（年）			

A11-1. 请问您是否有考虑过离开现任职院校？

①考虑过　　　　　　②没考虑过

A11-2. 在考虑离开或留任现在任职的院校时，附表1-6中因素的重要程度为：（每行单选）。

附表1-6　各因素重要程度

序号	非常重要	比较重要	一般	不太重要	一点都不重要
1. 收入	5	4	3	2	1
2. 研究资源	5	4	3	2	1

续上表

序号	非常重要	比较重要	一般	不太重要	一点都不重要
3. 院校或系部的学术声誉	5	4	3	2	1
4. 同事之间的学术合作	5	4	3	2	1
5. 院校所在地区	5	4	3	2	1
6. 教学工作量	5	4	3	2	1
7. 管理工作量	5	4	3	2	1
8. 家庭因素	5	4	3	2	1
9. 其他	5	4	3	2	1

B. 一般工作情况与活动

B1. 考虑所有的专业工作，您每周花在附表 1 - 7 中所列的活动上的时间是多少小时（填入附表 1 - 7 中，如果您本学年没有授课任务，请仅回答"无授课任务时的每周小时数"）

附表 1 - 7　每周活动花费时间

问题	有授课任务时的每周小时数	无授课任务时的每周小时数
1. 教学（备课、课堂教学、学生指导、批改作业等）	_____小时	_____小时
2. 研究（阅读文献、论文写作、做实验、做调研等）	_____小时	_____小时
3. 服务（无偿咨询、公共或志愿服务等）	_____小时	_____小时
4. 管理（委员会、会议、文书工作等）	_____小时	_____小时
5. 其他工作（无法清晰归到上述任何一类的专业活动等）	_____小时	_____小时

B2. 就个人兴趣而言，您对教学还是研究更感兴趣？（单选）
　　①主要是教学
　　②两者都感兴趣，但更倾向于教学
　　③两者都感兴趣，但更倾向于研究
　　④主要是研究

B3. 附表1-8中的归属关系对您的重要程度如何？（每行单选）

附表1-8　对归属关系的看法

问题	非常重要	比较重要	一般	不太重要	一点都不重要
1. 我的学科/学术领域	5	4	3	2	1
2. 我任职的院系	5	4	3	2	1
3. 我任职的大学	5	4	3	2	1

B4. 您如何评价您任职机构的设备、资源和人员等支持情况？（在附表1-9中选择，每行单选）

附表1-9　对相关支持情况的评价

问题	非常好	比较好	一般	比较差	非常差
1. 教室	5	4	3	2	1
2. 教学技术设备	5	4	3	2	1
3. 实验室	5	4	3	2	1
4. 图书馆设施与服务	5	4	3	2	1
5. 办公室面积及设备	5	4	3	2	1
6. 通信设备（诸如网络）	5	4	3	2	1
7. 行政秘书服务	5	4	3	2	1
8. 教学辅助人员	5	4	3	2	1
9. 研究辅助人员	5	4	3	2	1
10. 研究经费	5	4	3	2	1
11. 退休后的待遇	5	4	3	2	1
12. 带薪休假（学术休假）	5	4	3	2	1
13. 其他附带福利（如医疗保险、人寿保险、住房基金、在职培训和教育等）	5	4	3	2	1
14. 学术氛围	5	4	3	2	1
15. 学术团体的感受	5	4	3	2	1

B5. 您对附表 1–10 中的问题的看法如何？（每行单选）

附表 1–10　相关问题的看法

问题	完全同意	比较同意	中立	不太同意	完全不同意
1. "学术"是指取得原创性的研究成果	5	4	3	2	1
2. "学术"包括知识在现实中的应用	5	4	3	2	1
3. "学术"包括对于学科领域现状和发展趋势的把握	5	4	3	2	1
4. 对进入本人所在研究领域的年轻学者来说，现在不是好的时机	5	4	3	2	1
5. 如果能再次选择，我不会选择成为大学教师	5	4	3	2	1
6. 个人压力主要来源于工作	5	4	3	2	1
7. 教学与研究二者难以兼顾	5	4	3	2	1
8. 我所在专业的教师有义务应用他们的知识解决社会问题	5	4	3	2	1

B6. 您对您目前工作的整体满意程度如何？（单选）
　　① 非常不满意　　② 不太满意　　③ 说不上满意不满意
　　④ 比较满意　　　⑤ 非常满意

B7. 自您工作以来，高校的整体工作条件是提高了还是降低了？（单选）
　　① 降低了很多　　② 降低了一点　　③ 没有变化
　　④ 提高了一点　　⑤ 提高了很多

B8. 您对于高等教育国际化的态度是（在附表 1–11 中选择)？（每行单选）

附表 1–11　对高等教育国际化的态度

问题	完全同意	比较同意	中立	不太同意	完全不同意
1. 对于我的专业工作而言，与国外学者的联系是非常重要的	5	4	3	2	1

续上表

问题	完全同意	比较同意	中立	不太同意	完全不同意
2. 为了跟得上我所从事专业的发展，必须阅读国外出版的书籍和杂志	5	4	3	2	1
3. 大学应该给教师提供更多国际交流的机会	5	4	3	2	1
4. 我所在的高校课程的国际化程度应该继续提高	5	4	3	2	1

C. 教学

C1. 您所在学校对于附表 1-12 中本科教育目标的重视程度如何？（每行单选）

附表 1-12　重视程度情况

问题	非常重视	比较重视	中立	不太重视	完全不重视
1. 让学生获得作为一个社会成员必备的知识和资格	5	4	3	2	1
2. 让学生获得广泛的学习兴趣和知识	5	4	3	2	1
3. 让学生获得成为一个专业实践人员所需的知识和技能	5	4	3	2	1
4. 让学生获得成为一个学术研究者所需的知识和能力	5	4	3	2	1

C2. 您认为所在专业的学生质量如何？（单选）

⑤ 非常好　　　④比较好　　　③一般　　　②比较差

①非常差

C3. 您本学年各项教学工作时间的比例分配（如果没有就用"0"表示，合计应为100%）

①本科生_____%　　　　②硕士研究生_____%

③博士研究生_____%　　　　④继续教育项目_____%

⑤其他_____%

C4. 在本学年或上学年中，您是否开展过以下的教学活动？（多选）

①讲座　　　　　　　　　　　②对学生进行个别化指导

③通过项目组的活动来让学生学习　④指导实验室工作

⑤多媒体教学　　　　　　　　⑥远程教育

⑦编写教材　　　　　　　　　⑧课程或项目开发

⑨在课外与学生进行面对面的交流　⑩双语教学

C5. 对于以下项目，您所在的学校或学院有没有设定量化的任务目标或规定性的要求？（多选）

①每学期授课门数　　　　　　②每周或每学期课堂教学的时数

③教学班级的最低和最高学生人数　④指导研究生的最高数量

⑤学生通过考试的百分比　　　⑥用于学生咨询的时间

C6. 请根据自己的实际情况，对附表1-13中的表述做出判断。（每行单选）

附表1-13　相关判断

问题	完全同意	比较同意	中立	不太同意	完全不同意
1. 因为学生的基础较差，我不得不花更多的时间来适应学生这一特点	5	4	3	2	1
2. 您的学校有提供教学方法培训	5	4	3	2	1
3. 您在教学中强调实践性的知识和技能	5	4	3	2	1
4. 您在教学中强调国际化的视角和内容	5	4	3	2	1
5. 您的研究活动促进了您的教学	5	4	3	2	1
6. 您的服务活动促进了您的教学	5	4	3	2	1

C7. 在过去三年中，附表1-14中的情况在您当前所在学校的发生情况怎么样？（每行单选）

附表1-14　相关情况

问题	非常多	比较多	一般	比较少	非常少	不知道
1. 国外的学者到学校来教课	5	4	3	2	1	9
2. 举办国际会议或国际专题研讨会	5	4	3	2	1	9

续上表

问题	非常多	比较多	一般	比较少	非常少	不知道
3. 国外的学生到学校来就读	5	4	3	2	1	9
4. 自己学校的学生到国外去学习	5	4	3	2	1	9

C8. 在过去五年内，您所在学校教育活动质量改善的程度如何？（单选）

⑤有很大改善　　④有一定程度的改善　　③没有改变

②有一些恶化　　①明显恶化

C9. 在您所在学校教师升职的过程中，附表 1 – 15 中的活动实际受重视的程度如何？（每行单选）

附表 1 – 15　活动实际受重视程度

问题	非常重视	比较重视	中立	不太重视	完全不重视
1. 研究	5	4	3	2	1
2. 教学	5	4	3	2	1
3. 行政管理	5	4	3	2	1
4. 社会服务	5	4	3	2	1
5. 其他（请注明）	5	4	3	2	1

C10. 在您所在学校教师的升职过程中，您希望附表 1 – 16 中各项活动受重视的程度如何？

附表 1 – 16　活动希望的受重视程度

问题	非常重视	比较重视	中立	不太重视	完全不重视
1. 研究	5	4	3	2	1
2. 教学	5	4	3	2	1
3. 行政管理	5	4	3	2	1
4. 社会服务	5	4	3	2	1
5. 其他（请注明）	5	4	3	2	1

D. 科研

D1. 请根据您今年或去年的科研合作状况，对附表 1 – 17 中的说法做出判断。（每行单选）

附表 1 – 17　科研合作状况各说法的判断

问题	是	否
1. 您的研究项目是否完全由个人独立承担，没有与他人一起合作进行？	1	0
2. 您是否和国内同行合作？	1	0
3. 您是否和国外同行合作？	1	0

D2. 请根据您今年或去年的主要研究重心，对附表 1 – 18 中的说法做出判断。（每行单选）

附表 1 – 18　主要研究重心各说法判断

问题	非常多	比较多	一般	比较少	非常少
1. 基础/理论研究	5	4	3	2	1
2. 应用/实践导向研究	5	4	3	2	1
3. 商业导向/技术转让导向的研究	5	4	3	2	1
4. 社会导向/致力于改善社会的研究	5	4	3	2	1

D3. 您是否参与过以下研究活动？（多选）

①筹备实验、调查等　　　　　　　　　　②进行实验、调查等

③管理一个研究团队或者请研究生担任科研助理　④撰写论文

⑤技术转让　　　　　　　　　　　　　　⑥撰写研究计划

⑦管理研究合同和预算

D4. 过去三年内，您完成的学术成果的数量是多少（填入附表 1 – 19 中）？

附表 1 – 19　完成的学术成果数量

成果	数量
1. 您撰写或与他人共同撰写的学术专著	＿＿＿＿本
2. 您编辑或与他人共同编辑的学术作品	＿＿＿＿本

续上表

成果	数量
3. 发表在学术期刊上的论文	_____篇
4. 用外文发表在学术期刊上的论文	_____篇
5. 与国内同行合作著述	_____篇
6. 与国外同行合作著述	_____篇
7. 为基金资助项目撰写的研究报告或专题论文	_____篇
8. 提交的学术会议论文	_____篇
9. 为报纸或杂志撰写的专业文章	_____篇
10. 获得专利	_____项
11. 编写给公众使用的计算机程序	_____项
12. 表演或展出的艺术作品	_____件
13. 制作的电视或电影	_____件
14. 其他（请注明）	_____

D5. 在过去三年内，您获得的研究课题数目为：_____ 个（如果未获得任何研究基金，请直接跳到 D8）

D6. 在过去三年内，您以个人和学术团体成员身份获得的研究经费总金额数为：人民币_____万元。

D7. 从经费来源看（合计数应与 D6 一致）。
①来自现任职机构的经费 _____万元
②来自本国政府或国家机构的经费 _____万元
③来自本国非政府组织或者商业公司的经费 _____万元
④来自外国政府或国际组织的经费 _____万元
⑤其他来源 _____万元

D8. 请回答附表 1 - 20 中有关您参与专业组织的情况。

附表 1 - 20　参与专业组织情况

1. 您是多少个国内专业学术团体的成员？	＿＿＿＿个
2. 您是多少个国际性的专业学术团体的成员？	＿＿＿＿个
3. 在过去三年间，您参加过多少次国内学术会议？	＿＿＿＿次
4. 在过去三年间，您参加过多少次国外学术会议？	＿＿＿＿次

E. 管理

E1. 在您的学校，哪一类人员在附表 1 - 21 中的决策中影响力最大？（每行单选）

附表 1 - 21　决策影响力最大人员类型

问题	政府或外部利益相关者	校级负责人	院系负责人	委员会（学术委员会、教授会）	教师	学生
1. 遴选重要管理者	1	2	3	4	5	6
2. 选择新教师	1	2	3	4	5	6
3. 决定教师的职称升迁和任期	1	2	3	4	5	6
4. 预算分配	1	2	3	4	5	6
5. 决定教师的工作量	1	2	3	4	5	6
6. 制定本科生的毕业标准	1	2	3	4	5	6
7. 批准新的学术项目	1	2	3	4	5	6
8. 教学评估	1	2	3	4	5	6
9. 确立校内的科研项目	1	2	3	4	5	6
10. 科研评估	1	2	3	4	5	6
11. 建立国际联系	1	2	3	4	5	6

E2. 您在学校制定重要学术政策中的影响力如何（在附表 1 – 22 中选择）？（每行单选）

附表 1 – 22 影响力情况

问题	影响 非常大	较有 影响	影响 一般	没什么 影响	完全 无影响
1. 系一级的学术决策	5	4	3	2	1
2. 学院一级的学术决策	5	4	3	2	1
3. 校级学术决策	5	4	3	2	1

E3. 通常是由谁来评价您的教学、研究以及提供的服务（在附表 1 – 23 中选择）？（每列多选）

附表 1 – 23 评价人员情况

问题	您的教学	您的研究	您的服务
1. 本院系的同行	1	1	1
2. 本院系的领导	2	2	2
3. 其他院系的成员	3	3	3
4. 学校高层管理人员	4	4	4
5. 学生	5	5	5
6. 外部同行	6	6	6
7. 您自己（正式的自我评估）	7	7	7
8. 没有人来评价	8	8	8

E4. 附表 1 – 24 中的语句是否符合您所在学校的情况？（每行单选）

附表 1 – 24 所在学校情况

问题	非常 符合	比较 符合	中立	不太 符合	非常 不符合
1. 非常强调学校的使命和目标	5	4	3	2	1
2. 在管理系统与学术系统之间有较好的联系	5	4	3	2	1
3. 决策是由领导做出的	5	4	3	2	1
4. 民主协商	5	4	3	2	1
5. 较强的绩效导向	5	4	3	2	1

续上表

问题	非常符合	比较符合	中立	不太符合	完全不符合
6. 管理流程冗繁	5	4	3	2	1
7. 管理人员对教学活动持支持态度	5	4	3	2	1
8. 管理人员对科研活动持支持态度	5	4	3	2	1
9. 行政管理专业化水平不断提高	5	4	3	2	1

E5. 针对附表 1 – 25 中的问题，请表明您的观点。（每行单选）

附表 1 – 25　各问题观点

问题	非常符合	比较符合	中立	不太符合	非常不符合
1. 学校最高领导者能够胜任学校的领导工作	5	4	3	2	1
2. 学校信息渠道畅通	5	4	3	2	1
3. 学校管理缺乏教师的参与是学校当前的现实问题	5	4	3	2	1
4. 在有关教学的政策制定中，学生应拥有更大的发言权	5	4	3	2	1
5. 学校的行政机构支持学术自由	5	4	3	2	1
6. 有独特而清晰的组织使命	5	4	3	2	1
7. 将激烈的内部竞争作为重要的激励机制	5	4	3	2	1
8. 对教师晋升管理岗位持支持态度	5	4	3	2	1
9. 大部分管理人员都是通过内部晋升的	5	4	3	2	1
10. 大部分管理人员兼任学术工作	5	4	3	2	1
11. 管理人员经常转换岗位	5	4	3	2	1

E6. 在以下的活动中，学校持怎样的态度？（每行单选）

附表1-26　学校对各活动所持态度

问题	非常强调	比较强调	一般	不太强调	完全不强调
1. 对院系实施基于绩效的资源分配方案	5	4	3	2	1
2. 根据学生规模来决定对各个院系的财政支持	5	4	3	2	1
3. 在制定人事决策时考虑科研的质量	5	4	3	2	1
4. 在制定人事决策时考虑教学的质量	5	4	3	2	1
5. 在制定人事决策时考虑工作的现实相关性和可行性	5	4	3	2	1
6. 招聘在学术界之外有工作经验的人	5	4	3	2	1
7. 鼓励教师在校外参与服务性活动或商业活动	5	4	3	2	1

F. 个人背景信息

F1. 您的性别：①男　　②女

F2. 您的年龄：＿＿＿＿＿＿岁（周岁）

F3. 您的婚姻状态：①已婚　　②未婚　　③其他（请注明）＿＿＿＿＿＿

F4. 您是否有子女：①没有　　②有一个　③有两个或以上

F5. 您的政治面貌是？（单选）
　　①中共党员　　　②民主党派成员　　　　　③共青团员
　　④群众　　　　　⑤其他，请注明＿＿＿＿＿＿＿＿＿＿

F6. 您的出生地是＿＿＿＿＿省＿＿＿＿＿＿＿市/县，属于：①城市　②农村

F7. 您父母和配偶的职业是（填入附表1-27中）？

附表1-27　父母配偶情况

人员	职业（从"注"中选择一样）	备注
父亲		
母亲		若退休，请填写退休前的职业
配偶		

　　注：①政府或事业单位管理者；②公司高级经理人；③专业技术人员（如教师、医生等）；④技术支持人员；⑤经理人员或从业者；⑥商业服务人员；⑦个体户；⑧私营企业主；⑨农林牧副渔；⑩工人（制造业、运输行业等）；⑪无业/失业/下岗；⑫其他，请注明（　　　　　　　　　　）。

问卷到此结束。衷心感谢您的支持与合作！

附录二　A 校管理人员访谈提纲

访谈提纲

（学科管理办公室）

尊敬的老师：

您好！本课题组邀请您参加教育部财务管理委托课题，本课题为科研目的，属社科类教育学范畴，您将作为被访者接受我课题组访谈。研究采用匿名的访谈形式，不会披露您的身份，您的谈话信息会被保密。感谢您的参与及配合。

北京大学教育学院

1. 自 1993 年以来，A 校先后设立了多个新体制单位，请问最初学校层面对新体制单位的设置目标或者意图是什么？

2. 请问到目前为止，A 校新体制单位整体的发展现状如何？

（1）A 校的第一个新体制单位是何时产生的？

（2）A 校整个新体制单位的发展过程中，是否有某阶段数量陡增或大量涌现的情况？

（3）在 A 校新体制单位逐步发展的过程中，其他高校的新体制单位发展情况如何？

（4）A 校与其他高校新体制单位的发展进程有何关联（趋同或差异）？

3. 请问学校对新体制单位实施何种管理模式？

（1）在管理过程中是否实施分类指导的模式？

（2）学校对新机构的设置、监管和评估方面分别采用什么样的管理模式？

4. 请问目前新体制单位的管理存在的问题和矛盾有哪些？

附录三　A 校机构负责人访谈提纲

访谈提纲

（机构负责人）

尊敬的老师：

您好！本课题组邀请您参加教育部财务管理委托课题，本课题为科研目的，属社科类教育学范畴，您将作为被访者接受我课题组访谈。研究采用匿名的访谈形式，不会披露您的身份，您的谈话信息会被保密。感谢您的参与及配合。

北京大学教育学院

1. 请介绍贵机构设置的背景、目标及 A 校给予的支持。
2. 请介绍贵机构在科研队伍建设方面的经验及存在问题。
3. 请介绍贵机构在学术科研和人才培养方面的运行管理模式。
4. 请介绍贵机构经费筹措和经费管理的运行现状与相关制度。
5. 贵机构目前是否实施了机构评估？请介绍评估运作状况及存在问题。
6. 请介绍您对新体制研究机构未来发展前景的看法及建议。

感谢您的大力支持与配合！

附录四　A 校教师访谈提纲

访谈提纲

（机构研究人员）

尊敬的老师：

　　您好！本课题组邀请您参加教育部财务管理委托课题，本课题为科研目的，属社科类教育学范畴，您将作为被访者接受我课题组访谈。研究采用匿名的访谈形式，不会披露您的身份，您的谈话信息会被保密。感谢您的参与及配合。

北京大学教育学院

1. 请介绍您选择应聘所在单位的就职动机和受聘过程。
2. 请介绍您在学术科研和人才培养方面的工作现状和主要贡献。
3. 请介绍您对所在单位学术研究平台的评价。
4. 请介绍您对所在单位组织管理模式的评价。
5. 请介绍您对新体制研究机构未来发展前景的看法及建议。

感谢您的大力支持与配合！

附录五　B校教师访谈提纲

高校教师科研状况访谈提纲

尊敬的老师：

　　您好！本研究关注高校教师科研状况及相关院校影响因素，十分荣幸邀请您接受访谈。研究采用匿名访谈形式，您的个人信息会得到妥善保护，访谈内容将仅用于科研目的。感谢您的支持与帮助。

北京大学教育学院

2016 年 1 月

一、概况

1. 学科专业领域：　　　　　　　　工作岗位类型：

2. 职称和职务、学历

3. 一周总工作量：大概多少小时？教学科研如何分配？更偏重教学还是科研？

4. 工作兼职：除了科研和教学工作，还承担哪些工作？

5. 本校工作年限

二、科研方面

1. 请介绍您在科研和教学方面的工作现状和主要贡献。您觉得自己更偏重基础研究还是应用研究？

2. 您的工作成就感和压力主要来源于哪些方面？

3. 您所在单位的科研模式是什么（团队协作还是独立研究）？您个人的科研工作方式如何？所在学科的科研机制如何？

4. 您的学术科研工作主要受到学校和学院哪些因素的影响？如果想要更有效地支持教师进行科研工作，学校或院系哪些方面需要进一步完善？

5. 您对学校和院系学术研究平台的评价如何？科研管理制度方面有哪些做法？怎样影响到您的科研工作？

6. 您所在院系的人事聘任和职称晋升标准，与教学相比，对科研是否更重视？怎样影响到您的科研工作？

感谢您的大力支持与配合！

附录六　正文部分附表

附表6-1　重点大学和一般大学科技经费收入各年度情况（单位：亿元）①

年份	重点大学	一般大学	重点大学（折现后）	一般大学（折现后）
1991	1 122	458	2 027	826
1992	1 805	662	3 164	1 160
1993	2 241	843	3 815	1 436
1994	2 851	1 090	4 713	1 802
1995	3 304	1 413	5 302	2 268
1996	3 900	1 640	6 076	2 556
1997	4 910	2 052	7 427	3 104
1998	5 734	2 394	8 420	3 515
1999	6 915	2 936	9 859	4 186
2000	10 093	4 077	13 970	5 643
2001	12 091	5 238	16 249	7 040
2002	14 678	7 122	19 151	9 292
2003	17 398	7 779	22 040	9 854
2004	22 868	11 342	28 125	13 949
2005	26 253	13 905	31 348	16 603
2006	32 356	13 167	37 510	15 264
2007	38 838	15 458	43 712	17 398
2008	46 464	18 663	50 772	20 393
2009	50 862	21 398	53 959	22 701
2010	67 935	25 525	69 973	26 291
2011	72 033	30 310	72 033	30 310

① 数据来源于各年度的《高等学校科技统计资料汇编》。

附表6-2　各年度重点大学科技经费收入构成（单位:%）①

年份	科研事业费	主管部门专项费	其他政府部门专项费	企事业单位委托经费	各种收入转为科技经费	其他
1991	7.6	15.4	35.6	35.0	2.9	3.6
1992	5.8	12.4	34.9	38.4	2.2	6.3
1993	5.0	10.7	34.9	45.0	2.3	2.0
1994	5.3	11.6	28.4	46.8	1.7	6.2
1995	6.8	10.9	25.3	49.8	1.1	6.2
1996	5.7	11.8	26.4	46.5	2.6	7.0
1997	4.5	10.4	32.8	46.2	1.5	4.7
1998	4.5	13.4	27.7	46.9	2.0	5.5
1999	5.7	8.9	30.4	48.5	2.5	4.1
2000	10.3	7.0	35.0	39.7	3.8	4.3
2001	9.6	7.5	32.6	42.3	4.0	4.0
2002	8.5	7.2	35.9	40.8	4.1	3.5
2003	3.2	6.0	38.8	42.4	5.2	4.3
2004	5.7	14.0	31.1	43.4	3.2	2.6
2005	5.3	11.4	35.1	42.7	2.8	2.6
2006	5.6	13.9	32.6	42.0	4.1	1.8
2007	5.1	14.3	37.4	38.1	3.3	1.9
2008	5.5	13.7	40.1	36.1	3.0	1.5
2009	5.0	11.7	41.2	37.5	3.4	1.2
2010	4.5	12.4	46.4	32.6	3.0	1.0
2011	4.7	14.0	41.7	36.1	2.6	1.0

① 数据来源于各年度的《高等学校科技统计资料汇编》。

附表 6-3　各年度一般大学科技经费收入构成（单位：%）①

年份	科研事业费	主管部门专项费	其他政府部门专项费	企事业单位委托经费	各种收入转为科技经费	其他
1991	11.2	19.2	30.4	29.5	3.9	5.9
1992	10.0	16.9	28.0	33.0	3.3	8.7
1993	12.0	16.0	24.1	35.3	4.1	8.4
1994	9.7	14.4	21.6	41.5	4.9	8.0
1995	13.6	11.7	20.3	41.6	4.5	8.3
1996	12.2	12.8	23.8	41.5	5.0	4.7
1997	11.8	15.5	27.0	37.6	4.1	4.1
1998	9.4	16.9	26.0	38.4	5.8	3.5
1999	9.8	14.3	25.9	37.9	8.0	4.1
2000	25.4	7.8	23.4	32.5	5.8	5.1
2001	25.0	6.6	20.7	36.6	6.4	4.7
2002	24.2	4.6	24.2	37.3	4.6	5.0
2003	10.8	5.8	25.6	43.8	9.4	4.6
2004	15.7	10.2	22.8	39.1	9.2	3.1
2005	13.2	12.4	23.7	38.9	10.3	1.5
2006	12.2	11.0	23.9	40.3	10.9	1.7
2007	10.5	10.7	27.1	39.4	11.2	1.1
2008	9.4	10.5	28.2	40.5	10.7	0.7
2009	9.4	11.3	28.5	39.1	10.7	0.9
2010	8.3	11.4	32.0	37.6	9.9	0.7
2011	7.1	13.7	33.3	34.9	10.0	1.0

① 数据来源于各年度的《高等学校科技统计资料汇编》。

参 考 文 献

［1］阿尔特巴赫. 变革中的学术职业：比较的视角［M］. 别敦荣，等译. 北京：中国海洋大学出版社，2006.

［2］阿特巴赫. 失落的精神家园：发展中与中等收入国家大学教授职业透视［M］. 施晓光，译. 北京：中国海洋大学出版社，2006.

［3］博格斯. 知识分子与现代性的危机［M］. 李俊，蔡海榕，译. 南京：江苏人民出版社，2002.

［4］布尔迪厄. 国家精英：名牌大学与群体精神［M］. 杨亚平，译. 北京：商务印书馆，2004.

［5］陈向明. 质的研究方法与社会科学研究［M］. 北京：教育科学出版社，2000.

［6］德里达. 教授志业的未来或无条件大学（人文学科也许能使之他日成真）［M］//《大学学术讲演录》丛书编委会. 中国大学学术讲演录. 桂林：广西师范大学出版社，2002.

［7］教育部财务司，国家统计局社会科技和文化产业统计司. 中国教育经费统计年鉴：2011［M］. 北京：中国统计出版社，2012.

［8］教育部发展规划司. 中国教育统计年鉴：1998［M］. 北京：人民教育出版社，1999.

［9］克尔. 大学的功用［M］. 陈学飞，陈恢钦，周京，等译. 南昌：江西教育出版社，1993.

［10］廉思. 工蜂：大学青年教师生存实录［M］. 北京：中信出版社，2012.

［11］曼海姆. 文化社会学论集［M］. 艾彦，郑也夫，冯克利，译. 沈阳：辽宁教育出版社，2003.

［12］缪榕楠. 学术组织中的人：大学教师任用的新制度主义分析［M］. 南京：南京师范大学出版社，2008.

［13］默顿. 科学社会学：理论与经验研究［M］. 鲁旭东，译. 北京：商务印书馆，2003.

［14］默顿. 论理论社会学［M］. 何凡兴，李卫红，王丽娟，译. 北京：华夏出版社，1990.

［15］乔锦忠. 学术生态治理：研究型大学教师激励机制探索［M］. 北京：教育科学出版社，2008.

［16］茹宁. 大学学术场域论：府学关系的视角［M］. 北京：中央编译出版社，2014.

［17］斯科特. 制度与组织：思想观念与物质利益［M］. 姚伟，王黎芳，译. 3版. 北京：中国人民大学出版社，2010.

［18］斯格特. 组织理论：理性、自然和开放系统［M］. 黄洋，李霞，申薇，等译. 北京：华夏出版社，2002.

［19］王骥. 大学知识生产方式研究［M］. 北京：中国社会科学出版社，2014.

［20］温福星. 阶层线性模型的原理与应用［M］. 北京：中国轻工业出版社，2009.

［21］韦伯. 学术与政治［M］. 冯克利，译. 北京：生活·读书·新知三联书店，1998.

［22］熊丙奇. 体制迷墙：大学问题高端访问［M］. 成都：天地出版社，2005.

［23］阎光才. 精神的牧放与规训：学术活动的制度化与学术人的生态［M］. 北京：教育科学出版社，2011.

［24］张永宏. 组织社会学的新制度主义学派［M］. 上海：上海人民出版社，2007.

［25］中华人民共和国教育部发展规划司. 中国教育统计年鉴：2011［M］. 北京：人民教育出版社，2013.

［26］艾伟强，葛建军. 运用分层线性模型对高校教师科研水平的研究［J］. 统计与决策，2008（7）.

［27］鲍威，王嘉颖. 象牙塔里的压力：中国高校教师职业压力与学术产出的实证研究［J］. 北京大学教育评论，2012，10（1）.

［28］蔡秋英. 学术行政化对高校教师发展的影响［J］. 高校教育管理，2012，6（1）.

［29］曾茂林，柳海民. 教育理论与实践结合的条件及机制［J］. 中国教育学刊，2009（4）.

［30］巢宏，方华婵，谢华. 我国科技体制改革进程及政策演变研究［J］. 中国集体经济，2013（24）.

[31] 陈维政, 李金平. 组织气候研究回顾及展望 [J]. 外国经济与管理, 2005, 27 (8).

[32] 程芳. "三维" 匹配的高校教师科研生涯管理研究: 基于管理类期刊数据的实证 [J]. 科技管理研究, 2012, 32 (16).

[33] 程开明. 结构方程模型的特点及应用 [J]. 统计与决策, 2006 (10).

[34] 段锦云, 王娟娟, 朱月龙. 组织氛围研究: 概念测量、理论基础及评价展望 [J]. 心理科学进展, 2014, 22 (12).

[35] 范铁权. 中国科学的体制化进程缕析: 兼与西方国家的比较 [J]. 自然辩证法研究, 2007, 23 (3).

[36] 方杰, 邱皓政, 张敏强, 等. 我国近十年来心理学研究中 HLM 方法的应用述评 [J]. 心理科学, 2013 (5).

[37] 冯黎明. 文学研究: 走向体制化的学科知识 [J]. 文艺理论研究, 2011 (4).

[38] 冯文帅, 周华强, 汪继红. 深化科研管理体制改革的思考 [J]. 宏观经济管理, 2014 (10).

[39] 高太光, 陈培友. 基于粗糙集和群决策的高校教师科研能力评价模型研究 [J]. 科技管理研究, 2011, 31 (21).

[40] 耿益群. 美国研究型大学学术职业的历史沿革及特点分析 [J]. 比较教育研究, 2008, 30 (5).

[41] 谷小燕. 探析全球化时代高等教育的几种理论视角 [J]. 清华大学教育研究, 2012 (6).

[42] 谷志远, 沈红. 中国学术职业成就影响因素的实证研究 [J]. 高等教育研究, 2012 (11).

[43] 谷志远. 高校青年教师学术产出绩效影响因素的实证研究: 基于个性特征和机构因素的差异分析 [J]. 高教探索, 2011 (1).

[44] 郭涛, 林盛, 刘金培. 高校教师科研绩效评价: 一种多准则决策分析模型 [J]. 统计与决策, 2012 (9).

[45] 何亚群, 郭照冰. 我国高校学术道德建设的公共困境及对策 [J]. 江苏高教, 2013 (5).

[46] 胡金秀, 周国强, 张炳烛, 等. 高校教师科研工作量化考核体系的建立与实践 [J]. 经济师, 2003 (10).

[47] 胡玉和. 高校人文社科学术评价的制度缺陷及复归路径探寻 [J]. 科技管理研究, 2011, 31 (10).

［48］胡志平. 从制度匹配检视农村公共服务均等化［J］. 社会科学研究，2013（1）.

［49］黄净，饶敏. 高校教师研究生产率影响因素的实证分析［J］. 暨南学报（哲学社会科学版），2008，30（3）.

［50］黄明东，冯惠敏. 大学基层学术组织建设的法律基础探析［J］. 河北法学，2008，26（11）.

［51］靳希，张火春，姚力. 高校教师科研工作量的量化探索［J］. 高等教育研究，1993（1）.

［52］李春萍. 分工视角中的学术职业［J］. 高等教育研究，2002（6）.

［53］李国学，毛艳华. 跨境制度匹配与产业结构升级：发展中国家对外直接投资的一个理论解释［J］. 中央财经大学学报，2015（6）.

［54］李俊杰. 高校教师科研绩效评价存在的问题及改进［J］. 教育发展研究，2011（7）.

［55］李兰春，王双成，王婧. 高校教师科研能力评估的贝叶斯网络聚类方法［J］. 科技管理研究，2011，31（12）.

［56］李太平，刘燕楠. 教育研究的转向：从理论理性到实践理性：兼谈教育理论与教育实践的关系［J］. 教育研究，2014（3）.

［57］李晓光. 政治体制与产权制度匹配关系的经济学分析［J］. 经济社会体制比较，2009（1）.

［58］李晓鹏，方杰，张敏强. 社会科学研究中多层线性模型方法应用的文献分析［J］. 统计与决策，2011，23.

［59］李晓燕. 学术自由、学术规范与学术秩序治理［J］. 陕西师范大学学报（哲学社会科学版），2010（6）.

［60］李欣. 后4%时代我国地方高校教育经费投入状况实证研究与预测［J］. 教育财会研究，2014，25（5）.

［61］李艳培. 布尔迪厄场域理论研究综述［J］. 决策与信息：财经观察，2008（6）.

［62］李正风，尹雪慧. 科学体制化的文化诉求与文化冲突：论科学的功利性与自主性［J］. 科学与社会，2011，1（1）.

［63］李志峰，沈红. 学术职业：欧洲中世纪时期的形成与形态［J］. 中山大学学报（社会科学版），2007，47（4）.

［64］李志峰，沈红. 学术职业发展：历史变迁与现代转型［J］. 教师教育研究，2007，19（1）.

［65］李志峰，易静. 美国学术职业流动的类型与特征［J］. 比较教育研究，2009（2）.

［66］李志峰. 高校学术职业分层制度的变迁逻辑［J］. 清华大学教育研究，2012（4）.

［67］李志峰. 论高深知识与学术职业［J］. 中国地质大学学报（社会科学版），2009，9（5）.

［68］梁文艳，刘金娟，王玮玮. 研究型大学教师科研合作与科研生产力：以北京师范大学教育学部为例［J］. 教师教育研究，2015，27（4）.

［69］林培锦. 学术同行评议及其利益冲突：布尔迪厄科学场域理论的视角［J］. 自然辩证法研究，2014（7）.

［70］刘丹平，周建方，吴洁. 基于灰色系统的高校教师科研能力综合评价模型［J］. 科技管理研究，2010，30（23）.

［71］刘凤朝，孙玉涛. 我国科技政策向创新政策演变的过程、趋势与建议：基于我国289项创新政策的实证分析［J］. 中国软科学，2007（5）.

［72］刘景忠. 六国（地区）学术职业比较的数学模型［J］. 湘南学院学报，2000（4）.

［73］刘俊婉，郑晓敏，王菲菲，等. 科学精英科研生产力和影响力的社会年龄分析：以中国科学院院士为例［J］. 情报杂志，2015（11）.

［74］刘梅，李子和. 高校科技管理干部的素质提高与科技项目的管理［J］. 科技管理研究，2003，23（5）.

［75］刘寿华. 世界四大索引（SCI、EI、ISTP、ISR）异同分析与测度指标［J］. 情报科学，2004，22（3）.

［76］刘曙光. 学术期刊的失范问题［J］. 新疆师范大学学报（哲学社会科学版），2010，31（1）.

［77］刘玮，李玲，沈奎林. 基于性别因素的高校教师科研生产率实证研究：以图情档领域为例［J］. 新世纪图书馆，2014（3）.

［78］刘献君，张俊超，吴洪富. 大学教师对于教学与科研关系的认识和处理调查研究［J］. 高等工程教育研究，2010（2）.

［79］刘宇文，张鑫鑫. 从外部激励走向内部激励：高校教师科研创新的动力转型研究［J］. 湖南师范大学教育科学学报，2010，9（1）.

［80］刘宇文，周文杰. 我国高校科研奖励制度的现状与发展探索［J］. 高等工程教育研究，2015（4）.

［81］柳海民，王晋. 教育基本理论研究的第三条道路：建构中层理论［J］. 教育理论与实践，2009（1）.

［82］卢乃桂，徐岚．法国高等教育管理体制变革中的教师学术职业［J］．高等教育研究，2008（1）．

［83］卢小驰．社会环境对高校教师科研创新能力的影响［J］．教育学术月刊，2007（6）．

［84］马多秀．构建中层理论：教育理论研究本土化的可能路径［J］．湖南师范大学教育科学学报，2010，09（4）．

［85］马廷奇．大学管理的科层化及其实践困境［J］．清华大学教育研究，2006，27（1）．

［86］毛禹功．一种简易可行的高校科研工作量计量办法［J］．科学学与科学技术管理，1992（3）．

［87］冒荣．学术行政化与学术资本化的联姻：权力的同谋和学术的异化［J］．江苏高教，2011（4）．

［88］宁福海．当前我国技术创新的制度匹配研究［J］．理论学刊，2013（3）．

［89］宁宣熙，张毅，屈锐，等．高校教师科研工作量考核方法研究［J］．南京航空航天大学学报，1994（s2）．

［90］牛盼强．基于产业知识基础与制度匹配的上海区域创新体系构建研究［J］．科技进步与对策，2016（3）．

［91］欧阳洁慧．数字化科研学习环境对教师科研能力的影响和思考［J］．科技管理研究，2012，32（11）．

［92］彭纪生，孙文祥，仲为国．中国技术创新政策演变与绩效实证研究（1978—2006）［J］．科研管理，2008，29（4）．

［93］蒲勇健，李攀艺．高校教师科研激励机制：终身教职制度的经济学分析［J］．科技进步与对策，2006，23（4）．

［94］饶敏．高校高绩效工作系统对研究生产率的影响：创新气氛的中介效应［J］．暨南学报（哲学社会科学版），2009，31（5）．

［95］沈红，谷志远，刘茜．大学教师工作时间影响因素的实证研究［J］．高等教育研究，2011（9）．

［96］沈红．变革中的学术职业：从14国/地区到21国的合作研究［J］．大学（研究版），2007（1）．

［97］沈红．论学术职业的独特性［J］．北京大学教育评论，2011，9（3）．

［98］施晟，周洁红．食品安全管理的机制设计与相关制度匹配［J］．改革，2012（5）．

［99］石娟. 高等教育场域中高校"位置"分层的社会学分析［J］. 教育学术月刊, 2010（10）.

［100］宋伟. 体制内的学术体制批判如何可能［J］. 探索与争鸣, 2013（6）.

［101］宋旭红. 大学学科：一个组织与文化交汇而成的学术部落［J］. 现代教育管理, 2008（7）.

［102］苏策. 认知风格、组织氛围对员工创新行为的影响研究［J］. 生产力研究, 2014（8）.

［103］孙元涛. 学术·体制·学者：论体制化时代的学术研究与学者"情怀"［J］. 现代大学教育, 2014（2）.

［104］唐琼一, 方虹. 布迪厄高等教育思想述评［J］. 山西师大学报（社会科学版）, 2008, 35（3）.

［105］唐琼一. 布迪厄高等教育公平观探析：《国家精英—名牌大学与群体精神》解读［J］. 高教探索, 2007（3）.

［106］陶东风. 新时期三十年人文知识分子的沉浮［J］. 探索与争鸣, 2008, 1（3）.

［107］王崇桃, 方德英, 王一川. 高校教师科研状况的调查分析与管理措施研究［J］. 研究与发展管理, 2011, 23（2）.

［108］王春雷. 高校教师科研合作影响因素研究：以广西为例［J］. 科技进步与对策, 2012, 29（21）.

［109］王明刚, 许华. 基于 GFAHP 的高校教师科研评价体系构建［J］. 统计与决策, 2011（17）.

［110］王庆燕, 石金涛. 组织气氛与组织文化的研究脉络与异同［J］. 中国软科学, 2005（9）.

［111］王全林, 程东峰. 大学教师学术生态问题与重构［J］. 教师教育研究, 2013, 25（2）.

［112］王树春, 王俊. 可持续发展与我国技术绩效改进的制度匹配［J］. 贵州社会科学, 2014（1）.

［113］王星, 李放. 制度中的历史：制度变迁再思［J］. 经济社会体制比较, 2011（2）.

［114］王又军. 加强学术道德建设刍论［J］. 中国高校科技, 2011（6）.

［115］魏红梅. 论大学学术的异化与回归［J］. 教育发展研究, 2011（3）.

［116］吴康宁. 教育研究应研究什么样的"问题"：兼谈"真"问题的判断标准［J］. 教育研究, 2002（11）.

［117］吴小妹. 高校教师科研能力评价模型构建研究［J］. 科技管理研究，2010，30（22）.

［118］吴艳萍. 基于需求层次理论的科研激励管理研究［J］. 科技管理研究，2010，30（21）.

［119］吴志兰. 荷兰的学术职业：最近十几年的改革与发展［J］. 外国教育研究，2004（6）.

［120］武毅英. 高等教育研究的理论创新和社会责任［J］. 中国高等教育，2011（18）.

［121］肖朗，王有春. 近代中国国立大学教育研究机构综论［J］. 高等教育研究，2012（8）.

［122］熊彩纯. 论高校教师科研评价的革新策略［J］. 科学学与科学技术管理，2008，29（6）.

［123］徐博，马万里. 财政体制改革的制度匹配：解析路径转换与模式再造［J］. 改革，2013（10）.

［124］徐灵，魏彤春，侯光辉. 科研压力下的高校教师学术不端行为：组织支持的调节效应［J］. 科技管理研究，2013，33（7）.

［125］阎凤桥. "西学东渐"与中国近现代学术职业的形成［J］. 中国高等教育评论，2014.

［126］阎凤桥. 转型中的中国学术职业：制度分析视角［J］. 教育学报，2009，5（4）.

［127］杨光钦. 关于高校教师科研评估问题的思考［J］. 中国成人教育，2005（11）.

［128］易红郡. 从编外讲师到终身教授：德国大学学术职业的独特路径［J］. 高等教育研究，2011（2）.

［129］于维娜，樊耘，张婕，等. 价值观异致性会促进创新绩效的产生吗？——支持性组织氛围和反馈寻求行为的被中介的调节效应［J］. 预测，2015（2）.

［130］余斌. 高校教师科研文化的缺陷及其改进［J］. 高等教育研究，2008（7）.

［131］袁声莉，李亚林，陈金波. 制约地方高校教师科研发展的影响因素分析：从人力资本等理论的视角［J］. 教育与经济，2010（4）.

［132］张斌. 我国学术共同体运行的现状、问题与变革路径［J］. 中国高教研究，2012（11）.

[133] 张春梅. 学术中的浮士德与墨菲斯特: 对近年来学术失范问题的反思 [J]. 新疆师范大学学报（哲学社会科学版）, 2010, 31 (1).

[134] 张东海, 饶明如. 高校学术管理与学术创新的逻辑观察 [J]. 江西社会科学, 2008 (12).

[135] 张桂平, 廖建桥, 刘文兴. 科研收益预期对高校教师非伦理行为的作用机制 [J]. 高等教育研究, 2011 (5).

[136] 张桂平, 廖建桥. 科研考核压力对高校教师非伦理行为的影响研究 [J]. 管理学报, 2014, 11 (3).

[137] 张海丰. 技术进步与制度匹配: 演化经济学的视角 [J]. 经济问题探索, 2015 (7).

[138] 张剑平. 高校教师科研能力评价指标体系设计研究 [J]. 黑龙江高教研究, 2006 (5).

[139] 张九海, 叶军. 在学术和政治之间: 高校"学术行政化"倾向探因 [J]. 山西师大学报（社会科学版）, 2008, 35 (1).

[140] 张期陈, 胡志平. 中国农地产权绩效: 来自制度匹配的观点 [J]. 财经科学, 2011 (11).

[141] 张庆辉. 中层理论: 高等教育研究的新视角 [J]. 高教探索, 2008 (1).

[142] 张晓军, 席酉民. 我国高校科研管理的问题与改革建议: 基于资源配置的视角 [J]. 科学学与科学技术管理, 2011, 32 (7).

[143] 张珣, 徐彪, 彭纪生, 等. 高校教师科研压力对科研绩效的作用机理研究 [J]. 科学学研究, 2014, 32 (4).

[144] 张焱, 冒荣. 关系的嬗变: 关于学术场域开放性特征的探讨 [J]. 现代大学教育, 2013 (6).

[145] 张英丽. 博士生教育在学术职业发展中的价值 [J]. 江苏高教, 2009 (3).

[146] 张英丽. 我国博士生的学术职业选择及影响因素 [J]. 高教探索, 2009 (2).

[147] 赵普光, 张洪慧. 高校教师科研绩效评价与激励中的不确定性、机会主义行为及其对策 [J]. 中国行政管理, 2010 (6).

[148] 赵叶珠. 学术职业性别差异的国际比较研究 [J]. 中华女子学院学报, 2002, 14 (2).

[149] 周光礼, 吴越. 从竞争到合作: C9 联盟组织场域的建构（上）[J]. 高等工程教育研究, 2011 (4).

［150］周光礼. 政策分析与院校研究：中国高等教育研究的中层理论建构［J］. 高等教育研究，2009（10）.

［151］周涛，鲁耀斌. 结构方程模型及其在实证分析中的应用［J］. 工业工程与管理，2006，11（5）.

［152］周艳. 中国高校学术职业的结构性变迁及其影响［J］. 清华大学教育研究，2007，28（4）.

［153］朱茜，施晓峰. 论对高校科研教师的非物质激励的思考［J］. 科技管理研究，2010，30（4）.

［154］陈磊. 名牌大学与精英主义：基于布尔迪厄场域理论的中国高等教育分析［D］. 南京：南京大学，2011.

［155］成琼文. 高校教师薪酬激励效应研究［D］. 长沙：中南大学，2010.

［156］郭莉. 当代中国大学学术权力与行政权力的共轭机理研究［D］. 徐州：中国矿业大学，2013.

［157］何绍田. 制度创新推动中国珠三角新型城镇化研究［D］. 武汉：武汉大学，2014.

［158］梁爽. 高校组织气氛对教师科研绩效的影响研究［D］. 大连：大连理工大学，2008.

［159］蔺玉. 博士生科研绩效及其影响因素的实证研究［D］. 合肥：中国科学技术大学，2012.

［160］马云献. 高校组织氛围及其与教师工作绩效的关系研究［D］. 开封：河南大学，2005.

［161］宋秀林. 地方高校场域规则下青年教师发展研究［D］. 长沙：湖南农业大学，2012.

［162］孙芳芳. 工作嵌入视角下知识型员工工作绩效与离职倾向的协同管理［D］. 杭州：浙江财经大学，2014.

［163］田联进. 中国现代高等教育制度反思与重构［D］. 南京：南京大学，2011.

［164］王星. 从"分配政治"到"生产政治"［D］. 长春：吉林大学，2008.

［165］王应密. 中国大学学术职业制度变迁研究［D］. 武汉：华中科技大学，2009.

［166］吴洪富. 大学场域变迁中的教学与科研关系［D］. 武汉：华中科技大学，2011.

［167］吴练达. 制度、行为与经济发展［D］. 大连：东北财经大学，2010.

［168］吴琼. 布迪厄教育社会学思想研究［D］. 大连：东北财经大学，2012.

［169］吴爽. 高科技企业组织气氛对知识创造影响的研究［D］. 成都：西南财经大学，2008.

［170］殷朝晖. 论国家科研体制建设与研究型大学发展［D］. 武汉：华中科技大学，2005.

［171］于晓庆. 组织氛围与知识创造关系研究［D］. 大连：大连理工大学，2007.

［172］张斌. 学术场域的政治逻辑［D］. 上海：华东师范大学，2013.

［173］朱瑜. 广东地区企业组织氛围因素结构及其与绩效关系研究［D］. 广州：暨南大学，2004.

［174］ALTBACH P G. How are the faculty faring in other countries?［M］// CHAIT R P. The questions of tenure. Cambridge：Harvard University Press，2002.

［175］ALTBACH P G，SELVARATNAM V. From dependence to autonomy：the development of Asian universities［M］. Dordrecht：Kluwer Academic Publishers，1989.

［176］AUSTIN A E. Academic staff in times of transformation：roles, challenges, and professional development needs［M］//CHAPMAN D W，AUSTIN A E. Higher education in the developing world：changing contexts and institutional responses. Westport：Greenwood Press，2002.

［177］AUSTIN A E，SORCINELLI M D，MCDANIELS M. Understanding new faculty：background, aspirations, challenges, and growth［M］//PERRY R，SMART J C. The scholarship of teaching and learning in higher education：an evidence-based perspective. Dordrecht：Springer Netherlands，2007.

［178］BALDWIN R G. Incentives for faculty vitality［M］. San Francisco：Jossey-Bass Inc. ，1986.

［179］BLIESE P D. Within-group agreement, non-independence, and reliability：implications for data aggregation and analysis［M］//KLINE K J，KOZLOWSKI S W. Multilevel theory, research, and methods in organizations：foundations, extensions, and new directions. San Francisco：Jossey-Bass Inc. ，2000.

［180］BOLLEN K A，LONG J S. Testing structural equation models［M］. California：Sage Publications，Inc. ，1993.

［181］ BOURDIEU P, WACQUANT L J D. An invitation to reflexive sociology ［M］. Chicago: University of Chicago Press, 1992.

［182］ BROWN D R. Personality, college environments, and academic productivity ［M］ //SANFORD N. The American college: a psychological and social interpretation of the higher learning. New York: John Wiley and Sons, Inc. , 1962.

［183］ CAMPBELL J P, et al. Managerial behavior, performance, and effectiveness ［M］. New York: McGraw-Hill Inc. , 1970.

［184］ CLARK B R. The academic life: small worlds, different worlds ［M］. Princeton: The Carnegie Foundation for the Advancement of Teaching, 1987.

［185］ COLBECK C. L. How female and male faculty with families manage work and personal roles ［M］ // BRACKEN S J, ALLEN J K, DEAN D R. The balancing act: gendered perspectives in faculty roles and work lives. Sterling: Stylus Publishing, 2006.

［186］ CREAMER E. Assessing faculty publication productivity: issues of equity ［M］. San Francisco: Jossey-Bass Inc. , 1998.

［187］ CUMMINGS W K, FINKELSTEIN M J. Scholars in the changing American academy: new contexts, new rules and new roles ［M］. New York: Springer, 2012.

［188］ CURRIE J, THIELE B. Globalization and gendered work cultures in universities ［M］ // BROOKS A, MACKINNON A. Gender and the restructured university: changing management and culture in higher education. London: Open University Press, 2001.

［189］ FINKELSTEIN M, JU M, CUMMINGS W K. The United States of America: perspectives on faculty governance, 1992 - 2007 ［M］ // LOCKE W, CUMMINGS W K, FISHER D. Changing governance and management in higher education: The Perspectives of the Academy. Dordrecht: Springer, 2011.

［190］ FINKELSTEIN M J, SEAL R K, SCHUSTER J H. The new academic generation: a profession in transformation ［M］. Baltimore: John Hopkins University Press, 1998.

［191］ FRIEDLAND R, ALFORD R R. Bringing society back in: symbols, practices, and institutional contradictions ［M］ //DIMAGGIO P J, POWELL W W. The new institutionalism in organizational analysis. Chicago: University of Chicago Press, 1991.

［192］GAPPA J M, AUSTIN A E, TRICE A G. Rethinking faculty work: higher education's strategic imperative ［M］. San Francisco: Jossey-Bass Inc. , 2007.

［193］GASTON J. The reward system in British and American science ［M］. New York: John Wiley and Sons, Inc. , 1972.

［194］GEIGER R L. Optimizing research and teaching ［M］//HERMANOWICZ J C. The American academic profession: transformations in contemporary higher education. Baltimore: The Johns Hopkins University Press, 2011.

［195］GIDDENS A. Central problems in social theory: action, structure, and contradiction in social analysis ［M］. Berkeley: University of California Press, 1979.

［196］GRAMSCI A. Selections form the prison notebooks ［M］. New York: International Publishers Co. , 1971.

［197］HALL P A, SOSKICE D. Varieties of capitalism: the institutional foundations of comparative advantage ［M］. New York: Oxford University Press Inc. , 2001.

［198］GOLDSTEIN H. Multilevel statistical models ［M］. 3rd ed. New York: Oxford University Press Inc. , 2003.

［199］HERMANOWICZ J C. The American academic profession: transformations in contemporary higher education ［M］. Baltimore: The Johns Hopkins University Press, 2011.

［200］HOX J. Multilevel analysis techniques and applications ［M］. New Jersey: Lawrence Erlbaum Associates Inc. , 2002.

［201］Institute of Medicine, National Academy of Engineering, National Academy of Sciences. Rising above the gathering storm: energizing and employing America for a brighter economic future ［M］. Washington, DC: National Academies Press, 2007.

［202］KOPELAND R. The role of climate and culture in productivity ［M］//SCHNEIDER B. Organizational climate and culture. San Francisco: Jossey-Bass Inc. , 2009.

［203］LANG J M. April: figuring it out, parts one & two ［M］//LANG J M. Life on the tenure track: lessons from the first year. Baltimore: Johns Hopkins University Press, 2005.

［204］LAUBSCHER L. Color in the interstice, or, what color, this faculty of color? ［M］//STANLEY C A. Faculty of color: teaching in predominantly white colleges and universities. Bolton: Anker Publishing Company Inc. , 2006.

［205］ LEE J J, CHESLOCK J, MALDONADO-MALDONADO A, et al. Professors as knowledge workers in the new, global economy ［M］// Smart J C. Higher education: Handbook of theory and research. Dordrecht: Springer, 2005.

［206］ LIEBERMAN D A, GUSKIN A E. The essential role of faculty development in new higher education models ［M］//WEHLBURG C M, CHADWICK-BLOSSEY S. To improve the academy: resources for faculty, instructional, and organizational development (volume 21). Bolton: Anker Publishing Company Inc. , 2003.

［207］ LITWIN G H, STRINGER R A. Motivation and organization climate ［M］. Boston: Harvard University Press, 1968.

［208］ MANNHEIM K. Ideology and utopia: an introduction to the sociology of knowledge ［M］. London: Routledge, 1991.

［209］ MANNHEIM K. Ideology and utopia: an introduction to the sociology of knowledge ［M］. WIRTH L, SHILS E trans. New York: Harvest, 1936.

［210］ MCCLELLAN J E. Science reorganized: scientific societies in the eighteenth century ［M］. New York: Columbia University Press, 1985.

［211］ MEYER K A. Faculty workload studies: perspectives, needs, and future directions ［M］. San Francisco: Jossey-Bass Inc. , 1998.

［212］ MEYER J W. Strategies for further research: varieties of environmental variation ［M］//MEYER M W. Environments and organizations. San Francisco: Jossey-Bass Inc. , 1978.

［213］ NORTH D C. Institutions, institutional change, and economic performance ［M］. New York: Cambridge University Press, 1990.

［214］ PAAUWE J. HRM and performance: achieving long-term viability ［M］. New York: Oxford University Press Inc. , 2004.

［215］ RAUDENBUSH S W, BRYK A S. Hierarchical linear models: application and data analysis methods ［M］. 2nd ed. Thousand Oaks: Sage Publications, Inc. , 2001.

［216］ RHOADES G. Managed professionals: unionized faculty and restructuring academic labor ［M］. Albany: State University of New York Press, 1998.

[217] RICE R E. The future of the scholarly work of faculty [M] // O'MEARA K, RICE R E. Faculty priorities reconsidered: rewarding multiple forms of scholarship. San Francisco: Jossey-Bass, 2005.

[218] RYNES S L. Becoming a full professor [M] //FROST P J, TAYLOR M S. Rhythms of academic life: personal accounts of careers in academia. Thousand Oaks: Sage Publications, Inc. , 1996.

[219] SCHUSTER J H. The professoriate's perilous path [M] //HERMANOWICZ J C. The American academic profession: transformations in contemporary higher education. Baltimore: The Johns Hopkins University Press, 2011.

[220] SCHUSTER J H, FINKELSTEIN M J. The American faculty: the restructuring of academic work and careers [M]. Baltimore: Johns Hopkins University Press, 2008.

[221] SCOTT W R. Professionals in organizations: areas of conflict [M] // VOLLMER H M, MILLS D L. Professionalization. Englewood Cliffs: Prentice Hall, 1970.

[222] SCOTT W R. Institutions and organizations: ideas and interests [M]. 2nd ed. Thousand Oaks: Sage Publications, Inc. , 2001.

[223] SELZNICK P. TVA and the grass roots: a study of politics and organization [M]. Berkeley: University of California Press, 1984.

[224] SIEHL C, MARTIN J. Organizational culture: a key to financial performance [M] //SCHNEIDER B. Organizational climate and culture. San Francisco: Jossey-Bass Inc. , 2009.

[225] SIMON H A. Causal ordering and identifiability [M] //Simon H A. Models of Discovery: and other topics in the methods of science. Dordrecht: D. Reidel Publishing Company, 1977.

[226] TANG J. Professionalization [M] //DARITY W A. International encyclopedia of the social sciences. 2nd ed. Detroit: Thomson Gale, 2008.

[227] TIERNEY W G. Faculty productivity: facts, fictions and issues [M]. New York: Falmer Press, 1999.

[228] TUCKMAN H P. Publication, teaching, and the academic reward structure [M]. Lexington: D. C. Heath and Company, 1976.

[229] WADDINGTON I. Professions [M] //KUPER A. The Social Science Encyclopedia. 2nd ed. London: Routledge, 1996.

［230］ WILDAVSKY B. The great brain race: how global universities are reshaping the world ［M］. New Jersey: Princeton University Press, 2012.

［231］ WOODWARD J. Management and technology ［M］. London: HMSO, 1958.

［232］ ZACK M H. Knowledge and strategy ［M］. oxford: Butter worth-heinemann, 1999.

［233］ ALBERS S. What drives publication productivity in German business faculties? ［J］. Schmalenbach business review, 2015, 67 (1).

［234］ ALTBACH P G. How are faculty faring in other countries ［J］. The questions of tenure, 2002.

［235］ ALTMAN H B. A baker's dozen: dirty lessons I have learned in an academic career ［J］. Change the magazine of higher learning, 2004, 36 (4).

［236］ AMABILE T M, Herron M. Assessing the work environment for creativity ［J］. Academy of management journal, 1996, 39 (5).

［237］ AMBROSE S A. Expanding the discussion of faculty vitality to include productive but disengaged senior faculty ［J］. Journal of higher education, 2007, 78 (5).

［238］ ANDERIES J M, JANSSEN M A. Robustness of social-ecological systems: implications for public policy ［J］. Policy studies journal, 2013, 41 (3).

［239］ ANDERSON J D. Race, meritocracy, and the american academy during the immediate post World War Ⅱ era ［J］. History of education quarterly, 1993, 33 (2).

［240］ ANTONIO A L, ASTIN H S, CRESS C M. Community service in higher education: a look at the nation's faculty ［J］. Review of higher education, 2000, 23 (4).

［241］ BAIRD L L. Publication productivity in doctoral research departments: interdisciplinary and intradisciplinary factors ［J］. Research in higher education, 1991, 32 (3).

［242］ BAIRD L L. What characterizes a productive research department ［J］. Research in higher education, 1986, 25 (3).

［243］ BALDWIN R G, LUNCEFORD C J, VANDERLINDEN K E. Faculty in the middle Years: illuminating an overlooked phase of academic life ［J］. Review of higher education, 2005, 29 (1).

[244] BENNIS W G. Leadership theory and administrative behavior: the problem of authority [J]. Administrative science quarterly, 1959, 4 (3).

[245] BERGER P L, LUDWIG P, LUCKMANN T. The social construction of reality [J]. Social compass, 1991, 34 (2).

[246] BLACKBURN R T, LAWRENCE J H. Faculty at work: motivation, expectation, satisfaction [J]. Contemporary sociology, 1997, 26 (2).

[247] BLAND C J, CENTER B A, FINSTAD D A, et al. A theoretical, practical, predictive model of faculty and department research productivity [J]. Academic medicine journal, 2005, 80 (3).

[248] BLAND C J, CENTER B A, FINSTAD D A. The impact of appointment type on the productivity and commitment of full-time faculty in research and doctoral institutions [J]. Journal of Higher Education, 2006, 77 (1).

[249] BODIN Ö, CRONA B, THYRESSON M, et al. Conservation success as a function of good alignment of social and ecological structures and processes [J]. Conservation biology, 2014, 28 (5).

[250] BOON C, PAAUWE J, BOSELIE P, et al. Institutional pressures and HRM: developing institutional fit [J]. Personnel review, 2009, 38 (5).

[251] BORNMANN L, DANIEL H D. Selection of research fellowship recipients by committee peer review. Reliability, fairness and predictive validity of Board of Trustees' decisions [J]. Scientometrics, 2005, 63 (2).

[252] BRAXTON J M, BAYER A E. Assessing faculty scholarly performance [J]. New directions for institutional research, 1986, 1986 (50).

[253] BRAXTON J M, BAYER A E. Perceptions of research misconduct and an analysis of their correlates [J]. Journal of higher education, 1994, 65 (3).

[254] BROWNLEE C. Peer Review under the microscope [J]. Science news, 2006, 170 (25).

[255] BRYANT S E. The impact of peer mentoring on organizational knowledge creation and sharing: an empirical study in a software firm [J]. Group & Organization management. 2005, 30 (3).

[256] CHUA A. The influence of social interaction on knowledge creation [J]. Journal of intellectual capital, 2002, 3 (3).

[257] COLBECK C L. Merging in a seamless blend: how faculty integrate teaching and research [J]. Journal of higher education, 1998, 69 (6).

［258］COLE S, RUBIN L, COLE J R. Peer review and the support of science ［J］. Scientific American, 1975, 190 (4215).

［259］COX M. Diagnosing institutional fit: a formal perspective ［J］. Ecology & Society, 2012, 17 (4).

［260］CRANE D. Scientists at major and minor universities: a study of productivity and recognition ［J］. American sociological review, 1965, 30 (5).

［261］CROMPTON J L. Issues related to sustaining a long-term research interest in tourism ［J］. Journal of tourism studies, 2005, 16 (2).

［262］DAVID P A. Positive feedbacks and research productivity in science: Reopening another black box ［J］. Economics of technology chapter, 1992.

［263］DENISON D R, MISHRA A K. Toward a theory of organizational culture and effectiveness ［J］. Organization science, 1995, 6 (2).

［264］DIAMOND A M. The life-cycle research productivity of mathematicians and scientists ［J］. Journal of Gerontology, 1986, 41 (4).

［265］DIMAGGIO P. Interest and agency in institutional theory ［J］. Institutional patterns and organizations culture and environment, 1988.

［266］DIMAGGIO P, POWELL W W. The iron cage revisited: collective rationality and institutional isomorphism in organizational fields ［J］. American sociological review, 1983, 48 (2).

［267］DOWNEY H K, HELLRIEGEL D, PHELPS M, et al. Organizational climate and job satisfaction: a comparative analysis ［J］. Journal of business research, 1974, 2 (3).

［268］DREXLER J A. Organizational climate: its homogeneity within organizations ［J］. Journal of applied psychology, 1977, 62 (1).

［269］DUNDAR H, LEWIS D R. Determinants of research productivity in higher education ［J］. Research in higher education, 1998, 39 (6).

［270］EELLS W C, CLEVELAND A C. Faculty inbreeding ［J］. Journal of higher education, 1935, 70 (5).

［271］EPSTEIN G, PITTMAN J, ALEXANDER S M, et al. Institutional fit and the sustainability of social-ecological systems ［J］. Current opinion in environmental sustainability, 2015, 14.

［272］FAIRWEATHER J S. The mythologies of faculty productivity: implications

for institutional policy and decision making ［J］. Journal of higher education, 2002, 73 (1).

［273］ FIELD R H G, ABELSON M A. Climate: a reconceptualization and proposed model ［J］. Human relations, 1982, 35 (3).

［274］ FINKELSTEIN M. The morphing of the american academic profession ［J］. Liberal education, 2003, 89 (4).

［275］ FLIGSTEIN N. Social skill and the theory of fields ［J］. Sociological theory, 2001, 19 (2).

［276］ FONDAS N. Corporate culture and organizational effectiveness ［J］. Organizational dynamics, 2004, 33 (1).

［277］ FOREHAND G A, VON HALLER G. Environmental variation in studies of organizational behavior ［J］. Psychological bulletin, 1964, 62 (6).

［278］ FOX M F. Publication productivity among scientists: a critical review ［J］. Social studies of science, 1983, 13 (5).

［279］ FOX M F. Scientific misconduct and editorial and peer review processes ［J］. Journal of higher education, 1994, 65 (3).

［280］ GANDER J P. Faculty gender effects on academic research and teaching ［J］. Research in higher education, 1999, 40 (2).

［281］ GLICK W H. Conceptualizing and measuring organizational and psychological climate: pitfalls in multilevel research ［J］. Academy of management review, 1985, 10 (3).

［282］ GOLD D, LIEBERSON S. Texas institutional inbreeding re-examined ［J］. American Journal of Sociology, 1961, 66 (5).

［283］ GOLDSTEIN E. Effect of same-sex and cross-sex role models on the subsequent academic productivity of scholars ［J］. American psychologist, 1979, 34 (5).

［284］ GOODWIN T H, SAUER R D. Life cycle productivity in academic research: evidence from cumulative publication histories of academic economists ［J］. Southern economic journal, 1995, 61 (3).

［285］ GU Z Y, SHEN H. The empirical study on factors influencing on academic profession achievement in China ［J］. Journal of higher education, 2012, 11 (5).

［286］ GULBRANDSEN M, SMEBY J C. Industry funding and university professors' research performance ［J］. Research policy, 2005, 34 (6).

[287] HALL P A, GINGER D W. Varieties of capitalism and institutional complementarities in the political economy: an empirical analysis [J]. British journal of political science, 2009, 39 (3).

[288] HALLER T, FOKOU G, MBEYALE G, et al. How fit turns into misfit and back: institutional transformations of pastoral commons in african floodplains [J]. Ecology and society, 2013, 18 (1).

[289] HAMERMESH D S, WEISBROD B A. Scholarship, citations and salaries: economic rewards in economics [J]. Southern economic journal, 2010, 49 (2).

[290] HARRIS G, KAINE G. The determinants of research performance: a study of Australian university economists [J]. Higher education, 1994, 27 (27).

[291] HAUNSCHILD P R, MINER A S. Modes of interorganizational imitation: the effects of outcome salience and uncertainty [J]. Administrative science quarterly, 1997, 42 (3).

[292] HEKELMAN F P, ZYZANSKI S J, FLOCKE S A. Successful and less-successful research performance of junior faculty [J]. Research in higher education, 1995, 36 (2).

[293] HESLI V L, LEE J M. Faculty research productivity: why do some of our colleagues publish more than others? [J] Political science and politics, 2011, 44 (2).

[294] HICKSON D J, PENNINGS J M. A strategic contingencies' theory of intraorganizational power [J]. Administrative science quarterly, 1971, 16 (16).

[295] HIEDANPÄÄ J. Institutional misfits: law and habits in finnish wolf policy [J]. Ecology and society, 2013, 18 (1).

[296] HININGS C R, SCHNECK R E. Structural conditions of intraorganizational power [J]. Administrative science quarterly, 1973, 19 (19).

[297] HIRSCH J E. An index to quantify an individual's scientific research output [J]. Proceedings of the national academy of sciences of the United States of America, 2005, 102 (46).

[298] HIRSCH J E. Does the H index have predictive power? [J]. Proceedings of the national academy of sciences of the United States of America, 2007, 104 (49).

[299] LIAN H, LEJANO R P. Interpreting institutional fit: urbanization, development, and China's "Land-Lost" [J]. World development, 2014, 61.

[300] HORTA H. Holding a post-doctoral position before becoming a faculty member: does it bring benefits for the scholarly enterprise? [J]. Higher education, 2009, 58 (58).

[301] HOWE J G. Group climate: an exploratory analysis of construct validity [J]. Organizational behavior and human performance, 1977, 19 (1).

[302] JAMES L R, JONES A P. Organizational structure: a review of structural dimensions and their conceptual relationships with individual attitudes and behavior [J]. Organizational behavior and human performance, 1976, 16 (1).

[303] JAMES L R, DEMAREE R G, WOLF G. Estimating within-group interrater reliability with and without response bias [J]. Journal of applied psychology. 1984, 69 (1).

[304] JÄRVELIN K, PERSSON O. The DCI index: discounted cumulated impact-based research evaluation [J]. Journal of the American society for information science and technology, 2008, 59 (9).

[305] JAUCH L R, OSBORN R N. Organizational loyalty, professional commitment, and academic research productivity [J]. Academy of management journal, 1978, 21 (1).

[306] KAVENIK F, SUBBARAMAN S, MEIER J, et al. Dossier on shared borders, contested boundaries: part-time faculty, "others," and the profession [J]. The journal of the midwest modern language association, 1997, 30 (1−2).

[307] KIMBERLY J R. Environmental constraints and organizational structure: a comparative analysis of rehabilitation organizations [J]. Archives of insect biochemistry and physiology, 1975, 20 (1).

[308] KOHLSTEDT S L G. The formation of the American scientific community: the American association for the advancement of science, 1848−1860 [J]. Heart rhythm the official journal of the heart rhythm society, 1972, 1 (2).

[309] KUMARA U A, KOICHI F. Employee satisfaction and job climate: an empirical study of Japanese manufacturing employees [J]. Journal of business and psychology, 1989, 3 (3).

[310] LAFOLLETTE M C. The Politics of research misconduct: congressional oversight, universities, and science [J]. Journal of higher education, 1994, 65 (3).

[311] LANDRY R, TRAORE N, GODIN B. An econometric analysis of the effect of collaboration on academic research productivity [J]. Higher education, 1996, 32 (32).

[312] LAW R, CHON K. Evaluating research performance in tourism and hospitality: the perspective of university program heads [J]. Tourism management, 2007, 28 (5).

[313] LAWRENCE B P R, LORSCH J W. Organization and environment: managing differentiation and integration [J]. Administrative science quarterly, 1968, 59 (67).

[314] LAZERSON M, WAGENER U, SHUMANIS N. What makes a revolution? teaching and learning in higher education, 1980 – 2000 [J]. Change: The magazine of higher learning, 2000, 32 (3).

[315] LEBEL L, NIKITINA E, PAHL-WOSTL C, et al. Institutional fit and river basin governance: a new approach using multiple composite measures [J]. Ecology and society, 2013, 18 (1).

[316] LECHUGA V M. Assessment, knowledge, and customer service: contextualizing faculty work at for-profit colleges and universities [J]. Review of Higher Education, 2008, 31 (3).

[317] LESLIE D W. Resolving the dispute: teaching is academe's core value [J]. Journal of higher education, 2002, 73 (1).

[318] LEVIN S G, STEPHAN P E. Research productivity over the life cycle: evidence for academic scientists [J]. American economic review, 1991, 81 (1).

[319] LINDHOLM J A. Perceived organizational fit: nurturing the minds, hearts, and personal ambitions of university faculty [J]. Review of higher education, 2003, 27 (27).

[320] LINDSEY D. Using citation counts as a measure of quality in science measuring what's measurable rather than what's valid [J]. Scientometrics, 1989, 15 (3 – 4).

[321] LONG R G, BOWERS W P, BARNETT T, et al. Research productivity of graduates in management: effects of academic origin and academic affiliation [J]. Academy of management journal, 1998, 41 (6).

[322] MALLON W T, KORN D. Bonus pay for research faculty [J]. Science, 2004, 303 (5657).

[323] MASSY W F, WILGER A K. Improving productivity: what faculty think about it: and it's effect on quality [J]. Change: the magazine of higher Learning, 1995, 27 (4).

[324] MEHO L I, SONNENWALD D H. Citation ranking versus peer evaluation of senior faculty research performance: a case study of Kurdish scholarship [J]. Journal of the american society for information science, 2000, 51 (2).

[325] MEYER J W, ROWAN B. Institutional organizations: formal structure as myth and ceremony [J]. Social science electronic publishing, 1977, 83 (2).

[326] MEYER J, STRANG D. Centralization, fragmentation, and school district complexity [J]. Administrative science quarterly, 1987, 32 (2).

[327] MICHAELOWA K, BORRMANN A. Evaluation bias and incentive structures in biand multilateral aid agencies [J]. Review of development economics, 2006, 10 (2).

[328] MITCHELL J E, REBNE D S. Nonlinear effects of teaching and consulting on academic research productivity [J]. Socio-economic planning sciences, 1995, 29 (1).

[329] MITROFF I I, CHUBIN D E. Peer review at the NSF: a dialectical policy analysis [J]. Social studies of science, 1979, 9 (2).

[330] MOTOWIDLO S J, VAN SCOTTER J R. Evidence that task performance should be distinguished from contextual performance [J]. Journal of applied psychology, 1994, 79 (4).

[331] NONAKA I, KONNO N. The concept of "Ba": building a foundation for knowledge creation [J]. California management review, 1998, 40 (3).

[332] NONAKA I. A dynamic theory of organizational knowledge creation [J]. Organization science, 1994, 5 (1).

[333] NONAKA I, TOYAMA R The theory of the knowledge-creating firm: subjectivity, objectivity and synthesis [J]. Industrial and corporate change, 2005, 14 (3).

[334] NOSER T C, MANAKYAN H, TANNER J R. Research productivity and perceived teaching effectiveness: a survey of economics faculty [J]. Research in higher education, 1996, 37 (3).

［335］ O'MEARA K A. Encouraging multiple forms of scholarship in faculty reward systems: does it make a difference? ［J］. Research in higher education, 2005, 46 (5).

［336］ OVER R. Does research productivity decline with age? ［J］. Higher education, 1982, 11 (5).

［337］ PARKER C P, BALTES B B, YOUNG S A, et al. Relationships between psychological climate perceptions and work outcomes: a meta-analytic review ［J］. Journal of organizational behavior, 2003, 24 (4).

［338］ VATN A, VEDELD P. Fit, interplay, and scale: a diagnosis ［J］. Ecology and society, 2012, 17 (4).

［339］ PELZ D C, ANDREWS F M. Autonomy, coordination, and stimulation, in relation to scientific achievement ［J］. Behavioral science, 1966, 11 (2).

［340］ PELZ D C, ANDREWS F M. Scientists in organizations: productive climates for research and development ［J］. Industrial and labor relations Review, 1966, 17 (6).

［341］ PERRY R P, CLIFTON R A, MENEC V H, et al. Faculty in transition: a longitudinal analysis of perceived control and type of institution in the research productivity of newly hired faculty ［J］. Research in higher education, 2000, 41 (2).

［342］ PORTER S R, TOUTKOUSHIAN R K. Institutional research productivity and the connection to average student quality and overall reputation ［J］. Economics of education review, 2006, 25 (6).

［343］ PRITCHARD R D, KARASICK B W. The effects of organizational climate on managerial job performance and job satisfaction ［J］. Organizational behavior and human performance, 1973, 9 (1).

［344］ RESKIN B F. Scientific productivity and the reward structure of science ［J］. American sociological review, 1977, 42 (3).

［345］ RUEF M, SCOTT W R. A multidimensional model of organizational legitimacy: hospital survival in changing institutional environments ［J］. Administrative science quarterly, 1998, 43 (4).

［346］ RUPPEL C P, HARRINGTON S J. The relationship of communication, ethical work climate, and trust to commitment and innovation ［J］. Journal of business ethics, 2000, 25 (4).

[347] SAX L J, HAGEDORN L S, ARREDONDO M, et al. Faculty research productivity: exploring the role of gender and family-related factors [J]. Research in higher education, 2002, 43 (4).

[348] SCHNEIDER B. Organizational climates: an essay [J]. Personnel psychology, 1975, 28 (4).

[349] SCHULZE L. The Russification of the St. Petersburg Academy of Sciences and Arts in the eighteenth century [J]. British journal for the history of science, 1985, 18 (60pt3).

[350] SCOTT W R. Reactions to supervision in a heteronomous professional organization [J]. Administrative science quarterly, 1965, 10 (1).

[351] SCOTT W R. Managing professional work: three models of control for health organizations [J]. Health services research, 1982, 17 (3).

[352] SHIN J C, CUMMINGS W K. Multilevel analysis of academic publishing across disciplines: research preference, collaboration, and time on research [J]. Scientometrics, 2010, 85 (2).

[353] SIMONS R, SVEIBY K. Collaborative climate and effectiveness of knowledge work – an empirical study [J]. Journal of knowledge management, 2002, 6 (5).

[354] SINGH J V, HOUSE R J. Organizational legitimacy and the liability of newness [J]. Administrative science quarterly, 1986, 31 (2).

[355] SLAUGHTER S, ARCHERD C J, CAMPBELL T I D. Boundaries and quandaries: how professors negotiate market relations [J]. The review of higher education, 2004, 28 (1).

[356] SMEBY J C, TRY S. Departmental contexts and faculty research activity in Norway [J]. Research in higher education, 2005, 46 (6).

[357] SMITH D G, RICHARDS S. Interrupting the usual: successful strategies for hiring diverse faculty [J]. Journal of higher education, 2004, 75 (75).

[358] SO C Y K. Citation ranking versus expert judgment in evaluating communication scholars: effects of research specialty size and individual prominence [J]. Scientometrics, 1998, 41 (3).

[359] SPIER R. The history of the peer-review process [J]. Trends in biotechnology, 2002, 20 (8).

[360] STACK S. Gender, children and research productivity [J]. Research in higher education, 2004, 45 (8).

[361] STAW B M, CALDER B J, HESS R K, et al. Intrinsic motivation and norms about payment 1 [J]. Journal of personality, 1980, 48 (1).

[362] STENECK N H. Research universities and scientific misconduct: history, policies, and the future [J]. The journal of higher education, 1994, 65 (3).

[363] STERNLIEB F, BIXLER R P, HUBER-STEARNS H, et al. A question of fit: reflections on boundaries, organizations and social-ecological systems [J]. Journal of environmental management, 2013, 130 (1).

[364] THEOHARAKIS V, HIRST A. Perceptual differences of marketing journals: a worldwide perspective [J]. Marketing letters, 2002, 13 (4).

[365] TIEN F F, BLACKBURN R T. Faculty rank system, research motivation, and faculty research productivity: measure refinement and theory testing [J]. Journal of higher education, 1996, 67 (1).

[366] TIEN F F. What kind of faculty are motivated to perform research by the desire for promotion? [J]. Higher education, 2006, 55 (1).

[367] TOLBERT P S, ZUCKER L G. Institutional sources of change in the formal structure organizations: the diffusion of civil service reform, 1880—1935 [J]. Administrative science quarterly, 1983, 28 (1).

[368] TOUTKOUSHIAN R K, BELLAS M L. Faculty time allocations and research productivity: gender, race and family effects [J]. Review of higher education, 1999, 22 (4).

[369] TOUTKOUSHIAN R K, Moore J V. The interaction effects of gender, race, and marital status on faculty salaries [J]. Journal of higher education, 2007, 78 (5).

[370] TOUTKOUSHIAN R K. Using citations to measure sex discrimination in faculty salaries [J]. Review of higher education, 2013, 18 (1).

[371] TSCHANNEN-MORAN M. Collaboration and the need for trust [J]. Journal of educational administration, 2001, 39 (4).

[372] TUCKMAN H P, HAGEMANN R P. An analysis of the reward structure in two disciplines [J]. The journal of higher education, 1976, 47 (4).

[373] VONKROGH G. Care in knowledge creation [J]. California management review, 1998, 40 (3).

[374] VROOM V H, DECI E L. The stability of post-decision dissonance: A follow-up study of the job attitudes of business school graduates [J].

Organizational behavior and human performance, 1971, 6 (1).

[375] WANNER R A, LEWIS L S, GREGORIO D I. Research productivity in academia: a comparative study of the sciences, social sciences and humanities [J]. Sociology of education, 1981, 54 (4).

[376] WEST M A, SMITH H, FENG W L, et al. Research excellence and departmental climate in British universities [J]. Journal of occupational and organizational psychology, 1998, 71 (3).

[377] WILLIAMS R G, DUNNINGTON G L, J ROLAND F. The impact of a program for systematically recognizing and rewarding academic performance [J]. Academic medicine journal, 2003, 78 (2).

[378] WILLIAMSON O E. Transaction cost economics and organization theory [J]. Industrial and corporate change, 1993, 2 (1).

[379] WRIGHT S. Correlation and causation [J]. Journal of agricultural research, 1921, 20 (7).

[380] WYER J C, CONRAD C F. Institutional inbreeding reexamined [J]. American educational research journal. 1984, 21 (1).

[381] XU Y J. Faculty turnover: discipline-specific attention is warranted [J]. Research in higher education, 2008, 49 (1).

[382] ZHOU X G. The institutional logic of occupational prestige ranking [J]. American journal of sociology, 2005, 111 (1).

[383] ZUCKER L G. Organizations as institutions [J]. Research in the sociology of organizations, 1983, 2 (1).

[384] ARIMOTO A. The academic profession in international and comparative perspectives: Trends in Asia and the world [C] //International conference on the changing academic profession project. Hiroshima: Hiroshima University, 2013.

[385] DAIZEN T. Academic profession's career and academic productivity – the similarity and difference of six nations in Asia [C] //International Conference on the Changing Academic Profession Project. Hiroshima: Hiroshima University, 2014.

[386] YAN F Q, LI L. The formation and development of the academic profession in China [C] //The Changing Academic Profession in Asia: The formation, Work, Academic Productivity, and Internationalization of the Academy. Hiroshima: Hiroshima University, 2014.

[387] YAN F Q. The spread of Western Learning to the East and the Formation of the Modern Chinese Academic Profession [C] //CAPA. Hiroshima: Hiroshima University, 2013.

[388] GREGORUTTI G. A mixed-method study of the environmental and personal factors that influence faculty research productivity at small-medium, private, doctorate-granting universities [D]. Berrien Springs: Andrews University, 2008.

后　记

　　赤诚初心。作为一名教育领域的研究生，对教育问题的关注是近乎直觉的本能，而对教师科研活动的关注则是对未来职业的"好奇"和发展情境的"预习"。如果能够将自身的研究问题与人生以学术为业的理想和追求相结合，将对个体生命的关注、学术规训与客观抽象的理论与实践相结合，则相信这份职业热情会在深入思考和实证研究相互嵌套的基础上，变得深沉而持久。这是笔者最初选择高校教师的科研工作作为研究问题领域的诱因。

　　理想落地。然而，在进入研究领域、开始研究工作之后，笔者发现这一领域远比想象中要难以驾驭。首先，作为一名研究生，虽然能够观察到导师及学院中其他教师的学术状态和学术活动，但这种基于教学和研究互动中的观察甚为肤浅，仅涉及教师的科研的部分过程，欠缺全局视野和全过程透视，日常观察既没有涉及教师科研活动较为核心的科研资源获取，例如课题或项目申请时与国家各类科研管理机构的互动过程，也没有深入至教师科研成果的公开机制，如科研发表、同行评议期刊制度、专利申请及转化等环节的操作机制，亦没有介入与教师切身利益休戚相关的职称晋升、薪酬福利待遇、教师评聘等核心环节的运作模式。在研究进行过程中，尽管我通过访谈调研的形式获取了一些资料，但涉及一些隐性规则和核心利益的问题时，被访者往往会三缄其口，"局外人"的身份标签使我难以获得最为关键的一手资料，这背后的机制和疑问如同一个巨大的暗箱黑洞，使我愈被吸入，愈觉无力。

　　现实冷却。笔者也对学者和学生辗转于各类研究项目和课题的学术现象感到无解。多元参与虽有助于思维发散和视野拓展，但也可能牺牲知识树建构的预期，解构原本"松散联结"的知识结构，分散本应集中的研究精力；不同研究领域的理论视角与方法迥异，难以建立有效衔接。学术工厂的工业化气息和聚合生产的研究模式消解了学术人员对核心研究问题的关注和科研热情，持久和深入的研究变得愈来愈昂贵而不切实际，学术人员的学术生命被名目繁多、需求各异的知识购买者过度消费。项目化的管理模式下，"学术拖延症"的存在和"最后期限（deadline）生产力"的调侃及种种学术亚健康现象令我感到迷惘和无奈。几位曾经予我授课的老师先后因职业压力和过于繁重的科研任务病倒，甚至让我开始对热衷的学术活动和所置身的学术生态和环境产生回避和疏离的心态。

场域转换。笔者进入了另外一个环境，期望通过环境转化引发内部反思和调整。研究者在异国他乡放慢了学术生活节奏，卸下无论是自身的学术期望还是外部的学术压力，回归到一个最简单的怀有好奇心、提出问题、思考问题、解决问题的模式，回归最关心的研究问题：究竟是什么因素在影响我国教师的科研活动和产出？而国际比较的视角让笔者聚焦到中国学术管理的核心特色——强大的政府行政主导力量和相对而言先天不足的学术共同体制度。之后的预调研和文献与理论的梳理更凸显了我国科研管理中行政干预泛化的特性，为我提供了新的分析视角与思路，逐渐将关注点集中在组织场域中的组织氛围对教师科研生产力的影响。

返璞归真。回首四年的博士学习生涯，从当初硕士毕业毅然决然地选择继续求学，到博士阶段科研过程中的迷茫困惑，最终回归一种纯粹的科研状态，笔者经历了身心方面的挑战与考验。硕士与博士阶段之间交替的那年春节，因为过度疲劳，我曾晕倒在家中卫生间，由于摔伤导致下颌皮肤开裂缝针，并留下了永久的疤痕。容颜瑕疵对于未婚待嫁女子来说，是致命的打击。好在疤痕的位置较为隐蔽，只有仰起头时，才会显露出来，而且我也秉持真善美的灵魂比转瞬即逝的颜值更值得欣赏和追求的理念，如此这般自我安慰。然而，令人困窘的是事件之后的副作用，笔者无法再享受学术工作"废寝忘食"的快感，因为身体似乎对劳累状态有了应激反应和自我保护，一旦感到疲沓，便产生类似于低血糖的眩晕和心慌症状，无法继续工作。因此，在很长一段时期内，笔者无法全情投入学术科研工作，甚至一度深陷拖延症的状况无法自拔，直到现在，这种学术亚健康状态也未得以完全根治。但当逐渐认识到问题很大程度上是由对于学术压力的心理恐慌造成的，我便努力调节疏导，降低对学术压力的心理防御等级，并且伴随着部分处于研究中心边缘位置的学术工作的"断舍离"，尽可能将有限的时间投入到最为关注的科研问题之中，以此纯化自身的学术心态和状态。

心存感恩。笔者希望通过后记感谢所有有恩于我的老师与同窗、亲人与挚友，也许这是为数不多的能够正式而诚挚地表达感谢的机会，因此我希望一一致谢。

在博士阶段的学术工作和生活中，笔者的导师阎凤桥教授和鲍威副教授对笔者的学术状态与节奏的改善帮助良多。时至今日，笔者仍然对第一次参加导师阎凤桥教授的课程"组织理论与高等教育管理"学习印象深刻，这是

笔者进入北大后所选修的第一门课程，当时便对阎老师的恬淡温润、无欲无求的学者气质，深刻敏锐、兼容并包的人文思想，和谦谦君子、博古通今的师者风范彻底折服，也对阎老师所讲授的组织理论中的组织研究和制度讨论产生了强烈的共鸣，这可能与大学四年的法学训练有关。于是笔者内心期望着若有朝一日能够成为阎老师的门徒，跟随阎老师学习该是多么幸运的事。后来选导师阶段，笔者向阎老师表达了想要跟随他学习的愿望，幸运地获得了阎老师的接收，成为阎老师的学生。在之后的六年中，一直承蒙阎老师的关怀与指导，他总是非常宽厚包容，时时为学生着想，从来不给学生施加科研任务或课题压力，在提供科研课题资源与选择的同时，鼓励学生多与学院其他老师合作学习，拓展研究视野，让学生有充分的自由在广泛涉猎不同领域后，选择自己的研究方向和问题，并十分强调独立研究的能力。因此，笔者的硕转博论文选题和博士论文选题，均是在阎老师的引导下独立选择的。然而，宽容并不等于放纵，在笔者课程学习和论文选题与调研分析的过程中，阎老师对笔者的课程选择、论文思路及分析过程进行了细致周到的指导，在尊重学生意愿和想法的前提下，提供指导意见和相应的科研资源，让学生时时感念老师甘愿作为巨人的肩膀，令学生的视野和能力得以拓宽和发展。不仅如此，阎老师也积极创造条件，让学生均有机会出国参加学术会议、撰写英文论文和汇报研究成果，指导笔者组织各类博士生学术论坛，激励研究者作为课题负责人参与"挑战杯"论文竞赛，锻炼学术组织与领导能力，理论与实践相结合。他并不是一个善于要求学生达到各类要求的老师，但是他身体力行、以身作则地作为学生的学术引路人，默默地示范何为学术严谨、何为力学不倦。教师不再仅是一个身份符号或社会角色，而是被他内化为一种生活状态。他会每日在微信平台更新读书笔记，在百忙的科研工作、授课任务和行政事务之外，仍然坚持每日读书写作。他也是学院师生口中的好老师、好同事、好父亲、好丈夫，工作勤勉、爱护家人、关怀学生。笔者我有限的人生经历中，未曾遇见一位比阎老师更为优秀完美的人，师门中的前辈和后辈也均以阎老师作为榜样奋斗努力着。笔者也不例外，尽管自身也有诸多欠缺，然而阎老师从未批评，而是通过交流和鼓励，在理解的基础上，协助我攻克难关。此外，阎老师关心学生的职业发展，在笔者求职的过程中，尽最大所能帮助笔者提供推荐材料和相关支撑信息。他的学术能力和品格风骨，大概也是多年以来日复一日的信念、付出与坚守铸造形成的，希望这篇汇聚六年研究生学习生活的拙文和未来学术生涯的努力和坚持，会令阎老师感到宽慰。在传承中发展老师的学术精神，也许是学生能够给予老师的最好的回馈吧。

　　鲍威老师虽然不是研究者的副导师，但却是远胜于副导师的、笔者心目中的学术女神，是名副其实的良师益友。她是一位气质容貌均绝佳的江南女子，因为曾在日本求学十一载，言谈举止均透着一股清新的异国气息，如同樱花一般自内而外的美丽。她完美地糅合了温婉的气质、高深的思想与单纯的性格，这种如同水晶般透明干净却高贵典雅的属性难以在我的同龄人身上看到，却在鲍老师身上自然地存在，并熠熠生辉。初次接触鲍老师是笔者在担任"学生发展与大学影响力"课程助教时。鲍老师在教学安排上有着类似于日本风格的严谨和一丝不苟，在授课时能够清晰明了地将佶屈聱牙的外文文献讲得深入浅出，而且非常善用图表的形式以便学生一目了然地了解观点，逻辑思路非常流畅，学生听她的课简直是一种享受。之后，笔者陆续参与了鲍老师组织的一些课题，被她的学术组织能力震撼，尽管研究的问题千差万别，但鲍老师总有办法在短时间内组织研究材料，明晰研究思路，并且在前人基础上有所突破创新，而且质性研究和定量研究方法运用得炉火纯青，令我屡次有顶礼膜拜的冲动。鲍老师与学生们的关系非常亲近，可能是性别属性相同，笔者不仅在与鲍老师的学术交流中获益良多，而且在生活中也处处得到鲍老师的关怀体谅。跟随鲍老师进行课题研究的时期，恰逢笔者拖延症最严重的时期，鲍老师从来没有苛责或训斥，总是循循善诱，安抚鼓励，并从多方面设法帮助笔者将课题研究与博士论文研究相结合，为笔者提供科研资源，扫清障碍，并给予了宝贵的指导意见。在学术论文和报告的写作中，鲍老师细致详尽地指导笔者学术论文的成文规范、撰写框架、表达方式与呈现形式等，对笔者学术写作能力的提升影响深远。鲍老师曾经经历过学术与健康不能兼顾的时期，因此，她十分理解在学术工作过程中可能会遭遇的身心阻碍，一定程度上，她的支持成为笔者行走在学术暗夜之路时期的启明星，令我最终得见黎明曙光，赏阅雨后彩虹。物质的繁华与纠结的青春终将逝去，而精神的力量与持守的理想必将永存。

　　感谢研究生阶段曾经为笔者授课或指导研究的北京大学教育学院的开朗实干的文东茅老师、英俊潇洒的陈晓宇老师、平易近人的丁小浩老师、思想深刻的郭建如老师、慈厚有爱的岳昌君老师、关怀学生的朱红老师、思考光速的杨钋老师、风趣幽默的丁延庆老师、永存记忆的李文利老师、精干高效的马莉萍老师、经济学学霸的蒋承老师、洋为中用的哈巍老师及科研女强的由由老师、才华横溢的陈洪捷老师、斐然成章的刘云杉老师、口若悬河的林小英老师、严于律己的张冉老师、博览群书的蒋凯老师、哲学思辨的展立新老师、通古晓今的施晓光老师、云过风轻的马万华老师、竹林古韵的蔡磊砢老师、勤勉不息的沈文钦老师、政策推手的王蓉老师、网教先锋的郭文革老

师、趣味教育的尚俊杰老师和企业教育的吴峰老师。特别感谢北京大学阎凤桥老师、鲍威老师、陈晓宇老师、丁小浩老师、岳昌君老师、郭建如老师、朱红老师、杨钋老师、丁延庆老师、哈巍老师、人民大学周光礼老师和北京师范大学林杰老师在综合考试、开题报告和预答辩阶段对我的指点与帮助，以及参与匿名评审的五位老师对本论文提出的宝贵修改意见。

感谢宾州州立大学 John Cheslock 主任、张良副教授、David Baker 教授、Patrick Terenzini 教授、Sue Walter 老师在笔者美国留学期间的学术指导和生活帮助，感谢访美期间住家 Susan Streit 及她的女儿 Laura、Kalki 及儿子 Davis 的热情款待。

感谢赐予笔者生命并培养我三十载的父母，他们是中国最典型的中产阶级，没有优异的出身和权贵资本，靠着自己的双手和汗水，为笔者创造了一个幸福的、无忧无虑的成长环境，让笔者不曾为学习和个人发展以外的事情和生存挑战所困扰，能够拥有做自己的自由。父母因为家庭的经济条件的限制并没有受过高等教育，但却在笔者的教育中倾尽所有、全力支持，令笔者有机会领略诗词歌赋、琴棋书画，饱览大好河山、异域风情，不再让父辈的遗憾继续传递。感谢笔者的家庭中没有重男轻女、男尊女卑、三从四德和三纲五常这些困缚人格发展的封建糟粕的荼毒，父母在最困难的时期，并没有因为生存的压力或者现实的无奈放弃原则和理想，或是抛弃家庭的责任，而是选择了坚守和信任，正直与宽容。父母并不会旁征博引，但却用最朴实的话语和行动教导笔者，不论将来做什么，尽自己所能，为社会和国家做些贡献，尽管我们的国家还有各式各样的问题，但不要怨天尤人，要力行改变；人要有理想与责任，不要贪图安逸和享受。父亲已近花甲之年，母亲也已过知天命之龄，却仍在自己的岗位上不断努力着。笔者也是一直这样相信着，不曾改变，今后也将为之努力。因此，在国外留学时，一位韩国留学生问笔者，如果有机会会不会留在国外，笔者坚定地回答"不，因为我的心和未来的一生都将奉献于祖国，无论这种贡献是否微不足道"，这是她第一次听到中国留学生如此回答。父爱如山，母爱如水，山势凌厉坚不可摧，水势柔缓兼容万物。感谢作为笔者启蒙老师的父母，教会笔者"为学前先为人"的道理。

感谢陪伴笔者近十年光阴的恋人，见证了笔者从未涉世事的懵懂年少到三十而立的转变，感谢在笔者的学生自习室时光、学生干部工作、志愿者服务、教学管理事务和发奋撰写论文时都有你的支持，在纵情欢笑、困顿苦难、焦虑忐忑与通达释然时均有你的分享，"陪伴是最长情的告白，相守是最真实的幸福"。我们曾一起登峰渡海，品乐赏园，啜墨看茶，计较人生。

感谢你记载了笔者曾绚丽绽放过的青春，点亮了笔者黑白色的世界，与笔者共同成长。

最后，感谢博士阶段的同窗好友翁秋怡、汪滢、陈昱岿、董江华、张立平、赖和平、王世岳、游蠡、陈昭志、于洋、何峰、李剑峰、刘钊、张恺、张宸珲、刘庆红、毛丹、王海迪、韩亚菲、杨素红、程飞、江淑玲、周华丽、吴红斌、张优良、刘彦林、伍银多、杨晋、康乐等在笔者学业成长方面的帮助。感谢硕士阶段的同伴孙钰、李凯、刘姝言、史祎美、王慧敏、刘岐山、高振花、达睿、潘红涛、王传敏、马颖、董嫣然、侯欣迪、王婷婷、张镜如、杨收梅、朴永增、李玮、余盛强、郭俊、张腾、黄鑫、姚睿和张璐帆的陪伴与鼓励。

本研究获得"联校教育社科医学研究论文奖计划"的资助，衷心感谢提供无偿资助的香港圆玄学院和汤伟奇博士、"联校论文奖计划"发起人之一的杜祖贻教授。研究也获得了福特基金会"公立与民办高校学术职业"项目的资助，感谢导师阎凤桥教授提供了良好的科研平台，使笔者的博士论文能够在充分的支持条件下完成。

最后，笔者希望通过自己在课程学习和科研经历中进行的反思来总结过去、现在与未来职业生涯的学术理念，以与各位同路人共勉：

在内而不失，
于外而不离。
笃行以明思，
慎思以御行。
汲他学之精，
充本学之义。
游刃于内外，
精义自然明。

北京教育科学研究院
教育发展研究中心　
2018 年 9 月 23 日